当代儒师培养书系·教师教育系列

主　编　舒志定　李勇

Text Interpretation and Teaching Plan Design
Primary Language Reading Teaching

文本解读与教案设计

——小学语文阅读教学

俞学雷 主 编
宋国萍 副主编

ZHEJIANG UNIVERSITY PRESS
浙江大学出版社

图书在版编目(CIP)数据

文本解读与教案设计：小学语文阅读教学/ 俞学雷主编.—杭州：浙江大学出版社，2018.7(2019.8 重印)

ISBN 978-7-308-18074-0

Ⅰ.①文… Ⅱ.①俞… Ⅲ.①阅读课—教学研究—小学 Ⅳ.①G623.232

中国版本图书馆 CIP 数据核字（2018）第 054689 号

文本解读与教案设计——小学语文阅读教学

主　编　俞学雷

副主编　宋国萍

丛书策划　朱　玲

责任编辑　朱　玲　董凌芳

文字编辑　李　晓

责任校对　杨利军　牟杨茜

封面设计　春天书装

出版发行　浙江大学出版社

（杭州市天目山路 148 号　邮政编码 310007）

（网址：http://www.zjupress.com）

排　　版　杭州林智广告有限公司

印　　刷　浙江新华数码印务有限公司

开　　本　710mm×1000mm　1/16

印　　张　18.5

字　　数　321 千

版 印 次　2018 年 7 月第 1 版　2019 年 8 月第 2 次印刷

书　　号　ISBN 978-7-308-18074-0

定　　价　49.00 元

当代儒师培养书系

总 序

把优秀传统文化融入教师教育全过程，培育有鲜明中国烙印的优秀教师，是当前中国教师教育需要重视和解决的课题。湖州师范学院教师教育学院对此进行了探索与实践。以君子文化为引领，挖掘江南文化资源，提出培养当代儒师的教师教育目标，实践"育教师之四有素养、效圣贤之教育人生、展儒师之时代风范"的教师教育理念，体现教师培养中对传统文化的尊重，昭示教师教育中对文化立场的坚守。

能否坚持教师培养的中国立场，应是评价教师教育工作是否合理的重要依据，我们把它称作教师教育的"文化依据(文化合理性)"。事实上，在中国师范教育发轫之初就强调教师教育的文化立场，确认传承传统文化是决定师范教育正当性的基本依据。

19 世纪末 20 世纪初，清政府决定兴办师范教育，一项重要工作是选派学生留学日本和派遣教育考察团考察日本师范教育。1902 年，朝廷讨论学务政策，张之洞就对张百熙说："师范生宜赴东学习。师范生者不惟能晓普通学，必能晓为师范之法，训课方有进益。非派人赴日本考究观看学习不可。"[①] 以 1903 年为例，该年 4 月至 10 月间，游日学生毕业生共有 175 人，其中读师范者 71 人，占 40.6%。[②] 但关键问题是要明确清政府决定向日本师范教育学习的目的是什么。无论是到日本学习师范教育的学生，还是派遣教育考察团，目标都是为清政府拟定教育方针、教育宗旨。事实也如此，派到日本的教育考察团就向清政府建议要推行"忠君、尊孔、尚

①② 田正平：《传统教育的现代转型》，浙江科学技术出版社 2013 年版，第 376 页。

公、尚武、尚实”的教育宗旨。这10个字的教育宗旨，有着鲜明的中国文化特征。尤其是把“忠君”与“尊孔”立于重要位置，这不仅要求把“修身伦理”作为教育工作的首要事务，而且要求教育坚守中国立场，是传统中国道统、政统、学统在现代学校教育的传承与继续。

当然，这一时期坚持师范教育的中国立场，目的是发挥教育的政治功能，为清政府巩固统治地位服务。只是，这些“学西方开风气”的“现代性”工作的开展，并没有改变国家进一步衰落的现实。清政府的“新学政策”，引起了一批有识之士的反思、否定与批判，把“新学”问题归结为重视科技知识教育，轻视社会义理教育。早在1896年梁启超在《学校总论》中就批评同文馆、水师学堂、武备学堂、自强学堂等新式教育的问题是“言艺之事多，言政与教之事少”，为此，他提出“改科举之制”“办师范学堂”及“区分专门之业”等三点建议，尤其是他强调举办师范学堂的意义，否则“教习非人也”[①]。梁启超的观点得到军机大臣、总理衙门的认同与采纳，1898年5月，《筹议京师大学堂章程》中就明确要求各省所设学堂不能缺少义理之教。“夫中学体也，西学用也，两者相需，缺一不可，体用不备，安能成才。且既不讲义理，绝无根底，则浮慕西学，必无心得，只增习气。前者各学堂之不能成就人才，其弊皆由于此。”[②]很清楚，这里要求学校处理中学与西学、义理之学与技艺之学之间的关系，如果只重视其中一个方面，就难以实现使人成才的教育目标。

其实，要求学校处理中学与西学、义理之学与技艺之学之间的关系，实质是对学校性质与教育功能的一种新认识，它突出学校传承社会文明的使命，把维护公共利益、实现公共价值确立为学校的价值取向。这里简要举两位教育家的观点以说明之。曾任中华民国教育部第一社会教育工作团团长的董渭川认为国民学校是“文化中心”：“在大多数民众是文盲的社会里，文化水准既如此其低，而文化事业又如此贫乏，如果不赶紧在全国每一城乡都建立起大大小小的文化中心来，我们理想中的新国家到哪里去培植基础？”而这样的文化中心不可能凭空产生，“其数量最多、比较最普遍且最具教育功能者，舍国民学校当然找不出第二种设施。这便是非以国民学校为文化中心不可的理由”。[③] 类似的认识，也是陶行知推行乡村教育思想与实践的出发点，他希望乡村教育对个人和乡村产生深刻的变革，使村民自食其

---

① 梁启超：《饮冰室合集·文集之一》，中华书局1989年版，第19—20页。

② 朱有瓛：《中国近代学制史料》第一辑（上册），华东师范大学出版社1983年版，第602页。

③ 董渭川：《董渭川教育文存》，人民教育出版社2007年版，第127页。

力，村政工作自有、自治、自享[①]，实现乡村学校是“中国改造乡村生活之唯一可能的中心”的目标。[②]

可见，坚守学校的文化立场，是中国教师教育的一项传统。要推进当前教师教育改革，依然需要坚持和传承这一教育传统。就如习近平总书记所说，“办好中国的世界一流大学，必须有中国特色”，“世界上不会有第二个哈佛、牛津、斯坦福、麻省理工、剑桥，但会有第一个北大、清华、浙大、复旦、南大等中国著名学府。我们要认真吸收世界上先进的办学治学经验，更要遵循教育规律，扎根中国大地办大学”。扎根中国大地办大学，在人才培养中融入中国传统文化资源，培育具有家国情怀的优秀人才。

基于这样的考虑，我们提出把师范生培养成当代儒师，这符合中国国情与社会历史文化的发展要求。因为在中国百姓看来，“鸿儒”“儒师”是对有文化、有德性的知识分子的尊称。当然，我们提出把师范生培养成当代“儒师”，不是要求师范生做一名类似“孔乙己”那样的“学究”（当然孔乙己可否称得上“儒师”也是一个问题，我们在此只是做一个不怎么恰当的比喻），而是着力挖掘历代鸿儒大师的优秀品质，作为师范生的学习资源与成长动力。

的确，传统中国社会“鸿儒”“儒师”身上蕴含的可贵品质，依然闪耀着光芒，对当前教师品质的塑造具有指导价值。正如董渭川对民国初年当时广大乡村区域学校不能替代私塾原因的分析，其认为私塾的“教师”不只是教育进私塾学习的儿童，而应成为“社会的”教师，教师地位特别高，“在大家心目中是一个应该极端崇敬的了不起的人物。家中遇有解决不了的问题，凡需要以学问、以文字、以道德人望解决的问题，一概请教于老师，于是乎这位老师真正成了全家的老师”[③]。这就是说，“教师”的作用不只是影响受教育的学生，而是影响一县一城的风气。所以，我们对师范生提出学习儒师的要求，目标就是要求师范生成长为师德高尚、人格健全、学养深厚的优秀教师，由此也明确了培育儒师的教育要求。

一是塑造师范生的师德和师品。要把师范生培养成为合格教师，面向师范生开展师德教育、学科知识教育、教育教学技能教育、实习实践教育等教育活动。其中，提高师范生的师德修养是第一要务。正如陶行知所说，教育真谛是“千教万教教人求真，千学万学学做真人”，因此他要求自己“捧着一颗心来，不带半根草去”。

---

①② 顾明远、边守正：《陶行知选集》（第一卷），教育科学出版社 2011 年版，第 230 页。

③ 董渭川：《董渭川教育文存》，人民教育出版社 2007 年版，第 132 页。

当然，对师范生开展师德教育，关键是使师范生能够自觉地把高尚的师德目标内化成自己的思想意识和观念，内化成个体的素养，变成自身的自觉行为。一旦教师把师德要求在日常生活的为人处世中体现出来，就反映了教师的品质与品位，这是我们要倡导的师范生的人品要求。追求高尚的人格、涵养优秀的人品，是优秀教育人才的共同特征。这一点，不论是古代的圣哲孔子，还是后来的朱熹、王阳明等一代鸿儒，以及陶行知、晏阳初、陈鹤琴等现当代教育名人，在他们一生的教育实践中，始终保持崇高的人生信仰，恪守职责，爱生爱教，展示为师者的人格力量，是师范生学习与效仿的榜样。倡导师范生向着儒师目标努力，旨在要求师范生学习历代教育前辈的教育精神，培育其从事教育事业的职业志向，提升其贡献教育事业的职业境界。

二是实现师范生的中国文化认同。历代教育圣贤，高度认同中国文化，坚守中国立场。在学校教育处于全球化、文化多元化的背景下，更要强调师范生的中国文化认同问题。强调这一点，不是反对吸收多元文化资源，而是强调教师要自觉成为优秀传统文化的传播者，这就要求把优秀传统文化融入教师培养过程中。这种融入，一方面是从中国优秀传统文化宝库中寻求教育资源，用中国传统文化资源教育师范生，使师范生接触和了解中国传统文化，领会中国社会倡导与坚守的核心价值观，增强文化自信；另一方面是使师范生掌握中国传统文化、社会发展历史的知识，具备和学生沟通、交流的意识和能力。

三是塑造师范生的实践情怀。从孔子到活跃在当代基础教育界的优秀教师，他们成为优秀教师的最基本特点，便是一生没有离开过三尺讲台、没有离开过学生，换言之，他们是在“教育实践”中获得成长的。这既是优秀教师成长规律的体现，又是优秀教师关怀实践、关怀学生的教育情怀的体现。而且优秀教师的这种教育情怀，出发点不是“精致利己”的，而是和教育报国、家国情怀密切联系在一起的。特别是国家处于兴亡关键时期，一批有识之士，虽手无寸铁、手无缚鸡之力，但是他们投身教育，或捐资办学，或开门授徒，以思想、观念、知识引领社会进步和国家强盛。比如浙江朴学大师孙诒让，作为清末参加科举考试的一介书生，看到日本侵略中国和清政府的无能，怀着“自强之愿，莫于兴学”的信念，回家乡捐资办学，他首先办的是瑞安算学馆，希望用现代科学拯救中国。

四是塑造师范生的教育性向。教育性向是师范生是否喜教、乐教、善教的个人特性的具体体现，喜教、乐教、善教是成为一名合格教师的最基本要求。教育工作是一项专业工作，这对教师的专业素养提出了严格要求。教师需要哪些专业素养，可以概括为很多条,说到底最基本的一条是教师能够和学生进行互动交流。因为教师课堂教学工作,实质上就是和学生互动的实践过程。教师能够和学生交流,既要求培养教师研究学生、认识学生、理解学生的能力,更要求培养教师对学生保持宽容的态度和人道的立场,成为纯净的、高尚的人,成为精神生活丰富的人,照亮学生心灵,促进学生的健康发展。

依据这四方面的要求,我们主张面向师范生开展培养"儒师"的教育实践,不是为了培养儒家意义上的"儒"师,而是要求师范生学习儒师的优秀品质,学习儒师的做人之德、育人之道、教人之方、成人之学,造就崇德、宽容、儒雅、端正、理智、进取的现代优秀教师。

做人之德。对德的认识、肯定与追求,在中国历代教育家中体现得淋漓尽致。舍生取义,追求立德、立言、立功三不朽,这是传统知识分子的基本信念和人生价值取向。对当前教师来说,最值得学习的德之要素,是以仁义之心待人,以仁义之爱弘扬生命之价值。所以,要求师范生学习儒师、成为儒师,既要求师范生具有高尚的政治觉悟、思想修养、道德立场,又要求师范生具有宽厚的人道情怀,爱生如子,公道正派,实事求是,扬善惩恶。正如艾思奇所说,要"天性淳厚,从来不见他刻薄过人,也从来不见他用坏心眼考虑过人,他总是拿好心对人,以厚道待人"[①]。

育人之道。历代教育贤哲都看重教育是一种"人文之道""教化之道",也就是强调教育要重视塑造人的德性、品格,提升人的自我修养。孔子就告诫学习是"为己之学",意思是强调学习与个体自我完善的关系,反对把学习第一目的确定为找到赚很多钱的工作,并且强调个体的完善,不仅要培育德性,而且要丰富和完善人的精神世界。所以,孔子相信礼、乐、射、御、书、数等六艺课程是必要的,因为不论是乐,还是射、御,其目标不是让人成为唱歌的人、射击的人、骑马的人,而是要从音乐节奏、韵律等中领悟人的生存秘密,这就是追求人的和谐,包括人与周围世界的和谐、人自身的身心和谐,成为"自觉的人"。这个观点类似康德所言教育的目的是使人成为人。但是,康德认为理性是教育基础,教育目标是培育人的实践理性。尼采说得更加清楚,他认为优秀教师是一位兼具艺术家、哲学家、救世圣贤等身份的文化建树者。[②]

---

① 董标:《杜国庠:左翼文化运动的一位导师——以艾思奇为中心的考察》,载刘正伟:《规训与书写:开放的教育史学》,浙江大学出版社 2013 年版,第 209 页。

② 李克寰:《尼采的教育哲学——论作为艺术的教育》,桂冠图书股份有限公司 2011 年版,第 50 页。

教人之方。优秀教师不仅学有所长、学有所专，而且教人有方。这是说，教师既懂得教育教学的科学，又懂得教育教学的艺术，做到教育的科学性和艺术性的统一。古代中国圣贤推崇悟与体验，正如孔子所说“三人行必有吾师”，所谓成为吾师的前提，是“行”（“三人行”），也就是说，只有在人与人的相互交往关系中，才能有值得我们学习的资源。可见，这里强调人的“学”，依赖我们的参与、感悟与体验。这样的观点在后儒那里，变成格物致良知的功夫，以此达成转识成智的教育目标。不论怎样理解与阐释先贤圣哲的观点，都必须肯定这些思想家的教人之方的人文立场是清晰的，这对破解当下科技理性主导教育的思路是有启示的，也为解释互联网时代教师存在的意义找到理由。

成人之学。学习是促进人的成长的基本因素。互联网为学习者提供寻找、发现、传播信息的技术手段，但是，要指导学生成为一名成功的学习者，教师应该是一名学习者，这需要教师保持强劲的学习动力、提升持续学习的能力。而学习价值观是影响和支配教师持续学习、努力学习的深层次因素。对此，联合国教科文组织在《反思教育：向“全球共同利益”的理念转变？》报告中明确指出教师对待“学习”应坚持的价值取向：教师需要接受培训，学会促进学习、理解多样性，包容，培养与他人共存的能力以及保护和改善环境的能力。教师必须促成尊重他人和安全的课堂环境，鼓励自尊和自主，并且运用多种多样的教学和辅导策略。教师必须与家长和社区进行有效的沟通。教师应与其他教师开展团队合作，维护学校的整体利益。教师应了解自己的学生及其家庭，并能够根据学生的具体情况施教。教师应能够选择适当的教学内容，并有效地利用这些内容来培养学生的能力。教师应运用技术和其他材料，以此作为促进学习的工具。联合国教科文组织的报告强调教师应促进学习，加强与家长和社区、团队的沟通及合作。其实，称得上是中国儒师的学者，都十分重视学习以及学习的意义。《学记》中说“玉不琢，不成器；人不学，不知道”；孔子也说自己是“十五而志于学”，要求“学以载道”；孟子说得更明白，“得天下英才而教育之，是人生之乐”。可见，对古代贤者来说，“学习”不仅仅是掌握一些知识，获得某种职业，而是为了“寻道”“传道”“解惑”，明确人生方向。所以，倡导师范生学习儒师、成为儒师，目的是使师范生认真思考优秀学者关于学习与人生关系的态度和立场，唤醒心中的学习动机。

基于上述思考，我们把做人之德、育人之道、教人之方、成人之学确定为儒师教育的重点领域，为师范生成为合格乃至优秀教师标明方向。为此，我们积极推动优秀传统文化融入教师教育的实践，取得了阶段性成果。首先，我们开展“君子之风”

教育和文明修身活动，提出了“育教师之四有素养、效圣贤之教育人生、展儒师之时代风范”的教师教育理念，为师范文化注入新的内涵。其次，我们立足湖州文脉精华，挖掘区域文化资源，推进校本课程开发，例如“君子礼仪和大学生形象塑造”“跟孔子学做教师”等课程已建成校、院两级核心课程，成为优秀传统文化融入教师教育的有效载体。第三，我们把社区教育作为传统文化融入教师教育的重要渠道。建立“青柚空间”“三点半学堂”等师范生服务社区平台，该平台成为师范生传播优秀传统文化和收获丰富、多样的社区教育资源的重要渠道。第四，我们重视推动有助于优秀传统文化融入教师教育的社团建设工作。比如建立胡瑗教育思想研究等社团，聘任教育史专业教师担任社团指导教师，使师范生在参加专业的社团活动中获得成长。这些工作的深入开展，对师范生开展优秀传统文化教育产生了积极作用，成为师范生认识国情、认识历史、认识社会的重要举措。而组织出版“当代儒师培养书系”，正是学院教师对优秀教师培养实践理论探索的汇集，也是浙江省卓越教师培养协同创新中心浙北分中心、浙江省重点建设教师培养基地、浙江省“十三五”优势专业（小学教育）、湖州市重点学科（教育学）、湖州市人文社科研究基地（农村教育）、湖州师范学院重点学科（教育学）的研究成果。我们相信，“书系”的出版，将有助于促进学院全面深化教师教育改革，进一步提升教师教育质量。我们更相信，把优秀传统文化融入教师培养全过程，构建先进的、富有中国烙印的教师教育文化，是历史和时代赋予教师教育机构的艰巨任务和光荣使命，值得教师教育机构持续探索、创新有为。

舒志定

2018 年 1 月 30 日于湖州师范学院

目录
CONTENTS

第一章　文本解读和课堂教学双重视域中的教师角色

第一节　文本解读中的教师角色

我们将从“什么是文本解读”“文本解读视域下的教师角色”“如何处理好普通读者、儿童读者、教师读者三种角色”来谈谈我们的看法。

首先，让我们看看什么是“文本解读”。先来说说“文本”的含义。

西方的“文本”(text)一词，源于拉丁文，本意是“波动、联结、交织、编织”，并因此衍生出“构建、构成、建造或制造”等意。“文本”定义颇多，可归纳为“一句话、一件事、一个人等被用话语记录下来的，都可被视为文本”。这里讨论的“文本”主要指教材文本。“解读”在《现代汉语词典(第7版)》(商务印书馆2016年版)中的“解释”是“阅读解释”“分析”“研究”“理解”“体会”的意思。

结合“文本”与“解读”的含义，我们将“文本解读”定义为：对教材文本的分析和理解。文本解读的价值在于实现作者与读者的交流，即读者通过阅读走进文本，走近作者，形成自己对文本的理解。

教师作为从事教育教学的专业人员，对文本的解读必然承担着多种角色：一是普通读者，二是儿童读者，三是教师读者。

一、普通读者

在哲学解释学看来，读者始终生存于特定的社会历史和文化环境中，读者自身的精神境遇所形成的先见(前理解)介入文本,必然会给文本内容带来新的元素,因而文本在不同的读者眼里也就具有不同的意义。普通读者对文本的解读具有开放性、多元性、历史性、现实性、生成性等。不同的读者对同一文本的解读会有差异和不同,比如闫学老师和王晓春老师对《冬阳·童年·骆驼队》的解读就完全不同。

二、儿童读者

教师的教授对象是学生。对于小学教师来说,教授对象就是7～13岁的儿童。因此,教师必须站在学生的角度去解读文本。那怎么样才能做到"站在学生的角度"呢?

我们的建议是:首先,教师要关注学生所处的心理阶段,用儿童视角解读文本,用儿童特有的思维习惯、认知方式和价值取向去解读文本。

其次是感知学生的阅读期待。"阅读期待"是一种迫切求知的心理状态,是读者阅读之前内心所预想的情景、包含的期望,反映读者的知识层次、个人爱好和阅读能力,构成一种综合的阅读要求和欣赏水平。阅读是期待产生,期待实现,同时又产生新的期待这样一个不断推进的心理活动过程。教师通过一种悬念的制造,一些有挑战性的问题的提出,激发学生的好奇心,激发学生的求知欲。学生要对这些信息进行询问、验证、期待。于是这种询问、验证、期待,成为学生阅读文本的内驱力。所以教师在解读文本时,要揣摩学生的心思,了解学生期待学到什么,学生对什么内容好奇。

最后是根据学生"最近发展区",提出学生还应该能够从文本中读出的原本学生自己揣摩不出的新东西。

特级教师薛法根说过:学生已经会的,不教;学生能自己学会的,不教;教了学生也不会的,暂时不教,留待将来教。那么教什么呢?当然只教学生不会的。教师在解读文本时,要特别关注学生"不会"的东西。

三、教师读者

教育是一种有目的的活动,内含价值,作为教师读者,如果任意追求个性化阅读,就会产生与文本不匹配的阐释以及与阐释共同体无共识的感受。教师读者是一种"角色限定的读者",这种角色规定了作为"备课"的阅读必须具有教育性价值、教学型范式,承担语文学习的学生语言习得、阅读能力习得、写作能力习得等方面的特殊任务。所以,教师在文本解读时,必须处理好普通读者、教师读者、儿童读者三种角色的关系。

如何在文本解读时处理好这三种角色呢？我们认为需要做到以下几点。

（1）作为普通读者，每个人都有不同的阅读体验，但是作为教师读者，就需要以课程标准为依据，对教学的理解与解释确保无错，避免出现“反文本”现象。

一位教师教学《去年的树》时，只根据“伐木人用斧子把他砍倒”一句，就判定人们破坏自然环境，从而把课文理解成要保护环境；有的教师带领学生阅读《愚公移山》时，批评愚公没有环保意识，没有经济头脑；有的教师讲授《滥竽充数》，当学生提出“南郭先生善于抓时机”的解读时，教师评价“独具匠心”……这些例子中的教师，解读都偏离了课程标准，甚至偏离了文本，抓住文本的一些“踪迹”“由头”就以偏概全，连情感态度都出现了问题。这种“反文本”现象，看似推翻了对文本的僵化理解、一元化解读，但其实它推翻了阅读教学赖以存在的前提——文本，如此“教学”，不利于学生学习。

（2）教师角色的多重性，也决定了教师应重视多元解读，对于一篇课文，要从不同层次对文本进行解读。

一是文本的主观意义，即作者试图通过文本表达的意义，这层意义是阅读要把握的基本意义，即尽可能准确地弄清楚作者试图要表达的思想；二是文本的客观意义，一个特定的文本，一旦作为一种自主的存在，它就不再受作者思想的绝对约束，它会在流传过程中形成它特定的意义，也就是文本的社会意义；三是读者的个性意义，这也是一种主观意义，即个性化理解；四是学生对课文的理解，由于受思维习惯、生活经验、知识水平等的限制，学生对课文的理解与教师存在差异，教师应当站在学生的角度解读课文，并积极开发“学生需要”的内容。教师必须从整体入手，认真探究文本，把握实质，处理好文本多重意义之间的辩证关系。

下面我们来看看特级教师王崧舟是如何多元解读人教版六年级语文上册《只有一个地球》的。

【课文原文】

只有一个地球

据有幸飞上太空的宇航员介绍，他们在天际遨游时遥望地球，映入眼帘的是一个晶莹的球体，上面蓝色和白色的纹痕相互交错，周围裹着一层薄薄的水蓝色“纱衣”。地球，这位人类的母亲，这个生命的摇篮，是那样的美丽壮观，和蔼可亲。

但是，同茫茫宇宙相比，地球是渺小的。它是一个半径只有六千三百多千米的星球。在群星璀璨的宇宙中，就像一叶扁舟。它只有这么大，不会再长大。

地球所拥有的自然资源也是有限的。拿矿物资源来说，它不是上帝的恩赐，而是经过几百万年，甚至几亿年的地质变化才形成的。地球是无私的，它向人类慷慨地提供矿产资源。但是，如果不加节制地开采，必将加速地球上矿产资源的枯竭。

人类生活所需要的水资源、森林资源、生物资源、大气资源，本来是可以不断再生，长期给人类作贡献的。但是，因为人们随意毁坏自然资源，不顾后果地滥用化学品，不但使它们不能再生，还造成了一系列生态灾难，给人类生存带来了严重的威胁。

有人会说，宇宙空间不是大得很吗，那里有数不清的星球，在地球资源枯竭的时候，我们不能移居到别的星球上去吗？

科学家已经证明，至少在以地球为中心的40万亿千米的范围内，没有适合人类居住的第二个星球。人类不能指望在破坏了地球以后再移居到别的星球上去。

不错，科学家们提出了许多设想，例如，在火星或者月球上建造移民基地。但是，即使这些设想能实现，也是遥远的事情。再说，又有多少人能够去居住呢？

“我们这个地球太可爱了，同时又太容易破碎了！”这是宇航员遨游太空目睹地球时发出的感叹。

只有一个地球，如果它被破坏了，我们别无去处。如果地球上的各种资源都枯竭了，我们很难从别的地方得到补充。我们要精心地保护地球，保护地球的生态环境。让地球更好地造福于我们的子孙后代吧！

【实录片段】

深悟，触摸一颗滚烫而焦灼的心

师：你再到课文当中去找一找，仔细找一找，你想想看，到底课文当中的哪些文字、哪些叙述、哪些描写让你的心情变得如此糟糕又如此沉重？请在这些地方画下波浪线。

（生仔细阅读课文，师巡视。）

师：我转了一圈，发现有的同学画了一处，有的同学画了两处，有的同学画了三处、四处甚至五处。我想在你画波浪线的地方，其中肯定有一处能让你怦然心动，是吧？把那一处读给大家听一听好吗？来，谁来？请你来读一下。

生1：人类生活所需要的水资源……严重的威胁。

师：你在画这个地方时的心情是什么？

生 1：担心。

师：你刚才读的这段话中的哪个词最能引发你的担心？

生 1：威胁。

师：威胁，是吧？这威胁都来自生态灾难（板书：生态灾难）。咱们一起来读读刚才那个同学读过的几句话。你们要一边读一边在脑袋里搜索，在咱们这个地球上有哪些生态灾难？

（师引读，生齐读："人类生活所需要的水资源……严重的威胁。"）

生齐：水资源、森林资源、生物资源、大气资源。

师：水资源怎么变成了生态灾难呢？

生 2：因为人类把污水排放到长江、黄河。

师：人类把含有各种化学品的有毒的污水排入了河流。

生 2：使河流里干净的水变成了污水。

师：干净的水变成了污水，继续，你将会在水面上看到什么？

生 2：看到许多堆积在水里的垃圾。

师：你会看到许多本来在河水里游来游去的快活的鱼儿们，变成了什么？

生 2：变成了死鱼。

师：死鱼。当你经过这条河旁边的时候你将会闻到什么？

生 2：一股臭味。

师：一股臭味。如果这条河继续这样下去你觉得河两边还会有人居住吗？

生 2：不会。

师：她说的这一切的一切，是四个字，是什么？

生齐：生态灾难。

师：大声地读，什么？

生齐：生态灾难。

师：真好！这是一种生态灾难，这位同学请坐。好，继续，谁还知道什么别的生态灾难？

生 3：沙尘暴。

师：说，沙尘暴是什么？

……

师：都是沙尘暴的孽，沙尘暴的背后就是你所讲的那些无知的人们，他所讲的这一切的一切……你们大声地说！

生齐：生态灾难。

师：再说！

生齐：生态灾难。

师：真好！王老师有一个建议，建议你们在这四个字的下面打上重重的三角符号。来，咱们再一起回顾刚才的话。用你们那敏感细腻的心灵，再细细地去感受那段文字，读着读着你会发现"生态灾难"这四个字，它已经不是四个字了，在你们眼前，仿佛出现了什么？（师引读）

生齐：人类生活所需要的水资源……严重的威胁。

师：威胁，读着读着，看着"生态灾难"这四个字，看重重的三角符号，这个时候，在你的眼前，你看到的仅仅是这四个字吗？

生齐：不是。

师：不是，你看到的是什么？

生4：看到了许多受到危害的地方，人类所受到的伤害，像大洪水、沙尘暴等。

师：是，在她面前，"生态灾难"这四个字成了大洪水，成了沙尘暴。

……

师：王老师想问你一下，你在读刚才那段话的时候，你有没有注意到"不加节制"（板书：不加节制）这个词？

生4：有。

师：当你读到这个词的时候，你是怎么想的？

生4：我想人类如果再这样不加节制的话，地球将会破碎。

师：是啊，你不想这样严重的后果出现，是吧？大家一起读一读，当读到这四个字的时候，你们的脑海里首先出现的是别的哪个词语？开始。

（生齐读。）

师：当你读到"不加节制"这四个字的时候，你首先想到的是哪个词？

生5：灭亡。

师：他想到的是灭亡。你想到的又是哪个词？

生6：贪婪。

师：她想到的是贪婪。你又想到哪个词？

生7：破碎。

师：由"不加节制"这个词我们想到的是贪婪、自私……你们可以在这个词语下面画上重重的三角符号。

（生拿出笔画上记号。）

师：（将板书内容画上一个圆圈）我什么都不用说，你一定能发现这两个词语之间存在着多么可怕、多么恐怖的关系。（师生沉默）正是因为这样，所以作者他才会发出这样的感叹“只有一个地球，如果它被破坏了，我们别无去处”。我们一起读一读，感受一下作者的感叹，请——开始！

（生齐读，感情越来越强烈。）

【教学点评】

《只有一个地球》本来只是一篇文艺性说明文，大部分教师一般就按照说明文的教法，讲说明方法、语言表达、环保意识等内容。然而，在王老师的课上，它已经不再是一个纯理性的文本了。王老师用自己激情的教学语言，让学生体会人类的贪婪与地球的伤痛。难得的是，王老师并没有把它上成只有激情没有语文、只有人文没有工具的一堂课。在这一教学片段中，王老师引导学生聚焦重点段落、重点语词，紧紧抓住“生态灾难”“不加节制”两个词语，和学生一起惭愧着作者的惭愧，担忧着作者的担忧，愤慨着作者的愤慨。在和谐的教学氛围中，进行教师、学生、文本间深刻的对话，最终透过这些理性而平静的文字，触摸到作者那颗滚烫而焦灼的心。

如果没有对文本多元的解读，就不会有这么精彩的课堂。针对这一课，王老师曾写过一篇文章《“磨”你千遍也不厌倦——我的〈只有一个地球〉成长纪实》，讲述的便是他如何解读这篇课文以及反复磨课的经历。

（3）贯穿整体思想。将对课文的解读置于教材体系中，每一篇课文都不是孤立存在的。当前，教师解读文本往往缺乏贯穿整体的思考，对教学内容缺乏整体把握的意识和能力，只见树木，不见森林，对教材的体系、准确度、深度的把握不准，缺乏辩证的思考。因此，文本解读要提倡读课程标准，读整册教材，读单元课文，再深入钻研具体文本。

特级教师虞大明执教的人教版五年级语文上册中的《珍珠鸟》，就很好地体现了文本解读贯穿整体的思想。

【单元导读】

有这样一本书——书中没有一个字，却处处都是学问；书上没有作者的姓名，但每个人都是书的作者。这本书的名字叫“生活”。善于读这本书的人，不仅会从中有所发现，得到启示，还会为这本书增添更新更美的篇章。

学习本组课文，要把握课文的主要内容，领会作者从生活中得到了哪些启示；抓住关键词句，体会这些词句的含义及表达效果。

【课文原文】

珍珠鸟

真好！朋友送我一对珍珠鸟，放在一个简易的竹条编成的笼子里，笼内还有一卷干草，那是小鸟舒适又温暖的巢。

有人说，这是一种怕人的鸟。

我把它挂在窗前。那儿还有一大盆异常茂盛的法国吊兰。我便用吊兰长长的、串生着小绿叶的垂蔓蒙盖在鸟笼上，它们就像躲进深幽的丛林一样安全，从中传出的笛儿般又细又亮的叫声，也就格外轻松自在了。

阳光从窗外射入，透过这里，吊兰那些无数指甲状的小叶，一半成了黑影，一半被照透，如同碧玉，斑斑驳驳，生意葱茏。小鸟的影子就在这中间隐约闪动，看不完整，有时连笼子也看不出，却见它们可爱的鲜红小嘴从绿叶中伸出来。

我很少扒开叶蔓瞧它们，它们便渐渐敢伸出小脑袋瞅瞅我。我们就这样一点点熟悉了。

三个月后，那一团越发繁茂的绿蔓里边，发出一种尖细又娇嫩的鸣叫。我猜到，是它们有了雏儿。我呢，决不掀开叶片往里看，连添食加水时也不睁大好奇的眼睛去惊动它们。过不多久，忽然有一个更小的脑袋从叶间探出来。哟，雏儿！正是这小家伙！

它小，就能轻易地由疏格的笼子里钻出来。瞧，多么像它的父母：红嘴红脚，灰蓝色的毛，只是后背还没生出珍珠似的圆圆的白点。它好肥，整个身子好像一个蓬松的球儿。

起先，这小家伙只在笼子四周活动，随后就在屋里飞来飞去，一会儿落在柜顶上，一会儿神气十足地站在书架上，啄着书背上那些大文豪的名字，一会儿把灯绳撞得来回摇动，跟着逃到画框上去了。只要大鸟在笼里生气地叫一声，它就立即飞回笼里去。

我不管它。这样久了，打开窗子，它最多只在窗框上站一会儿，决不飞出去。

渐渐它胆子大了，就落在我的书桌上。它先是离我较远，见我不去伤害它，便一点点挨近，然后蹦到我的杯子上，俯下头来喝茶，再偏过脸瞧瞧我的反应。我只是微微一笑，依旧写东西。它就放开胆子跑到稿纸上，绕着我的笔尖蹦来蹦去，跳动的小红爪子在纸上发出“嚓嚓”的响声。

我不动声色地写，默默享受着这小家伙亲近的情意。这样，它完全放心了，索性用那涂了蜡似的小红嘴，“嗒嗒”啄着我颤动的笔尖。我用手抚一抚它细腻的绒毛，它也不怕，反而友好地啄两下我的手指。

白天，它这样淘气地陪伴我；天色入暮，它就在父母再三的呼唤声中，飞向笼子，扭动滚圆的身子，挤开那些绿叶钻进去。

有一天，我伏案写作时，它居然落到我的肩上。我手中的笔不觉停了，生怕惊跑它。待一会儿，扭头看，这小家伙竟趴在我的肩头睡着了，银灰色的眼睑盖住眸子，小红爪子刚好被胸脯上长长的绒毛盖住。我轻轻抬一抬肩，它没醒，睡得好熟！还咂咂嘴，难道在做梦？

我笔尖一动，流泻下一时的感受：

信赖，往往创造出美好的境界。

【实录片段】

1. 导入环节

师生问好，上课开始。

师：同学们现在是五年级了，应该读过许许多多的书，对不对？

生齐：对。

师：请看屏幕，这本书你读过吗？（出示“单元导读提示”）

师：这本书叫——

生齐：生活。

师：读过吗？

生齐：读过。

师：应该读过。我认为自打你们懂事儿开始就已经在读生活之书了，只不过呢，你们现在还小，还称不上善读，因为你们还是五年级的小学生，你们还在学习读好这本书的本领，在我的印象当中，但凡作家都是善读生活之书的，比如说，现代著名作家、学者许地山，有一次他们一家在后园的空地上种下了花生，收获的时候，全家人一边尝花生，一边议花生，认为花生的优点很多，最突出的是朴实，毫无炫耀之情，这一段生活，许地山读懂了。于是他写下了这样的话来提醒自己，勉励自己，一起读：“我们一家在后园的空地上种下了花生。收获的时候，全家人一边尝花生，一边议花生，认为花生的优点很多，最突出的是朴实，毫不炫耀自己。人要做有用的人，不要做只讲体面，而对别人没有好处的人。”

生齐：人要做有用的人，不要做只讲体面，而对别人没有好处的人。

师：比如说，美国作家伊尔莎·斯奇培尔莉，有一次她准备举行大型时装展，衣服还没缝好的时候，缝纫姑娘们忽然跑光了，这可怎么办呢？

生1：她灵机一动，举办了一次非成衣时装展，没想到大获成功。

师：对了，“通往广场的路不止一条”，广场指代的是成功，指代的是胜利，言下之意就是通往成功的路不止一条，通往胜利的路不止一条，跟同学们平时经常念叨的一句话意思差不多，“条条大路——”

生齐：通罗马。

师：再比如说现代著名作家冯骥才，在他的生活当中，曾经有一段时光，是与珍珠鸟相依相伴的，这一段生活他读懂了，还用勤奋的笔把它记录了下来。于是就有了我们今天要学的这篇课文，一起读课题——

生齐：珍珠鸟。

2. 练笔环节

师：感谢冯骥才，正是因为他仔细的观察和细腻的描写，才让我们走进了他的生活。请大家再好好读读冯骥才描写珍珠鸟的这些语句，你觉得哪些描写很值得我们学习？（课件呈现第六至十一自然段）

[学生交流，教师点拨：

(1) 三个“一会儿”写出了珍珠鸟的活泼；

(2) 抓动作，把珍珠鸟的特点写具体了；

(3) 字里行间流露出对珍珠鸟的喜爱——“啄着书背上那些大文豪的名字”“小家伙”，顺势引出“大作家都擅长用文字表达自己的情感”。

课件顺势呈现拓展内容：

它要是高兴，能比谁都温柔可亲：用身子蹭你的腿，把脖子伸出来让你给它抓痒，或是在你写作的时候，跳上桌来，在稿纸上踩印几朵小梅花（摘自老舍《猫》）。

白鹅把我下了鱼饵的一片水面，也划为自己的地盘。我们为这片水面打了好长时间的官司，它根本没把我放在眼里（摘自叶·诺索夫《白公鹅》）。

师：这就是大作家，描写细腻而有情趣。你们想不想学学这些大作家，特别是冯骥才的写法？冯骥才在文中给我们预留了尝试的机会（课件呈现：白天，它这样淘气地陪伴我，____________）。]

（生写，然后交流。）

师：真了不起，你们也用文字让我感受到了美好的境界。

【教学点评】

人教版教材是以主题单元的形式编排的。《珍珠鸟》一文是该单元的末篇。因此，导入环节教学时从单元导读提示入手，回顾前三篇文章的主要内容以及作家"善读"之后的人生感悟，旨在引领学生关注"生活之书"，从而走上"善读"生活之书的美好"旅程"，充分体现了虞大明老师的整体思想。

《珍珠鸟》一文，冯骥才重点抓住珍珠鸟的动作进行了细腻且稍带轻松幽默感的刻画，倾注了对鸟的喜爱、呵护之情。这是状物类写作的一个范例。因此，虞老师在指导练笔环节就抓住了这一点，训练学生的书面语言表达能力。但他并不是让学生们提笔就写，而是充分利用教材资源，呈现四年级上册第四组课文中《猫》和《白公鹅》的片段，让学生体会不同作家笔下的动物描写以及他们不同的语言风格，为学生的写作提供多种思路。

（4）创造性解读。在语文教学中，教师不是将自己与文本对话基础上的"第二文本"原封不动地灌输给学生，而是进行着一个不断创造的过程。教师在深入地理解和体验文本时，应展开想象和联想，填补文本的空白点和未定点，并通过阅读体会作者的情绪、感情、心境，理解作者的写作意图，理解作者的处境、创作状态等，并且结合学生的实际情况，将解读出的内容做适当筛选，把最有利于实现教学目标的内容通过有效的教学手段呈现出来。

我们一起来看特级教师窦桂梅执教的人教版五年级语文下册中的《再见了，亲人》。

【课文原文】

再见了，亲人

大娘，停住您送别的脚步吧！为了帮我们洗补衣服，您已经几夜没合眼了。您这么大年纪，能支持得住吗？快回家休息吧！为什么摇头呢？难道您担心我们会把您这位朝鲜阿妈妮忘怀？不，永远不会。八年来，您为我们花了多少心血，给了我们多少慈母般的温暖！记得五次战役的时候，由于敌机的封锁，造成了暂时的供应困难。我们空着肚子，在阵地上跟敌人拼了三天三夜。是您带着全村妇女，顶着打糕，冒着炮火，穿过硝烟，送到阵地上来给我们吃。这真是雪中送炭啊！当时有很多同志感动得流下眼泪。在您的帮助下，我们打胜了那次阻击战。您在回去的途中，累得昏倒在路旁了。我们还记得，我们的一个伤员在您家里休养，敌机来了，您丢下自己的小孙孙，把伤员背进了防空洞；当您再回去抢救小孙孙的时候，房子已经炸平了。您为我们失去了唯一的亲人。您说，这比山还高比海还深的情谊，我们怎么能忘怀？

小金花，不要哭了，擦干眼泪，再给我们唱个《捣米谣》吧！怎么？心里难过，唱不出来？你一向是个刚强的孩子啊！那一回，侦察员老王到敌占区去侦察，被敌人抓住了，关在一所小房子里，有一个班的鬼子看守着。你妈妈知道了，带着你混进敌占区，偷偷地靠近了关着老王的那所小房子。你妈妈故意跟哨兵争吵，引出那个班的敌人。你乘机钻进屋里，解开老王身上的绳索，救出了老王。你回到村里，焦急地等待着妈妈。第二天传来噩耗，你妈妈拉响手榴弹跟敌人同归于尽了。同志们伤心地痛哭起来，你却把脚一跺，嘴角抽动着，狠狠地说："妈妈，这个仇我一定要报！"小金花，你是多么刚强啊！可是今天，跟志愿军叔叔分别的今天，你怎么落泪了呢？

大嫂，请回去吧！看，您的孩子在您的背上睡熟了。山路这样崎岖，您架着双拐，已经送了几十里。就是您一步不送，我们只要想起您的双拐，也永远不会忘怀您对我们的深情厚谊。我们清楚地记得，那是 1952 年的春天，金达莱花开满山野的时候，您知道我们缺少蔬菜，就挎着篮子上山挖野菜。后面山上的野菜挖光了，您又跑到前沿阵地去挖。不料敌人的一颗炮弹在您的身旁爆炸，您倒在血泊里……伤好以后，您只能靠着双拐走路了。您为我们付出了这样高的代价，难道还不足以表达您对中国人民的友谊？

再见了，亲人！再见了，亲爱的土地！

列车呀，请慢一点儿开，让我们再看一眼朝鲜的亲人，让我们在这曾经洒过鲜血的土地上再停留片刻。

再见了，亲人！我们的心永远跟你们在一起。

【实录片段】

窦老师已经带学生学完了《再见了，亲人》课文内容，这是教学过程中的最后环节。

师：同学们，作者魏巍 1952 年到朝鲜战场，1958 年回来之后写了一篇文章叫《我的老师》，是写他读小学时教他的蔡芸芝老师。记者采访他的时候，他说了这样一句话："我的一生经历了很多，但是仍然忘不了三十多年前教我的，才十九岁就参加工作的蔡芸芝老师。我忘不了童年的回忆，蔡老师就是我的亲人啊！"请大家注意，作家在这里用了一个使人感到发烫的词语——

生齐：亲人。

师：这里的“亲人”和他是没有血缘关系的，而他为什么把自己的小学老师也称为“亲人”呢？下面就请同学们讲一讲。

生1：课文里作者介绍他的老师“右嘴角边有一块榆钱大小的黑痣”。在他的记忆中，蔡老师是非常美丽的人。

生2：蔡老师教学生们背诵诗歌时用音乐的调子来读，所教的那首诗歌也给作者留下了非常深刻的印象，作者从这里感受到蔡老师是他的亲人。

……

师：这篇文章写了这么多件事，同学们能抓住重点内容来体会，很好。作者的老师这样关爱他，使他感到自己的老师就是“亲人”。你们想不想自己的老师？有没有哪位小学老师给你留下像蔡老师留给作者那样的印象？

生1：杨老师给我的印象最深。

师：杨老师是现在的，还是以前教过你的？

生1：是现在的，他是我的班主任。

师：他今天来了吗？

生1：来了。

窦老师将杨老师请上台，杨老师与学生深情对话。

师：同学们，我们读书会触动自己，我们读书还会发现自己——

生1：这个让我想到了一句话——“用爱可以征服一切”（掌声）。

生2：我觉得老师就像一支蜡烛……所以我觉得老师是最伟大的。今后就是升上中学了，我还是会想起小学的时候和杨老师在一起的美好时光。

窦老师给学生推荐几本描写人间亲情的书。

师：今天，我们围绕主题，从自己的家庭，从自己的同胞，从不同的国度，来感受“亲人”这个词的特定含义。每个人的经历不一样，成长过程不一样，对“亲人”的感受当然也会不一样。这堂课，我们不单理解了课文，还学会了感受，我们还要把由感受而获得的这些精神力量作为我们人生成长的精神翅膀，伴随我们走过生命的每一天。

【教学点评】

本文为叙事抒情散文，描写了1958年中国人民志愿军最后一批官兵离朝回国时，在车站上同朝鲜人民依依惜别的动人情景，表现了志愿军和朝鲜人民比山高比海深的真挚情谊，赞扬了中朝两国人民用鲜血凝成的伟大友谊。这是一般老师对这一文本的解读。而窦桂梅老师在解读这一文本时，不仅抓住了文本本身体现的情感内涵，还融入了自己对文本的理解，将魏巍的《我的老师》一文引入课堂，试图从不同侧面引导学生体会“亲人”的内涵和亲情的重量，鼓励学生关注身边的“亲人”。

正是窦老师将解读出的内容做适当筛选，才把最有利于实现教学目标的内容通过有效的教学手段呈现出来。

课后练习：

(1) 阅读王崧舟老师的《“磨”你千遍也不厌倦——我的〈只有一个地球〉成长纪实》[该文刊登于 2004 年第 3 期《教学月刊(小学版)》]，与同学分享你的感悟。

(2) 从 2016 年秋季开始，浙江省各小学已经全面使用部编本语文教材。这是部编教材一年级上册第一单元第五篇课文《对韵歌》(课文原文见图 1-1)，请你对它进行全面、具体的文本解读。

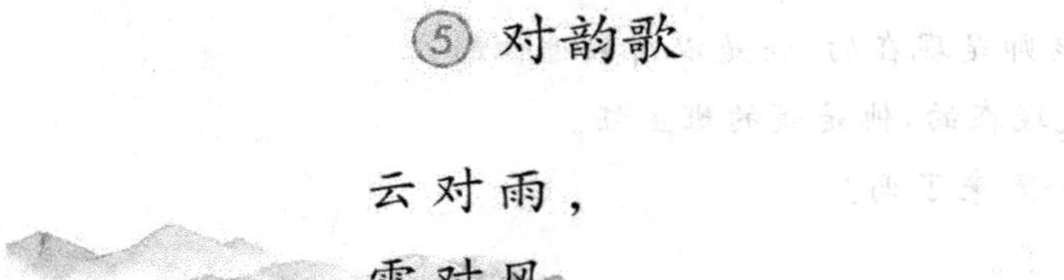

⑤ 对韵歌

云对雨，
雪对风。
花对树，
鸟对虫。
山清对水秀，
柳绿对桃红。

对 云 雨 风 花 鸟 虫

虫 虫 虫　云 云 云

山 山 山

朗读课文。背诵课文。

13

图 1-1　课文《对韵歌》

第二节　小学语文课堂教学中的教师角色

教师角色，是课程教学中重要的一部分，其教育教学价值应该体现在实际课堂教学之中。

在传统的教学过程中，教师和学生的角色都是比较单一的。教师是社会文化的代言人，作为社会的代表而被“派”到课堂上来的，教师与学生之间最基本的关系就是知识的授受关系。教师处于中心地位，直接以文化权威的身份出现，在知识、技能和道德等方面有不可动摇的权威性。教师扮演着“知识代言人”“传授者”的角色。但是，传统教育教学情境下单一的师生角色观念和师生关系已不能适应当今社会的需要，无法培养出具有创新意识和创新能力的完整的“人”。

韦钰在《学会生存——教育世界的今天和明天》一书中，对教师角色做了这样的描述：教师现在已经越来越少地传递知识，而是越来越多地激励思考；除了他的正式职能以外，他将越来越成为一位顾问，一位交换意见的参考者，一位帮助发现矛盾论点而不是给出现成真理的人。

课堂教学中的学生应当成为学习的积极主动的建构者、探究者和参与者，成为成功的、愉快的和合作的学习者，已经成为人们的共识。要促成学生课堂角色的转变，关键还在于教师，首先在于应该转变教师的角色。

叶圣陶先生认为，在语文课堂教学中教师应先让学生设法理解一篇篇文章，“学生能够理解和领会的东西，教师完全可以不讲”，在“学生了解不透、领会不深的地方，才需要教师给以指点和引导”，并且“经过教师指导，学生还是不能自己了解、自己领会时，那就只好由教师讲了”，但这个“讲”还要想方设法地“引导学生在听讲的时候自觉地动脑筋”，“随时准备少指点，少讲说”，以最终让学生达到“不需要教”，能独立探索、辨析、历练的境界。[①] 这些看法代表着我国现代教育思想中对教师角色的新认识，其内涵是丰富而深刻的。特别是教学要达到“不需要教”的思想，表达着对语文教师角色的综合性要求。比之指导者，教师的引导者角色更为重要。先进的教学理念不能停留在意识与经验的形态，教师必须在课堂教学的具体操作

① 叶圣陶：《叶圣陶教育文集》，人民教育出版社 1994 年版。

层面，大胆施行切实可行的策略与方法。

2002 年，《全日制义务教育语文课程标准》(实验稿)的诞生，开启了语文教师角色认识的新阶段，它指出：

“语文教学应在师生平等对话的过程中进行。

“学生是语文学习的主人，语文教学应激发学生的学习兴趣，注重培养学生自主学习的意识和习惯，为学生创设良好的自主学习情境，尊重学生的个体差异，鼓励学生选择适合自己的学习方式。

”教师是学习活动的引导者和组织者。教师应转变观念，更新知识，不断提高自身的综合素养。应创造性地理解和使用教材，积极开发课程资源，灵活运用多种教学策略，引导学生在实践中学会学习。”

十年后，《义务教育语文课程标准》(2011 年版)更加明确了教师在教学中的地位：

“学生是语文学习的主体，教师是学习活动的组织者和引导者。语文教学应在师生平等对话的过程中进行。

“语文教学应激发学生的学习兴趣，培养学生自主学习的意识和习惯，引导学生掌握语文学习的方法，为学生创设有利于自主、合作、探究学习的环境。应尊重学生的个体差异，鼓励学生选择适合自己的学习方式。

“教师应确立适应社会发展和学生需求的语文教育观念，注重吸收新知识，不断提高自身的综合素养。应认真钻研教材，正确理解、把握教材内容，创造性地使用教材；积极开发、合理利用课程资源，灵活运用多种教学策略和现代教育技术，努力探索网络环境下新的教学方式；精心设计和组织教学活动，重视启发式、讨论式教学，启迪学生智慧，提高语文教学质量。”

两版课程标准对师生角色的阐述，都强调了教师是学习活动的组织者和引导者，应尊重学生的个体差异，鼓励学生选择适合自己的学习方式。《义务教育语文课程标准》(2011 年版)更着重指出：学生是语文学习的主体，教师应确立适应社会发展和学生需求的语文教育观念，要重视启发式、讨论式教学，启迪学生智慧，提高语文教学质量。

义务教育语文课程标准广泛吸收了现代教育理论，其中对学生主体性地位和教师作用的认识催生了对教师在教学过程中角色的探讨和研究，教师角色问题日益引起研究者的兴趣。“学生是语文学习的主体”，那么，语文教师在发挥主导作用的过程中，在课堂教学中扮演什么样的角色？

一、探究者

在许多中小学教师的职业生涯中，其主要任务是按照教材、教学参考资料、考试大纲及标准答案去教。至于为什么要教这些，怎么样教更好，教师并没有进行深入思考。因而在实践中出现了这样的现象：教学内容是由国家的课程标准决定的，教学参考资料是由教研部门提供的，教学方法是由教研部门介绍的，考试试卷是由教育部门编制的，而教师成了游离于教学研究过程之外的被动者，成了教育行政部门各项要求的机械执行者，成了各种教学参考资料的简单照搬者，成了教研部门提供的一些模式的盲目模仿者，教师只是一个“教书匠”，“匠”字生动地表现了教师的工作是把受教育者当成“物”来对待。

我们认为，在实际课堂教学中，我们要塑造的是活生生的人，教师必须改变以往的传统形象。

正如苏霍姆林斯基说的：“如果你想让教师的劳动给教师带来乐趣，使天天上课不至于变成一种单调乏味的义务，那你就引导每一位教师走到从事研究的这条幸福的道路上来。”[①]这里所说的研究并不是要让教师做像科学家那样的专门研究，而是让教师根据自己的教学实践和学科知识进行教学内容、教学方法等方面的探究，不断发展自己的探究教学能力。只有通过对教学的不断研究与思考，教师的教学和生活之路才会在孜孜不倦的探求中幸福地延伸下去。

请看人教版五年级语文上册中的《长相思》教学实录及点评。执教者为王崧舟(特级教师)，点评者为钱正权(特级教师)。

“见”到一种诗的境界

——《长相思》课堂教学实录

1. 借助注释，读懂词意

师：同学们，在王安石的眼中，乡愁是那一片吹绿了家乡的徐徐春风。而到了张籍的笔下，乡愁又成了那一封写了又拆、拆了又写的家书。那么，在纳兰性德的眼中，乡愁又是什么呢？请大家打开书本，自由朗读《长相思》这首词，注意，仔仔细细读上四遍，读前两遍的时候，注意词当中的生字和多音字，要字正腔圆地念词；读

① B.A.苏霍姆林斯基：《给教师的建议》，教育科学出版社2016年版。

后两遍的时候，要注意念通顺，注意词句内部的停顿。明白吗？

生齐：明白。

师：自由朗读《长相思》，开始。

（生自由读课文《长相思》。）

师：（课件出示《长相思》这首词）谁来读一读《长相思》？好，你来读。其他同学注意听，这首词当中的一个生字和一个多音字，他有没有读准。

生1：长相思，清，纳兰性德。山一程，水一程，身向榆关那畔行，夜深千帐灯。风一更，雪一更，聒碎乡心梦不成，故园无此声。

师：读得字正腔圆，真好！风一更，这个"更"是多音字，聒碎乡心的"聒"是个生字，他都念准了。来，我们读一读，风一更，雪一更，聒碎乡心梦不成。预备起。

生齐：风一更，雪一更，聒碎乡心梦不成。

师：再来一遍，预备起。

生齐：风一更，雪一更，聒碎乡心梦不成。

师：很好！谁再来读一读《长相思》？请你来读。其他同学注意听，特别注意他在读词句时是怎么停顿的，是不是读得有板有眼。

生2：长相思，清，纳兰性德。山一程，水一程，身向榆关那畔行，夜深千帐灯。风一更，雪一更，聒碎乡心梦不成，故园无此声。

师：真好，你们有没有注意到，这位同学在读"身向榆关那畔行"的时候，在哪个地方停顿了一下？

生3：他在"身向榆关"的后面停顿了。

师：你有没有注意到，他在读"夜深千帐灯"的时候，在哪个地方又停顿了一下？

生3：他在"夜深"后面停顿了一下。

师：你们都听出来了吗？

生齐：听出来了。

师：对，这样读就叫有板有眼。我们读这两句词，身向榆关那畔行，夜深千帐灯。预备起。

生齐：身向榆关那畔行，夜深千帐灯。

师：真好，同学们，读古代的诗词，不但要把它读正确，读得有节奏，还要尽可能读出它的味道来。比如《长相思》这个题目，我们可以有许多种读法，有的读《长相思》（快速而平淡地），有长的味道吗？有相思的感觉吗？

生齐：没有。

师：比如你这样读——《长相思》(缓慢而深情地)，有感觉吗？有味道吗？

生齐：有。

师：读词就要读出这样的味道来。你们试着读一读，争取读出你的味道和感觉来。

(生自由读《长相思》。)

师：谁来读一读《长相思》？读出你的味道、你的感觉来。注意听，注意听，你听出了什么味道？什么感觉？

生4：长相思，清，纳兰性德。山一程，水一程，身向榆关那畔行，夜深千帐灯。风一更，雪一更，聒碎乡心梦不成，故园无此声。

师：好一个"故园无此声"，有味道，谁还想读？

生5：长相思，清，纳兰性德。山一程，水一程，身向榆关那畔行，夜深千帐灯。风一更，雪一更，聒碎乡心梦不成，故园无此声。

师：好一个"聒碎乡心梦不成"，来，我们一起读，读出你自己的味道和感觉来。

生齐：长相思，清，纳兰性德。山一程，水一程，身向榆关那畔行，夜深千帐灯。风一更，雪一更，聒碎乡心梦不成，故园无此声。

师：真好！同学们，词读到这儿为止，你对这首词有什么印象，谁来说一说？

生6：我感到纳兰性德非常思念家乡。

师：这是你的感觉。谁还有别的印象和感觉？

生7：我感觉到纳兰性德思念家乡，梦都睡不好了。

师：不是梦都睡不好，是觉都睡不好，根本就没有梦。同学们，梦都做不成，觉都睡不好，带着这种感觉，我们再来读一读《长相思》，把这种感觉读进去，读到词的字里行间去。

生齐：长相思，清，纳兰性德。山一程，水一程，身向榆关那畔行，夜深千帐灯。风一更，雪一更，聒碎乡心梦不成，故园无此声。

师：长相思，长相思，作者为什么会如此长相思呢？请大家默读这首词，读的时候，请大家仔细地看看书上的插图，仔细地看看书上的注解，然后，试着去想想这首词大概在讲什么意思，明白吗？

生齐：明白。

师：好，默读《长相思》。

(生默读《长相思》，按要求思考词的大意。)

师：现在王老师提两个问题，看看你对这首词大概的意思掌握了没有(板书：身)。第一个问题，听清楚了，作者的身，身体的身，身躯的身，作者的身在哪里？身在何方？

生8：作者的身在前往山海关外。

师：请先站着，山海关外。继续说，谁还有不同的看法？

生9：作者的身在前往山海关的路上。

师：路上，请也先站着。其他同学继续说。

生10：作者的身在山海关。

师：你也先站着。谁还有不同的理解？作者身在何方？

生11：他的身在山海关那边。

师：那边，山海关的那边。好，那么“山一程”是什么意思呢？作者身在哪儿？还可能在哪儿？

生12：身可能在山上。

师：可能在什么样的山上？

生12：非常高的山上。

师：在崇山峻岭上。那么，“水一程”是什么意思呢？他的身还可能在哪儿？

生13：他的身可能在船上。

师：可能在船上，是的。那么“夜深千帐灯”是什么意思呢，他的身还可能在哪儿？

生14：他的身可能在营帐里面。

师：营帐里面，请先站着。孩子们，这里站着七位同学。作者的身在哪儿？七位同学所说的就是作者的身经过的点，他经过了崇山峻岭，经过了小河大川，经过了山海关外，经过了军营的帐篷，他还经过了许许多多的地方，这就是作者身处的位置。一句话，作者身在征途上(板书：在“身”后面写“在征途”)。

师：请坐。大家已经读懂了一半，下面我提第二个问题。(板书：心)纳兰性德的心，心情的心，心愿的心，心在哪儿？

生15：他的心在故乡。

生16：他的心在家乡。

生17：纳兰性德的心在家乡。

生18：纳兰性德的心在家乡。

生19：纳兰性德的心在家乡。

师：用课文里的一个词，一起说，纳兰性德的心在哪儿？

生齐：纳兰性德的心在故园。

师：好（板书：在“心”的后面写“系故园”）。孩子们，作者身在征途，心却在故园。把它们连起来，你有什么新的发现？（板书：在这两句上画了一个圆圈）。新的体会？

生20：我发现了，他身在征途，却很思念故乡。

师：不错。你说。

生21：我发现纳兰性德既想保家卫国，又很想自己的家人。

师：你理解得更深了一层。

生22：我觉得纳兰性德肯定很久没有回家乡了。

师：你的心思真是细腻啊。

生23：我还觉得纳兰性德不管在什么地方，心里总是有家乡的。

生24：我觉得纳兰性德虽然远离家乡，可是心总是牵挂家乡的。

师：好，一个“远离”，一个“牵挂”。同学们，作者表达的就是这种感受、这种感情、这种心情的长相思。我们带着这样的感觉，再来读一读《长相思》。先自己读一读，试着把作者身和心分离的那种感受、那种心情读出来。

（生自由读《长相思》。）

师：好，咱们一起读一读《长相思》。

生齐：长相思，清，纳兰性德。山一程，水一程，身向榆关那畔行，夜深千帐灯。风一更，雪一更，聒碎乡心梦不成，故园无此声。

点评：引领学生诵读是经典诗词教学之根本，王老师自然深谙此道。第一板块的教学重点定位于读懂“词意”上。上课伊始，教师用凝练而富有诗意的语言概括了王安石《泊船瓜洲》和张籍《秋思》中的乡愁。温故而知新，十分自然地引发学生对纳兰性德《长相思》乡愁的探寻。探寻词人心迹的路径是什么？那便是反复地朗读。首先要求学生仔仔细细读上四遍，由读准生字、多音字开始，再要求学生读得字正腔圆，读得抑扬顿挫、停顿适当。提升读的要求，从读的实践中要求学生“争取读出你的味道和感觉来”。读出感觉来，又由整体上感悟词人“非常思念家乡”，到从字里行间具体叩问其“身”在哪里、“心”在何处。读得层次分明，一步一个台阶，步步递升。此时学生在读中真真切切体悟到词人“身在征途，心系故园”、身心分离的乡愁。

朗读需要指导，指导的技巧在于先读后导，让学生在读中自己去体悟。老子说，大音希声，大象无形。同样，教育无痕，这是教学的至高境界。如“请你来读，其他同学注意听，特别注意他在读词句时是怎么停顿的，是不是读得有板有眼"；"真好，你们有没有注意到，这位同学在读'身向榆关那畔行'的时候，在哪个地方停顿了一下"；等等。在教师行云流水般自然的引导中，学生不仅读懂了词意，习得了倾听、感悟等学习方法，并且增长了自主学习的信心，精神境界得以提升。反复朗读，多次与文本对话，看似简单，实难做到。这一步为本课读出"词情""词心"奠定了坚实基础。

2. 展开想象，读出词情

师：（课件播放一段音乐后，在音乐声中有感情朗读）长相思，清，纳兰性德。山一程，水一程，身向榆关那畔行，夜深千帐灯。风一更，雪一更，聒碎乡心梦不成，故园无此声。

师：一起读，预备起。

生齐：长相思，清，纳兰性德。山一程，水一程，身向榆关那畔行，夜深千帐灯。风一更，雪一更，聒碎乡心梦不成，故园无此声。

师：孩子们，请闭上眼睛，让我们一起，随纳兰性德走进他的生活，走进他的世界。随着老师的朗读，你的眼前仿佛出现了什么样的画面、什么样的情景？（稍作停顿）山一程，水一程，身向榆关那畔行，夜深千帐灯。风一更，雪一更，聒碎乡心梦不成，故园无此声。

师：孩子们，睁开眼睛，现在你的眼前出现了什么样的画面和情景，你仿佛看到了什么？听到了什么？你仿佛处在一个什么样的世界里？

生1：我看见了士兵们翻山越岭到山海关，外面风雪交加，士兵们躺在帐篷里，翻来覆去怎么也睡不着，在思念故乡。

师：你看到了翻山越岭的画面。

生2：我看见了纳兰性德在那里思念家乡、睡不着觉的情景。

师：你看到了辗转反侧的画面。

生3：我看到了纳兰性德走出营帐，望着天上皎洁的明月，他思乡的情绪更加重了起来。

师：你看到了抬头仰望的画面。

生4：我看到山海关外，由于声音杂乱，士兵们翻来覆去睡不着，但是在他们的家乡没有这种声音，人们睡得很安稳。

师：你们都看到了，看到了跋山涉水的画面，看到了辗转反侧的画面，看到了抬头仰望的画面，看到了孤独沉思的画面。但是，同学们，在纳兰性德的心中，在纳兰性德的记忆里面，在他的家乡，在他的故园，又应该是什么样的画面、什么样的情景呢？展开你的想象，把你在作者的家乡看到的画面写下来。

（生伴随着乐曲《琵琶语》，想象写话。）

师：（在学生写话的过程中插话）那可能是一个春暖花开的日子，在郊外，在空旷的田野上……也可能是几个志趣相投的朋友围坐在一起，一边喝酒，一边畅谈着……也可能是在暖暖的灯光下，一家人围坐在一起，喝着茶，拉家常……还可能是……

（生继续在音乐声中想象写话。）

师：好，孩子们，请停下你手中的笔，让我们一起回到作者的家乡，走进纳兰性德的故园。我们去看一看，在他的家乡有着什么样的画面和情景。

生5：我看见纳兰性德的家乡鸟语花香，纳兰性德的家人在庭院中聊天，小孩子在巷口玩耍嬉戏，牧童赶着牛羊去吃草，姑娘们在门口绣着花，放学归来的孩童们，放下书包，趁着风，放起了风筝，还有的用花编成花环戴在头上。家乡一片生机勃勃。

师：好一幅乡村乐居图啊。这是他看到的，你们看到了哪些？

生6：我看到了晚上，月光皎洁，星星一闪一闪的。纳兰性德的亲人坐在窗前，望着圆圆的月亮，鸟儿也不再"叽叽喳喳"地叫，只听见外面"呼呼"的风声，花儿合上了花瓣，亲人是多么希望纳兰性德能回到家乡与他们团聚啊。

师：一个多么宁静多么美好的夜晚。你看到了——

生7：在一个晴朗的日子里，妻子正绣着锦缎，孩子们在门外的草地上玩耍，一会儿捉蝴蝶，一会儿又玩起捉迷藏的游戏。汉子们正挑着水，一家人做好饭后，围在一起，喝酒聊天。

师：故园的生活真是其乐融融啊！但是，此时此刻，这样的画面却都破碎了，这样的情景却都破碎了（板书：在"身在征途，心系故园"上面写个大大的"碎"）。

师：谁再来读读《长相思》？在这里，没有鸟语花香，没有亲人的絮絮关切，这里只有——

生8：山一程，水一程，身向榆关那畔行，夜深千帐灯。风一更，雪一更，聒碎乡心梦不成，故园无此声。

师：在这里，没有皎洁的月光，没有在皎洁月光下和妻子相偎在一起的那一份温暖，那一份幸福，这里只有——

生9：山一程，水一程，身向榆关那畔行，夜深千帐灯。风一更，雪一更，聒碎乡心梦不成，故园无此声。

师：你是在用自己的心读啊！在这里，没有郊外的踏青，没有牧童的短笛，没有跟孩子们在一起的天伦之乐。这里只有——我们一起读。

生齐：山一程，水一程，身向榆关那畔行，夜深千帐灯。风一更，雪一更，聒碎乡心梦不成，故园无此声。

师：长相思啊，长相思。山一程，水一程，程程都是长相思；风一更，雪一更，更更唤醒长相思。孩子们，闭上眼睛，想象画面，进入诗人那个身和心分离的世界，我们再一起读《长相思》。

生齐：山一程，水一程，身向榆关那畔行，夜深千帐灯。风一更，雪一更，聒碎乡心梦不成，故园无此声。

点评：读中想象，读出“词情”是这一板块的重点。且看如何读出“词情”？先由教师配音范读、学生齐读，一起“走进他的生活，走进他的世界”，然后学生在教师的朗读声中闭眼想象“眼前出现了什么样的画面和情景，仿佛看到了什么，听到了什么，仿佛处在一个什么样的世界里”。《文心雕龙》“神思”篇中说，“吟咏之间，吐纳珠玉之声；眉睫之前，卷舒风云之色”。“神思”即心之思，吟咏中放飞想象。学生身在课堂，却“思接千载、视通万里”，看到了三百多年前词人在征途上跋山涉水、抬头仰望、辗转反侧、孤独沉思的情形，在想象中舒展所思所想。然后教师话锋一转，在纳兰性德心里，他的家乡又是怎样的画面、怎样的情景，转入“心系故园”另一层面的想象，并要求学生把想象诉诸文字。学生在《琵琶语》的背景音乐声中写话时，教师用舒缓的语调提示学生，想象词人在家乡生活的多种可能性，借以拓展学生的思路。学生的想象是极其丰富的，家乡美丽、温馨、安宁、祥和，体味到“故园”二字所承载的无穷韵味。然而“聒碎乡心梦不成”，教师板书一个大大的令人心碎的“碎”字……再次朗读课文，学生荡气回肠、唏嘘不已。

设计两次想象，足见教师教学的艺术匠心。它既起到情感对比强烈的艺术效果，又一石多鸟，最大限度地发挥了教学张力。从提升阅读能力来说，它使学生从词句中发现想象的空间，读出自己独特的感受，有助于发展形象思维和语言表达能力。从情的感染来说，对比更使学生感到征途的艰辛、战争的酷烈，倍感家乡的美好、亲人的温暖，使之沉浸于氤氲的情意之中。这情意，是乡情，是亲情，更是词情！

3. 互文印证，读透词心

师：同学们，读到现在为止，我们已经非常真切地感受到了作者那一颗身在征途、心系故园的破碎之心。我想，读到现在为止，读到这个时候，你是不是有问题要问一问纳兰性德？你的脑子里冒出了什么问题，想问一问纳兰性德？

生10：纳兰性德，既然你这么思念家乡，为什么还要去从军呢？

师：问得好。谁还想问？

生 11：纳兰性德，你快点回家吧。纳兰性德，你为什么不回家呢？

师：你为什么不早点回家呢？是吗？好，继续问。

生 12：纳兰性德，如果你想回家，你就应该用心打仗，战争早日结束，你就可以回家了。不然的话，仗打不好，你还会死在途中。

师：是啊，你既然身在征途，你就应该一心干你的事业，为什么还要对故园牵肠挂肚呢？

生 13：你既然这么想念家乡，那你为什么不把想念家人的话写下来，让一个老乡帮你送过去呢？

师：孩子们，你们都问过了，是吧？你们可曾知道，这些问题，纳兰性德也问过自己。就在征途上，纳兰性德还写过一首词，题目叫《菩萨蛮》，其中有这样两句词(课件呈现两句词)，就是纳兰性德问自己的。谁来读一读？

生 14：问君何事轻离别，一年能几团圆月？

师：问得好，孩子们，请你再想一想，除了纳兰性德在问自己外，还会有谁要问一问纳兰性德"问君何事轻离别，一年能几团圆月"？还有谁？

生 15：还有深深思念他的妻子。

师：对，假如你就是纳兰性德的妻子，你问一问纳兰性德？

生 15：问君何事轻离别，一年能几团圆月？

师：妻子问丈夫，那个"君"字改一下，改成——

生 15：问"夫"。

师：对！你再来问一问。等一下，我们一起到一个地方去问，好吗？长亭外，杨柳依依，妻子站在送别的路上，问纳兰性德——

生 15：问夫何事轻离别，一年能几团圆月？

师：好一个深情的妻子啊！谁还会问纳兰性德？

生 16：纳兰性德的儿子。

师：儿子，好，儿子问一问，假如你现在是纳兰性德的儿子，你来问一问，你把"君"字改成——

生 16：父。

师：父，好。长亭外，芳草萋萋，儿子拉着父亲的手问——

生 16：问父何事轻离别，一年能几团圆月？

师：毕竟是儿子，感受还不是很深。(笑声)

生17：还有他的父亲。

师：假如你就是他的父亲。长亭外，秋风瑟瑟，白发苍苍的老人问纳兰性德——

生17：问儿何事轻离别，一年能几团圆月？

师：老父来日不多了，不知还能见儿几面啊！还有谁也会问纳兰性德？

生18：还有他的哥哥。

师：虽然纳兰性德没有哥哥，但是你可以暂且做他的哥哥。长亭外，雨雪霏霏，兄长递上一杯酒，问道——

生18：问弟何事轻离别，一年能几团圆月？

师：是啊，孩子们，许许多多的人，他的爱妻，他的娇儿，他的老父，他的兄长，还有他的朋友，都在问纳兰性德。我们再一起问一问纳兰性德吧——问君何事轻离别，一年能几团圆月？

生齐：问君何事轻离别，一年能几团圆月？

师：轻离别？你们居然说我轻离别？（板书：轻）我，纳兰性德真的轻离别吗？真的对离别无所谓吗？再读《长相思》，默读，你在哪儿体会到，我纳兰性德没有轻离别啊，我不是轻离别啊。

（生默读《长相思》。）

师：我是纳兰性德，我想先问一问我的老父。老父，你说我是轻离别吗？

生19：不是，我从“风一更，雪一更，聒碎乡心梦不成，故园无此声”中看出你不是轻离别，而是为了保家卫国。

师：好一位深明大义的父亲。我想再问一问我的爱妻，我是轻离别吗？

生20：你不是。“风一更，雪一更，聒碎乡心梦不成，故园无此声。”你是为了保卫祖国，你离别家乡是为了到前线去杀敌，所以我不怪你。（笑声）

师：好一位贤良的妻子啊。是的，我何曾是轻离别啊，我是何等的重离别啊。可是，我身为康熙皇帝的一等侍卫，我重任在肩，我责任如山，我不得不离，不得不别啊！我舍不得离开年迈的老父，舍不得离开温柔的妻子，舍不得离开我的故园啊！这一切的一切都已化在了《长相思》中。我们一起读！

生齐：长相思，清，纳兰性德。山一程，水一程，身向榆关那畔行，夜深千帐灯。风一更，雪一更，聒碎乡心梦不成，故园无此声。

师：这就是我身在征途却心系故园的原因所在，这就是我的梦会破碎、心会破碎的原因所在。建功立业的壮志和理想，思念家乡的孤独和寂寞，就这样交织在一起，化作了纳兰性德的《长相思》(课件出示题目并播放音乐)。

师：山一程，水一程，程程都是——

生齐：长相思。

师：风一更，雪一更，更更唤醒——

生齐：长相思。

师：爱故园，爱祖国，字字化作——

生齐：长相思。(掌声)

点评：课上到第二板块，学生已完全沉浸在这首词的词意、词情中了。很多教师会认为，教学可以见好就收，再往下教会有"画蛇添足"之嫌了。然而不！"互文印证，读透词心"，教学又一次进入一个柳暗花明的新境界。教师一句看似不经意的问话"读到这个时候，你的脑子里冒出了什么问题，想问一问纳兰性德"，勾起了学生对词人心灵的叩问。于是"为什么不回家而要去打仗，为什么去打仗了而又对故园牵肠挂肚"等一连串的问题冒了出来。这时，教师拓展诵读内容，呈现了纳兰性德在征途上写的《菩萨蛮》中的两句话"问君何事轻离别，一年能几团圆月"。词人这一自问正是学生口欲言而未能言的。让人惊叹的是，教师并不急于让学生用理性思考替词人做出回答(这是通常的教法，诸如戍边是为了保家卫国、建功立业等)，而是用一句"请你再想一想，除了纳兰性德在问自己外，还会有谁要问一问纳兰性德"，再次把学生引入对"故园"情景的追思中。让学生设想自己是词人的"妻子""儿子""父亲""哥哥"等，展开了一场教师参与其中的既饶有趣味又感情沉郁的情景对话。在情景对话中学生把"问君"改为"问夫""问父""问儿"，反复诵读，情真意切但又忍俊不禁。然后让学生再读《长相思》，在词中让作者自己对学生提出的问题做出回答。学生从人物内心两难的矛盾冲突中，体悟到词人"身向榆关那畔行"并非"轻离别"，而是为了保家卫国。寓理于情，情理交融，这是教学的又一高明之举。至此，思乡怀故、感情细腻哀怨而又勇赴疆场、戍边卫国的鲜活的形象展示在学生面前。这里，我们得到一种启示：语文呀，不是解释，不是说明，而是一种心灵的润泽，是一次难忘的情感经历！

本课的教学就这样以诵读为主线，学生读出了意，读出了境，读出了情，读出了韵，缜密细腻而又大气开放，精致和谐而又恢宏奇崛。短短的一首词，竟被教师演绎得如此波澜起伏！它又像一口井，开掘得那么深，清泉汩汩流淌着……而学生在洋溢着诗意的艺术氛围中学习着、享受着，如痴如醉。尽管崧舟老师在课堂上胜似闲庭信步，浑厚而有磁力的男中音展示出以一种优雅、从容的儒将气度，然而，我和学生一样，所感受到的绵绵乡思、浓浓乡情恰似一座大山沉重地压在心头。这些都充分显示了教师的智慧与真情。在我看来，本课已臻出神入化的地步，堪称诗词教学之经典。

二、引导者

目前有很多学者把“引导者”作为诸如“研究性学习”和“合作性学习”中的教师所扮演的角色，这是因为“引导者”能最恰当地表现出在这两种学习模式中教师“扶助”“伴奏”和恰当“指导”的特点。而在具体课堂教学中也同样需要教师扮演好“引导者”的角色。教师“引导者”角色的具体表现是：引导学生树立适当的学习目标，并调整和确认实现目标的最佳途径；引导学生形成良好的学习习惯，使其掌握学习策略和发展认知能力；创设丰富的教学情境，激发学生的学习动机和学习兴趣；营造接纳的支持性的宽容的课堂气氛；与学生分享自己的感情和想法；和学生一道追寻真理，能够承认自己的过失和错误。虽然上述这些已经被许多教育者广泛认识和接受，但是他们在扮演该角色的时候却没能很好地把握“引导”的时机和要领，因此，教师在扮演该角色时要注意以下几点。

(1) 积极地旁观。学生在进行独立阅读或讨论时，教师并不是消极的旁观者，一切任由学生“自主”探究，而是要深入学生的学习过程，积极地听、积极地看、积极地思考和积极地记，从学生的角度体会学生的所作所为和想法，及时了解、掌握教学过程中的各种情况，必要时做有针对性的指导。一个好的旁观者是积极地旁观，而不直接参与所教学的事件之中，直接参与就意味着“干涉”，而积极的“旁观者”应该遵守“不干涉”原则。就像叶圣陶先生所说的那样：“倾筐倒箧容易，画龙点睛艰难，确是事实，可是为了学生的长远利益，似乎不应怕艰难而去走容易的途径。”①

(2) 创设丰富的教学情境。这一步是教师有效引导学生的步骤，因为小学语文课堂教学就是在一定的情境下进行的，为更好引导学生，教师要精心设计问题情境，提供一些有一定内在联系的学习材料。教师不是直接施教，而是尊重学生自己的判断和创见，引导学生自己解决问题。而苏联著名的教育家苏霍姆林斯基也说过：“如果教师不想方设法使学生进入情绪高昂和智力振奋的内心状态，就急于传授知识，那么这种知识只能使人产生冷漠的态度，而不动感情的脑力劳动就会带来

① 叶圣陶：《叶圣陶教育文集》，人民教育出版社 1994 年版。

疲倦。”[①]由此可见，学生能否带着积极的情绪进行学习或者说在课堂教学的最初，培养起学生的学习和阅读能力，关键在于教师有没有创设一种吸引学生的氛围或情境。

（3）在引导学生学习和阅读过程中，给学生以心理上的支持，营造良好的课堂气氛。在教师引导学生学习的过程中，学生往往会有多种看法，遇到各种困难。这时教师应用各种适当的方式给学生以心理上的安全感和精神上的鼓舞，使学生的思维更加活跃，学习热情更加高涨。其间学生出现任何过错或失误时，教师要做的不是责备，或任由其他同学取笑，而是理解和鼓励，让学生敢于行动，敢于表达自己的见解。教师作为引导者，应更像学生的朋友，做学生最信赖的心理支柱。这种和谐的师生关系为学生大胆地思考和创新提供了条件。

请看特级教师薛法根执教的苏教版四年级语文下册中的《“番茄太阳”》。

【实录片段】

师：请认真阅读课文，然后给大家说说，课文围绕“番茄太阳”，到底写了一个怎样的故事呢？

（生读，然后师生交流。）

生1：我来到一座城市，心情灰暗，后来在菜市场看到一个盲童，她叫明明。我和她发生了一些事情，心情就变好了，感到很温暖。

师：你注意到了作者心情的变化，开始是“灰暗”的，最后是“温暖”的，体会得很准确（板书：灰暗、温暖）。但是，我和明明之间发生了什么事情呢？（生迟疑地不说话）

师：这个概括起来有点难。想一想，我，明明，明明一家人，在一起……

生1：（恍然大悟的样子）哦，我和明明一家人一起生活，一起说话，明明特别爱笑，让我感到很快乐、很温暖。

师：你读到了“特别爱笑”，不简单！还看到了我和明明一家人一起生活、一起说话，可以用“常常一起聊天、交谈”来概括。现在，你再来说一说，好吗？

生：（高兴地）好！我来到了一座新的城市（师插话：“新”字很准确），心情灰暗无比（师插话：用词恰当）。后来，我遇到了一个叫明明的盲童，她只有5岁，特别爱笑（师插话：语言简练）。我和她一起聊天，一起交谈，感到很快乐（师插话：还没

① B.A.苏霍姆林斯基：《给教师的建议》，教育科学出版社2016年版。

完呢)。临别时,明明说等她长大后要把腿给我,我一下子哭了(师插话:是伤心吗?)。我一下子感动得哭了,心里感到非常温暖。

师:再完整地说一遍!

(生1重述,很有条理。)

师:同桌互相说说自己的概括,再互相补充。

【教学点评】

薛老师要求学生"认真阅读课文,然后给大家说说,课文围绕'番茄太阳',到底写了一个怎样的故事",这就明确地给学生指出了概括本课主要内容的方法是从课题入手,抓住文章的特点。而在具体的指导过程中,薛老师一方面依然在学生困惑时及时进行点拨,一方面用恰当的评价做引领,让学生跳起来能摘到桃子,顺利地抵达最近发展区。特别是薛老师的评价用语,又巧妙地包含了概括课文主要内容的要求,如"'新'字很准确""用词恰当""语言简练",这样的引领不仅使学生知道该怎样做,而且让学生体会到做得好会得到肯定和鼓励,从而努力去追求精益求精。

看上去,薛老师只指导了一个学生进行三次概括,但是面对的是全班学生,全班学生在倾听中学习了方法,在实践中习得了本领,这就使概括课文主体内容的训练落实在学生语言发展的基础之上。现行小学语文教材是按专题编排的,虽然一组课文都体现了专题,但具体到每一篇课文而言,其内容是各异的。薛老师的教学针对性强,引导得法,努力让学生一课一得。

三、合作者

放眼当今课堂,教学中师生之间的界限趋于淡化,教与学的互换日趋频繁。教学由"我说你听"变成一起讨论、一起寻找答案的过程,传统意义上的教师教和学生学将不断让位于师生互教互学,形成一个真正的"学习共同体"。

师生之间的互动不仅表现为教师对学生学习的促进作用,还突出表现为学生对教师的促进作用。在课堂教学中,由于许多不确定因素的存在,师生互动产生的问题、知识并不是预设的,有许多是教师从未见过或思考过的,这就促使教师进一步丰富自身文化知识储备。在课堂教学过程中,教与学的互动,不是一般意义上的交流,更体现为一种富有再生能力的"转换"。在"转换"过程中,教师培养了学生,学生也"培养"了教师,师生共同成长。这是真正意义上的教学相长。

师生之间的合作交往应是讨论、会谈和问题探索，它使教学在师生双方互相影响和作用、“师生平等对话”的过程中进行。以讨论为主的多向交流方式和以探究研讨为主的综合交流方式，是体现新课标精神的较为优化的教学模式。在这样的课堂教学中，教师一改传统的“居高临下”“先知先觉”的“权威者”的角色，而是以与学生平等的“交流者”的角色参与到课堂讨论中来，与学生分享自己的情感和想法、经验和智慧。

四、促进者

在如今的课堂教学实施过程中，学生的学习方式正由传统的接受式学习向探究式学习转变，这就要求教师在学生积极、主动地探究的过程中，做学生发展的促进者：与学生协商，帮助学生制订恰当的学习目标，确定达到目标的最佳途径；帮助学生形成良好的学习习惯；培养学生对学习的浓厚兴趣，调动学生学习的积极性；创设适合教学内容且让学生充满兴趣的教学情境和民主和谐的课堂氛围；培养学生自主学习、与他人合作学习的能力；和学生一起参与学习活动，为他们提供超出现有水平的指导、帮助……总之，教师的天职就是为学生服务的。

课堂上，评价是促进学生学习的一种手段。如何评价？帮助法、启发法、纠错法、激励法、鼓励法、善意惩戒法等都是不错的选项。

全国第八届阅读教学观摩活动中，浙江名师罗才军执教的人教版六年级语文上册中的《伯牙绝弦》获特等奖。请看罗老师的教学实录片段。

【实录片段】

师：我们能从课文的哪些句子中形象地感受到伯牙善鼓琴，而钟子期又真的善听呢？

生1：可以从“伯牙鼓琴，志在高山，钟子期曰：‘善哉，峨峨兮若泰山！’志在流水，钟子期曰：‘善哉，洋洋兮若江河！’”中体会到。

师：怎么理解？（提醒可借助注释）

生1：伯牙鼓琴，心里想到高山，钟子期就说，好啊，高高的犹如泰山一样；心里想到流水，钟子期就说，好啊，广大得像江河一样。

师：注意到没有，他在理解这两句话的时候，书中有注释的话就借助注释，没注释的就联系上下文用自己的话来补充，这是学习古文的好方法。（出示句子）

（伯牙鼓琴，志在高山，钟子期曰：“善哉，峨峨兮若泰山！”志在流水，钟子期曰：

“善哉，洋洋兮若江河！”）

师：这两个句子中的“善哉”和第一句当中“善鼓琴”“善听”的“善”意思一样吗？怎么不一样，你要能说出个所以然来！

生2：这里“善哉”的“善”是“好”的意思，第一句当中的“善”是“擅长、善于”的意思。伯牙擅长弹琴，钟子期擅长听。

师：你会联系上下文，真好。这种一字多义的现象在古文里很常见。这里的“善哉”是子期听了伯牙琴声后一种由衷的称赞。用我们现在的话说就是——

生3：好啊！

生4：真美妙啊！

师：在古代就说成——

生齐：善哉！

师：谁来读一读，看能不能把这种由衷赞叹的感觉读出来。

生5：善哉！（读得很有韵味）

师：善哉！“哉”字后面一延长，好像琴声都落到心里去了。我觉得你不仅“善哉”读得好！“峨峨兮”“洋洋兮”也读得真好啊！当你读着“峨峨兮”的时候，你的眼前出现了怎样的景象？怎样的画面？

【教学点评】

对古文词义的疏通和理解，存在三个不同的层次，一为“意思”，二为“意象”，三为“意蕴”。有些词，解到“意思”为止，可矣，如“哉”“兮”等。有些词，既要疏通意思，也要还原意象，如此处的“峨峨兮”“洋洋兮”等。还有些词，则要在“意思”“意象”和“意蕴”三个层面上求得融会贯通，才算切实妥帖，如后面的“志”“念”等。罗老师理答，层层推进，引导学生“向青草更青处漫溯”，效果甚佳。

五、组织者

教师是教学活动的设计者，在组织教学活动之前，教师必须理解教学目标，认识教学对象、钻研教学内容、选择教学方法、设计教学程序、做好课前布置。而在课堂中，教师是教学活动的组织者。从教学活动的开始到结束，教师要充分组织各种教学因素、教学资源，组织学生开展生动的学习活动，充分调动学生作为学习主体的积极、能动的心理因素，引导学生在原有水平、能力基础上再上一层楼，并协调多种因素之间的关系，从而保证教学活动顺利进行，保证教学任务的完成和教学目标的实现。无论什么学科，何种课型，教师都要设计一些学习活动。如语文阅读教学的学习活动一般有：教师提出阅读的核心问题—学生自由阅读—小组内合作交流，提问题—谈体会—说收获—学生在全班交流和汇报—引领学生回归文本，进行有针对性的阅读和交流。

只要是学习，就要有一定的学习目标。要达成学习目标，需要教师的组织，教师组织学习活动必须要让学生明确学什么，怎样学，采取什么方式学，是自主、合作，还是探究，运用什么方法学，如阅读，是朗读，还是默读，是浏览，还是精读、略读，利用多少时间学。如教师指导学生学习一篇课文时，要求学生默读课文，读完后，在小组内交流，说一说，本文写了一件什么事，或要求学生朗读课文，利用工具书处理自己不认识的字和不理解的词，并把这些字词读一读、写一写，同伴检查；或鼓励学生将其对课文的感悟和理解说给同伴听（和组内的同学交流、在全班汇报）；等等。这些都是教师作为教学读者、扮演好语文教学过程中教学角色的应有功能。

最重要的是这些组织活动背后的教学理念，语文从教者一定要对其足够重视并不间断地反省优化，因为，其先进性与否，科学性与否，实际可操作性与否，都决定着在每一次引领学生展开与文本对话之旅时，作为组织者的教师到底能够发挥多大的作用。这直接决定着每一次教学设计、每一堂语文课教学的有效性如何，漠视不得！

课后练习：

“学习共同体”倡导者、日本东京大学教授佐藤学说，学习是相遇和对话；台湾著名语文教育专家、台湾师铎奖获得者李玉贵老师曾说：“好的课堂，是上着上着老师就不见了。”请阅读下面这篇实录，谈谈你对语文课堂上教师角色的把握。

学习共同体，让学生学会学习——《穷人》课堂教学实录

李玉贵

1. 明确角色分工，确立课堂规则

(1) 角色分工

①小沙漏

师：每一组第一个同学是桌长。桌长的对面，就是前面的右边这个人是什么？（白板出示：小沙漏）

生齐：小沙漏。

师：好，请问沙漏和闹钟有什么区别？两个都可以计时啊！它们最大的差别

是——谁没有声音？

生齐：小沙漏。

师：所以待会儿你在组内负责计时，可以有声音吗？

生1：不可以。

师：不能发出声音，如何提醒别人？

生1：用眼神。

师：可不可以示范一下你刚刚做的眼神？（生做示范）非常好，他的眉毛会动哦！

②桌　长

师：好！一号是桌长。请问桌长要做什么事呢？

生2：保持桌面整洁。

师：这是桌长经常要做的一件事，但不是桌长一个人的事，每个人都要做，所以桌长还要负责适时提醒同学。除此之外，桌长还要负责什么呢？

生齐：发材料。

师：好，现在请各位桌长去领取小组的材料！（每个小组的桌长起身走向放材料的桌子）领取后就请回到座位，将材料平放在桌上，然后专心听老师讲，老师还有其他事情要交代。

③小天使

师：三号小天使请举手！你们看小天使主要负责什么工作呀？（师示意PPT上的文字）提醒什么？

生齐：提醒讨论的音量。

师：还提醒什么？比如这组有四个人，三个人都在讨论，但有一个人没有参与讨论，有什么方法可以让他也来跟我们一起学习啊？怎么提醒，才能使他容易接受？小天使们可以想一想用怎样的语言（生点头）。

师：（走到一小组边）当小组要报告的时候，其中一人在写东西，其他人都想看，伸长着脖子也看不到，请问谁负责关心这件事？

生齐：小天使。

师：这时候你们要提醒谁？

生齐：写字的人。

师：提醒的声音要很小，语气要很——

生齐：温柔。

④总　裁

师：好，四号是——（生3：总裁），自己当总裁是不是很得意？好，总裁的任务是安排顺序。待会儿发言的时候，我们都把想法贴在这上面。总裁要特别关注其他人的想法，把所有的意见都归纳进来。是你先还是我先，这种小事谁决定啊？

生齐：总裁。

师：最好不等总裁出面自己就决定了。好，今天我们四个人一组要学很多东西。

(2) 规则确立

①听的规则

师：我们首先要学的就是听。（白板出示“聽”）这是什么字？（白板出示五个“听”字的异体字）这五个字有什么共同的部件？最明显的是哪个部件？

生4：耳朵。

师：第二个很明显的部件是——

生5：心。

师：听话的时候除了要用耳朵，更要用心。

师：（白板演示：红框圈出“聽”字的“罒”字部件，边上出示古体字“眼”）古时候的字就是这样，这就是眼睛。眼睛要看哪里？——要追随视线的方向。（走到讲台边一小组）这四位同学，假如现在他在发言，其他三个人要看哪里？眼睛要跟随说话的人，看他到底说什么，知道他说什么内容。（生点头会意）要坚持听，耐心听……

师：每个人会有不同的话题，不同的理解，所以聆听就是善待，和善地对待同学，和善地对待还在想的人。所以啊，听别人说话，要用心听，用耳朵听，用眼睛看，让眼神追随着声音，边听边思考。

②说的规则

师：待会儿，老师就会关注这些方面。除听话的人要认真听之外，说话的人要——（出示要求：面向同学，问同伴是否准备好；说清楚；安心说。）

师：说什么都可以，没有关系。但说话的声音，只能让组内的人听见，不可以被组外的听到哦！（作轻声说话状）但面对全班发言的时候，你则要大声到让全班同学都能轻松地听见。听跟说一样，要——

生齐：身体转向他，微笑，温和。

2. 自读文本，找出小说的相关要素

师：刚刚你们都说这是一篇小说，对不对？回到文章，告诉我它是一篇小说的三个理由。

（生自读。）

师：（巡视）我要看到你用手在数，或者你拿着笔在做标记。

师：好，现在就用你们刚刚决定的顺序，说一说文章的哪些特征让你觉得它是一篇小说。哪个小组先开始？

生6：我觉得这篇文章的情节十分吸引人。一开始，桑娜在一个风雨交加的夜晚抱回了两个孩子。她忐忑不安，生怕丈夫不同意。后来她丈夫终于同意她抱回那两个孩子，她的心情十分激动，所以我觉得……

师：这里哪些是小说的元素啊？

生齐：情节。

师：怎样的情节？

生齐：环环相扣，一波三折……

师：好，谢谢！下一位同学！“情节”已经说了。

生7：文章里面有许多心理描写，桑娜的内心波荡起伏。

师：讲得真好，“内心波荡起伏”，用自己的语言表达，多好！什么又被讲过了？

生齐：人物。

生8：环境描写不仅可以衬托出当时的环境十分恶劣，也可以衬托出他们家庭的经济条件很困难。

师：总结一下，目前有几个元素已经提到过了？

生齐：情节，人物，环境描写……

生9：我觉得人物对话，还有提示语的描写，很细腻。

师：人物的对话，还有提示语！还有什么要补充的？

生10：作者设置悬念，让我们很想知道下一步会发生什么。

师：结尾是个悬念，你们觉得这个故事结束了吗？

生齐：没有。

师：嗯，好，各小组总结出来的理由不太一致，但有些元素是相同的，比如情节、人物、环境……

3. 细读文本，学会读书

师范读文本，引导学生关注时间词。

师：除了刚才说的，这篇文章中有表示时间的词语吗？

生齐：有。

师：第二段的开头有时间词，请大家把时间词画出来。

生齐：始终不见。

师：始终不见丈夫回来。还有哪一段的开头也有时间词？

生齐：睡觉还早。

师："睡觉还早"在这一课里重要吗？

生齐：不重要。

师：不重要，它在这里一点都不起眼，对不对？可是各位同学，你们已经忘记第二段中是几点了。第二段是11点，比11点还晚，第三段竟然说什么？

生齐：睡觉还早。

师：你们不觉得怪吗？同学们对小说里觉得怪的地方都要多读几遍。我们要联系上下文去读。事实上时间已经不早了，可是桑娜为什么说睡觉还早？她不是说时间还早，而是说睡觉还早。好，小组小声讨论一下。

（生讨论。）

师：李老师刚才是在示范，我读了第二段的开头，找到什么词？

生：时间词。

师：对。待会儿你们也要做这样的事情。但具体要做什么事情，我暂时先不告诉你们。

4. 自主学习，练习细读文本

（1）明确细读文本的方法

师：我们读小说总习惯被情节推着走，但只关注小说的内容未免太可惜了。多读几遍，你一定会有新的体会、新的发现。所以待会儿请大家将整篇文章再读一读，然后分享新的体会和发现，好吗？一定要静下来细细地多读几遍，你会发现它是一篇很好的小说，不愧是——哎，谁的小说？

生齐：列夫·托尔斯泰。

师：是的，不愧是大文豪的小说。（巡视）你再多读几次，有什么新的体会、感受或发现，找到一处，你就可以写在这上面。如果真的没有想法，刚才这些（指黑板上同学做的笔记）可以作为你的材料。

师：（巡视）老师建议，你读的时候可以找关键词。不要只看一个点，要学会对比着看。另外，要学会跨段阅读，去发现文字的内在联系。还有哦，你要一直向自己问问题。

师：（巡视，指导小组讨论）有人说第十二段到第二十七段有很多对话，对不对？那这里该怎么读呢？

（生点头，思考，讨论。）

师：大家还可以用还原比较的方法。可以做一个练习，如果没有这段环境描写，没有这一段对话，这篇小说会怎么样？有了这些描写，又为我们提供了什么？有什么作用？

（生继续组内交流。）

师：（巡视）阅读一篇好的小说要像现在这样，一读再读。好，请在你刚获得的新发现前面标一个星号。它是怎么写的？请写出你的感受。

(2) 引导学生发表交流感受

师：接下来，我们要交流。声音要大一点，让别人听清楚。

生 11：第一段描写的是环境，为下文对人物心情的描写做了铺垫。在恶劣的环境中，人物的心情也有变化。第二，时间。清早——

师：先等一下！她讲的是第一段。同组同学有没有人也注意到这一点？（生示意有）。你有，好，仔细听哦。这个同学发表意见，你就要想，他这样说，我要怎么接他的话——后面每个人发表意见的第一句话，都要是上一个人发言的最后一句话。

生 12：（接上一生的话）我也注意到了胡宇春说的环境描写，这里的环境让我们知道了渔夫家的生活情况……

师：你的想法跟他的比较接近，它们是同一类的，都是第一段的环境描写。

师：在小组里，发完言后，想法相近的，归为一类；想法不同的，另成一类。现在小组内部进行交流。要先回忆别人的观点再提出自己的想法。

（生组内交流。）

师：（巡视）特别需要的时候，可以把文章念一念，一定要有理有据。其他人要跟着默读相应的文句和文段。

（生继续组内交流。）

5. 总结学习收获，指导学生课外写读书心得

师：那你们回去可以做什么事呢？我们平常不是要写读书心得吗？你们刚分的类，是不是很接近这个（黑板上同学做的笔记）？

生齐：是。

师：我们读小说，一开始也许只注意到内容，但是今天你们发现了，小说有很多写作手法。写读书心得,可以就内容、形式、这篇文章跟我有什么关系这三方面来写。我们称之为书摘,就是读完书之后,根据具体的内容做评述,写心得。今天我们用读书会的方式读了读,聊了聊。重要的是别人在发言的时候,我们要仔细听,看看他的想法跟我们的想法是什么关系,我们会用一些便利贴做整理。好,这节课就上到这里,下课!

第三节　双重视域中教师角色的具体功能

对于文本解读与课堂教学双重视域中的教师角色这一研究,我们整理和阅读了大量资料和教学实录,在此基础上我们认为,教师角色中核心的角色可以解说为“帮助者”“助学者”。

这一解说的理论依据是建构主义的教学论。

建构主义强调,课堂学习中的学生并不是一张白纸,在以往的生活经历和学习中,他们已经形成了一定的经验,在教师的教学之前,学生对一篇篇陌生的课文确实已形成自己的看法。这些看法是他们从经验背景出发而推出的合乎逻辑的假设,但课堂教学不能仅停留在学生对所学知识已有的经验和看法上。所以,一方面教学不能无视学生的这些经验,而是要让学生尽可能地利用已有知识和经验;另一方面还要把学生从现有的知识经验引向新知识、新经验,而不是停留在个人的狭隘经验之中。这个过程,语文教师的教学任务不是传递知识,而是处理和转换知识,引导学生从原有的知识、经验中获得新的知识、经验。教师应该重视学生自己对文章内容的理解,倾听他们真实的看法,洞察他们这些想法的由来,以此为根据,引导学生丰富或修正自己的理解。也就是说,建构主义理论对教师角色的定位是“教师是教学过程的组织者、指导者,意义建构的帮助者、促进者”,而在课堂学习过程中学生特别需要教师作为一个“帮助者”来实现其新知识的建构。

牛顿曾说过:“如果说我比别人看得更远些,那是因为我站在了巨人的肩上。”叶圣陶在《怎样学语文》一文中指出,学生对于一篇篇的文章要“试着去理解,试着去揣摩”,“理解不了的,由教师给予帮助”,“揣摩不出的,由教师给予帮助”。我们认为,语文教师在课堂上做的最有价值的事情就是帮助学生,帮助学生看得更深更远，学得更多更好；帮助学生由不会思考到会思考，由不会阅读到会阅读，由不会写作到会写作。

语文教师在课堂教学中就应该是一个帮助者。在《现代汉语词典（第 7 版）》中“帮助”一词解释为“替人出力、出主意或给以物质上、精神上的支援”。教师在语文课堂教学中帮助学生，就是要纠正错误的、有失偏颇的理解，使学生获得明确的、全面的认识。规范学习行为，让学生养成良好的学习习惯，使其受益终身。深化表面化的、肤浅的认识，使学生体验成长的感觉，强化正确的、有创意的、具有普遍性的、重要的知识。

对于文本解读与课堂教学双重视域中的教师角色这一研究，我们以“帮助者角色”为视角，在整理和阅读大量资料和教学实录的基础上，梳理出以下几方面的探索成果。

一、帮助学生正确解读文本，避免出现“反文本”现象

（一）帮助学生排除认识、理解上的障碍

生活经验的限制造成学生理解上的障碍，教师的责任是帮学生解除这些障碍。正如于漪老师说的，教师应做一个“疏凿手”。这就需要教师课前充分考虑课文难“通”之处，估计学生难“通”的原因，千方百计“凿”而使之“通”。

二年级语文课本中的古诗《草》，是难理解的，于永正老师运用了配画的手段，取得了很好的教学效果。比如“一岁一枯荣”，他先请学生观察一年四季草的变化（配画的草），再请学生说说一年当中草有哪两次最明显的变化，然后请学生考虑“枯”“荣”两个字应写在哪一幅图的下面，最后请学生说说“枯”“荣”是什么意思。

巧是什么？巧就是“润物细无声”的教学艺术。于永正老师的教学，真正体现了“寓教于乐”的快乐语文，学生通过生动形象的“画”，深刻地理解了“枯荣”的意思。

教师帮助学生排除认识、理解上的障碍，不仅表现在备课活动中分析学情，充分估计学生可能理解不了的内容，将其预设在教学活动中，还体现在课堂教学生成性活动中随时随地恰到好处的教学：学生理解起来有难度，教师则设置情境，用通俗易懂的语言做深入浅出的讲解，启发学生构筑画面，突破理解上的障碍。

请看特级教师孙双金执教的苏教版五年级语文下册中的《只拣儿童多处行》。

【实录片段】

师：冰心奶奶为什么要只拣儿童多处行呢？

生1：因为儿童多的地方，往往是春光最美丽的地方。

师：说得真好，原来是"儿童多处春光美"呀！（板书）

生2：我觉得儿童有善于发现的眼睛。

师：你是从哪里看出来的？

生2："我拉着一个额前……"（读第七自然段）从那个男孩说"就是开得旺嘛！"我看出孩子有一双善于发现的眼睛。

师：真聪明！孩子们有善于发现的眼睛，你也有善于发现的眼睛……还有更新的发现吗？

生3：我还发现了一点，因为儿童是朝气蓬勃的，是快乐的小天使。

师：发现得好！这句话非常重要，儿童是朝气蓬勃的，从哪个词可以看出来？

生3：喷发……

……

师：你讲得太好了！能不能读得更好？（生深情地读。）从这里你还知道了什么？

生4：儿童像小天使，是神圣的。

生5：儿童是春天的天使，他向我们报告春天来了。

……

师：多美的语言！这是你们的感悟。你们还读出了什么？

生6：冰心奶奶非常喜欢儿童。

生7：第六自然段把春天写得这样饱满，这样烂漫，实际上是暗示孩子也是这样饱满，这样烂漫。

师：你有一双慧眼，把藏在课文背后的东西也读出来了。我们读读这段（生读第八自然段）。这一段写出了花儿和儿童的哪些共同特点？

生8：第一点是在春天的感召下，儿童和花儿一样欢畅活泼；第二点是生命力同样旺盛；第三点是一样的快乐。

【教学点评】

小学生在情感与智力方面潜力巨大，教师应真正转换好教学角色，做学生学习的帮助者，通过适时有效的教学“铺垫”，对学生及时引导启发，充分释放学生潜力。孙老师紧扣文本，以问题的提出为导引，让学生通过不断地阅读与思考，从文本的句子、词汇到文章建构的妙处（花儿与儿童的相似点），都进行了非常有效又有趣的“导读”。这就是“四两拨千斤”的教学艺术，教师只在“该出手时”才“出手”，也就是在学生阅读理解有障碍、有困难的时候，适时加以启发铺垫，诱使学生步步深入地解读文本。

现在的一些语文课堂，教师“讲风”太盛，“讲瘾”太足，认为一篇课文不经几番讲解咀嚼，学生就肯定不懂似的，非要“赤膊上阵”，从段落层次到主题中心，几番分析几番讲解。而留给学生“读书”的时间则少之又少，没有读书，也就自然不会有自己的思考。可是，没有思考，哪来自己对文本独特的理解，以及从文本中“习得”更多的语言养料呢？听来的总觉肤浅，且没有什么“走心”的大用（除了可以应付考试），久而久之，学生学习语文的兴趣自然锐减，听说读写的能力也自然难有提升。

（二）帮助学生认识错误，引导其自主解决问题

迅速、准确发现学生错误的症结所在，循序渐进地以问促思考，不知不觉间学生就会自主解决问题了。

请看特级教师蒋军晶执教的人教版五年级语文下册中的《“凤辣子”初见林黛玉》。

【实录片段】

师：很多同学说王熙凤很热情，很关心人（师把“关心”框出），那你们主要从哪里感受到她很热情、很关心人呢？请你们再一次浏览课文，找出你们觉得体现王熙凤热情、很关心人的那个句子或者那一段话，把它画下来。

（学生浏览课文；师板书：关心、再读。）

师：找到了吗？好，把头抬起来，有人说就要有人听。请你读一读你画的那一段话。

生1：“正是呢，我一见了妹妹，一心都在他身上了，又是喜欢，又是伤心，竟忘记了老祖宗，该打，该打。”又忙携黛玉之手，问：“妹妹几岁了？可也上过学？现吃什么药？在这里不要想家。要什么吃的，什么玩的，只管告诉我。丫头老婆们不好了，也只管告诉我。”

（师指导多名学生读相关句子，学生发现王熙凤关心林黛玉的生活起居，觉得特别感动。)

师：好，读得好。同学们，我要跟这三位同学对话了，请你们仔细听，看看你们能听出什么问题。三位同学，把自己当作王熙凤，因为刚才你们读了王熙凤相关的句子嘛。我问你们，你们只答“知道”或者“不知道”。(走向其中一位)请问妹妹几岁了？

(该生默然，全场轻笑，师示意只答“知道”或者“不知道”。)

师：请问妹妹几岁了？

生2：不知道。

师：她上过学吗？

生2：不知道。

师：她现在吃什么药？

生2：不知道。

师：一问三不知。

(有生偷笑。)

师：有的同学在笑的过程当中会思考了。(走向另一位同学)请问妹妹几岁了？

生3：不知道。

师：她上过学吗？

生3：知道。

师：知道？你怎么知道？你现在变成读者了，你看过是吗？现在你是王熙凤，我估计你也不知道。她现在吃什么药？

生3：不知道。

(师指向最后一位同学。)

师：你也不用问了，肯定也是一问三不知。请坐！那问题就来了，各位同学！王熙凤不是明明已经问了，怎么就不知道呢？为什么呀？(环视全场)不都问了吗？

生4：没写。

师：没写。如果我把这篇文章加长点，纸再加多点，你觉得会有答案出来吗？

生4：会。

师：会的？我告诉你们，你去看红楼梦的原著，再看下去，看100页也不知道答案。那么为什么不知道呢？(环视全场)把你的话说出来，把你心里的话说出来。

生5：就是因为这本书里面根本就没有写她的身份。

（生哄笑。）

师：写是写了，就是那时候王熙凤不知道，为什么问了三个问题她还是不知道呢？

（有生举手。）

生6：因为曹雪芹也不知道。

师：曹雪芹当然是知道的。同学们，如果王熙凤真的想知道答案，刚才我们读的这段话里边就有一个地方肯定要停顿，哪一个地方？如果她真的想知道答案，哪一个地方她必须停顿啊？（示意举手）

生7：“现在吃什么药？”后面。

师：对啊，三个问题问完了，肯定要停一停，听林黛玉回答。如果她很想知道答案，在这段话里边估计她要停三次，对不对啊？每一个问题后面都得停一停。但是，王熙凤根本没有停下来，因为她根本不想知道答案，因为她说这段话别有用意。那么她说这段话用意何在，用心何在呢？小组讨论一下。

【教学点评】

疑问从学生中来，思考由教师有效的提问激发和引导，答案也从学生自己的讨论与思辨中产生，这就叫语文教师“该偷懒处且偷懒”，什么是“该偷懒处”呢？当学生还没有仔细阅读文本，就凭自己此时此地的生活经验主观臆断而产生了“疑问”，教师就不应该简单地回答学生的疑问，因为简单回答看似解决了问题，但于学生而言，其得到的学习收获甚微。读书有疑问，小疑小进，大疑大进，关键就看教师会不会利用这样的学习契机，进行有效引导。

在这个案例中，点评这个环节是最亮点，因为提问引发了学生的认知冲突。学生的心理经历着这样一个过程：明明刚刚分享了阅读的快乐，认识到“凤辣子”是热情的，突然之间，“凤辣子”不是这样的，为什么？学生重回文本，仔细阅读课文后，还是依靠对文本的“再理解”，该疑问才得以解决。这样的学习不仅使学生学会了知识，更有价值的是让学生学会了阅读，学会了思考，习得了一种解决问题的路径和方法。

（三）帮助学生重视不该忽略之处

发现不该忽略而被学生忽略的地方，引导学生品味文体的独特意味。教师替学生问出他们想问但又没问的问题，在充分的辩论中，识清事物的本来面目。

请看江苏名师许嫣娜执教的人教版一年级语文下册中的《荷叶圆圆》。

【实录片段】

生 1：小蜻蜓说："荷叶是我的停机坪。"小蜻蜓立在荷叶上，展开透明的翅膀。

师：读得真好！请你做一个小蜻蜓飞翔的动作。（生做动作）这位同学张开双臂摆动着，真像小蜻蜓在空中飞翔。

（师也边说着边做着飞翔的动作。生笑。）

师：小蜻蜓觉得荷叶是它的"停机坪"。［板书：坪（píng），停机坪］［纸板：坪（píng）］同学们把这个字读一读。

生齐：坪（连续读了两遍）。

师：除了在"停机坪"里见过这个"坪"字，你们还在哪见过这个字？

生 2：草坪。

师：你们知道这个字的意思吗？

生齐：不知道（纷纷摇头）。

师："坪"字的左边是"土"字旁，右边是个"平"字，它的意思是一大块空地。我们再来读读这个字。

生齐：坪。

师：你们读的时候要想象着前面有一大块平地，再请只小蜻蜓给我们读一读——

生 3：小蜻蜓说："荷叶是我的停机坪。"小蜻蜓立在荷叶上，展开透明的翅膀。

师：多美的翅膀啊！我们来看看小蜻蜓是怎样立在荷叶上的（屏幕显示一只美丽的小蜻蜓，美丽的小蜻蜓立在荷叶上，轻盈的翅膀飞啊飞啊！可爱至极）。

师：看到这么美丽的画面，我们情不自禁地想起大诗人杨万里写的诗句。小荷才露——

生齐：尖尖角，早有蜻蜓立上头。

师：瞧！大诗人也是用的这个"立"字（板书：立），大家都喜欢轻盈的小蜻蜓。大家起立，我们一起来做"小蜻蜓"。

（同学们迅速地站了起来，张开了双臂，做着飞翔的动作。生笑。）

师：同学们做得非常好，那你们再读一遍，好吗？

生：小蜻蜓说："荷叶是我的停机坪。"小蜻蜓立在荷叶上，展开透明的翅膀（同学们一边做着动作一边读着这句话）。

【教学点评】

许嫣娜老师从教师与学生两个角度反复解读文本。从成人角度解读，她解读到文本的核心价值为喜爱荷叶所代表的美好大自然、多个动词的独特表达方式以及具有儿童气息的比喻。她又基于儿童立场解读到儿童的兴趣点是流淌于言语之间的想象及由此孕育的无限趣味。所以在教学中，她将学生容易忽略的动词，如片段中的“立”着重提出，引导学生品味、想象、朗读，让学生们体会到文本的语言学习价值就在于合理的想象和准确的表达。

有人说，当学生知道你在“教育”他的时候，教育的效果是最差的。学生的“错误”是一种鲜活的课程资源，在错误中汲取经验，生成智慧，这也是教学反馈的无可替代的价值。同样，在学生应该注意却没有注意的地方，及时提醒点拨，教师不放过一些看似细微却很有效的学习之处，而不是轻易地给出答案，这也可算是一种教学智慧。

二、帮助学生树立多元有界阅读观，对文本进行多层次解读

在实际的语文阅读教学过程中，树立多元有界阅读观，引导学生对作品进行多元有界的解读，不仅可以还学生阅读的本来面目，激发学生的阅读兴趣，还可以促进学生独立思索，激活学生的思维，从而培养学生的创新精神。多元有界阅读观为改变“讲解—接受”这一传统的阅读教学格局，为转变死气沉沉、效率低下的阅读教学现状，为建构对话式的阅读教学奠定了理论基础。

阅读教学是学生、教师、文本之间对话的过程。对话既包括教师与学生的对话，又包括学生与文本、学生与学生、学生与生活、学生与自我之间的立体交叉、复杂的多重对话。通过对话交流，不同的理解互相补充，互相交融，朦胧模糊的认识会变得清晰，错误的观点得以自动调整、匡正，越界的阅读体会也会得到修正，文本的意义将不断被完善。

在这里，我们着重要讲的是帮助学生与文本进行对话。

当然，学生与文本对话不仅仅是浏览文本，还要运用传统阅读教学中让学生读进去、走出来的方法，使学生既能走进文章的内部世界，又能形成自己的思想。叶圣陶先生有诗云：“作者胸有境，入境始与亲。”[①]要达到“与亲”的境界，首先要

① 叶圣陶：《叶圣陶教育文集》，人民教育出版社 1994 年版。

入境，即“入乎其内”，主动通过反复的朗读、涵泳入境，与文本作者实现精神的交流和心灵的撞击。“书读百遍，其义自见”，“熟读唐诗三百首，不会作诗也会吟”，只有通过反复的朗读、涵泳，直接接触大量感性的语言材料，才能较深刻地理解文章的旨意、理脉，体会文章的风格与所表达的情感。朱自清先生说：“课文内容的理解，其意义的获得一半在声音里头。”①所以，与文本对话一定要让学生反复地朗读、涵泳。

全国第八届青年教师阅读教学大赛中，福建名师何捷执教的《匆匆》获特等奖，实录片段如下。

【实录片段】

师：倾听之后。我请大家跟着作者一起思考，请大家沉下心来默读课文，特别关注刚才给你留下深刻印象的一些地方。一边读一边思考，争取读懂一到两处，如果有疑问，也可以整理出来一起交流。这个环节老师给大家三到五分钟，要求大家不装样子，真读。可以拿起笔快速写下一些批注。

（学生默读课文。）

师：好孩子，抬起头，五分钟匆匆而过，当你经过认真思考之后，我相信你就能读懂作者要表达的意思，能和作者对话了。我们先以第一自然段为例，你读懂了什么？

生1：我从第一自然段看出作者很羡慕杨柳、桃花，它们的时光可以重新再来，而作者心中有无数的疑问，为什么自己的时间匆匆而过？

师：是啊，在羡慕之余有无限感慨。你能带着自己的理解，把自己的情感融入其中读出来吗？孩子们注意，如果他能读出这种感受就给他掌声。

（生1读第一自然段。）

师：就这段，还有谁读出了不一样的感受？

生2：世间万物都能重新来过，但是时间不可以，作者让我们好好珍惜时间。

生3：从“一去不复返”这个词我能看出时间过去就不能再回来了。

师：这个孩子了不起，他不但读出了味道，而且还为我们提示了一种读书方法，抓关键词来感受。请带着自己的理解，再次为我们读读第一自然段。

（生3读第一自然段。）

---

① 乔桂英：《阅读方法指导论》，语文出版社2013年版。

师：还有很多孩子想说，但是时间有限，这样吧，每个孩子带着自己的理解读课文第一自然段，各读各的，读出各自的理解。

（学生自由读课文。）

【教学点评】

课堂教学面对的是生动活泼的独特的个体，因此，我的感受不能代替你的理解，他的思考不能代替我的想法。何捷老师在赞许第一位学生的感受之后，立即推进“还有谁读出了不一样的感受”，引导学生静心涵泳，品味感悟。也正是经历了这样的真读书过程，学生们才读出了真味，品出了真情。

要让学生主动去质疑、解疑。要让学生对所读的文章真正理解，须启发学生生疑，带领学生探疑，寻求正确的答案。于漪老师曾用“三看一想一查”的方法培养学生的质疑能力。在引导学生探疑的过程中，教师要注意创设辨疑、析疑的条件与气氛，让学生谈看法、摆见解、分析、比较、判断、推理，经常这样训练学生，学生就能逐步掌握文章要领，理解其内容、观点和精神实质，思维能力和语言能力当然也会得到发展。另外，教师还可在学生不易生疑处设疑，或抓住课文本身的矛盾以及学生理解过程中所产生的种种矛盾，激发学生思考。

三、帮助学生贯穿整体思想，深入解读文本

文本解读要读课程标准、读整册教材、读单元课文，再深入钻研具体文本。我们的教学，必须帮助学生沉入文字中细读，静心涵泳，体验感悟，帮助学生养成细心读书的习惯和能力。

请看特级教师虞大明执教的浙教版六年级语文上册中的《庐山云雾》。

【实录片段】

师：同学们喜欢读课文中的这一段吗？

生：喜欢。

师：老师也很喜欢读，接下来，老师先为大家读读这一段，好吗？

（师读课文，故意语气平淡地读，但读得很正确，很流畅。）

师：刚才，老师读了这一段，同学们觉得老师读得怎么样？

（学生中有说“好”的，但更多的说“不好”。）

师：（故作惊奇）刚才老师读得正确吗？

生：正确。

师：流利吗？

生：流利。

师：那为什么还有那么多同学认为老师读得不好？同学们能否以具体的句子为例，说说老师的朗读不好在哪里，该怎么读吗？

生：行。

（生纷纷研究句子，提出理由，练习朗读，为指出老师朗读中的不足之处做准备，接着小组交流，然后汇报交流。）

生1：课文中说“庐山云雾中最壮观的要算云海”。从这句话中，我知道了，云海是很壮观的，你刚才的朗读没有把“壮观”一词重读。

师：有点道理，那你能为老师做个示范吗？

（生1示范读该句。）

师：读得不错。看来，老师确实没把这句朗读好，还有别的不好的地方吗？

生2：课文中说“只见万顷白云转眼间汇成一片汪洋大海。云海茫茫，波涛起伏，青峰秀岭出没在云海之上，变成了云海上的小岛”。这句话中，“万顷”“茫茫”是很广阔的意思，也正是云海壮观的原因，这些词，应该读得重一些，才能读出云海的壮观，而且，在朗读这句话时，语调也要高昂一些。你刚才的朗读，太平淡了。

师：看来，你说得也很有道理，谁能为老师做个示范？

（两位学生先后朗读，为老师做示范。）

师：真是不错，看来，你们的朗读比老师的强多了。还有别的不足的地方吗？

生3：“雨后的夕阳如同一轮火球，燃烧在云絮翻飞的银涛雪浪之上，将云絮染上斑斓的色彩。”下面是雪白的云海，上面是火红的夕阳，这景象多美啊，多壮观啊！读的时候要带点激情，而且“燃烧”“银涛雪浪”“斑斓”这些词要重读。我来为你做个示范吧。

师：好，请！

（生3朗读水平并不好，但读得很认真，把吃奶的劲都用出来了。）

师：哎呀，据我所知，这是你读得最好的一次。同学们，是吗？你进步真快！还有谁也能把这句话读好？（请三位学生进行该句的朗读训练。）

生4：老师，还有一句，你也没读好。

师：哪一句？你就别客气了，说吧！

生4:“微风吹拂,云絮好像仙女手中的彩练;又如万朵芙蓉,竞相开放。”那么多芙蓉花,一起开放,那景象该有多壮观呐,读的时候应该强调“万朵”和“竞相开放”,语调要高昂,最好读到最后的时候,能配上一个手势。

师:哎,你还真有一套,你肯定是咱们班朗读得最好的。你们一起为老师做个示范,好吗?

(全班齐读该句,而且,大多数学生有手势配合。)

师:看来,刚才老师的朗读真的是一无是处。老师真是服了你们了。这样吧,给老师一次机会,让老师再读一遍,好吗?

(师再次读课文。读毕,全班学生热烈鼓掌。还有的学生高声说:不错,大有进步!)

师:别鼓掌了,老师的进步,都是因为你们。现在,我们一起来读读这一段,老师为你们配上一段音乐,好吗?

(全班配乐朗读该段。)

【教学点评】

传统以传承为目的的教学,课堂上呈现的是“三娘教子”。教师声嘶力竭地说,学生默默地低头听着,常常只是机械地记忆。而要让学生自主、合作、探究地学习,认真地研究和实施“对手教学”无疑是一条较好的途径。虞大明老师的课,为我们做了良好的示范。

教师在备课时应该尽量把学生可能遇到的问题想清楚、弄明白;上课时教师有意不讲清楚,装糊涂,可较好地激发学生纠正教师的错误,从而使学生获得新知。教师要学会三不讲:学生已经懂的不讲;读书能弄懂的不讲;伙伴合作学习能学懂的不讲。教师对学生的创见要鼓励,对学生的异见要尊重,对学生的误见要宽容。

四、帮助学生创造性解读文本

帮助学生通过想象再现作品的情景和意境。于漪老师认为“想象力是读书的重要能力”,“经常进行想象力的训练,有助于发展他们创造性的思维,锻炼他们创造的才能”。具体到阅读教学中,“学生在阅读中驰骋想象,调动知识储存和生活经验,可以加强语言的理解和辨析能力,对课文内容会产生种种精彩的看法”。[①]

① 于漪:《于漪知行录》,山西教育出版社2016年版。

要选准想象的触发点，可抓住关键词句引导学生开展想象，也可选择精彩的比喻激发学生想象，还可精选有关图像触发学生想象，旨在在调动学生的知识储存和生活经验，促其张开想象的翅膀。结合相关情景调动学生的知识、经验，使其脑中图景清晰起来，立体起来；也可以采用推想、联想的方法，让学生顺着作者的思路推想合乎逻辑的情节，顺着文本的意义合乎情理地联想。在这样经常、有序的训练中，学生的思维能力特别是想象力将会得到有效的发展。

常常听到有语文教师说："这节课，我要培养儿童的想象力。"这种说法是值得商榷的。想象力不需要刻意培养，只能靠悉心"牧养"。怎么"牧养"？如同小羊羔打小在草原上自由驰骋，就能吃到很多鲜嫩的草，久而久之，羊儿就长得壮壮的。学生的想象力发展大抵亦是如此。孩子一生下来，他就有与生俱来的想象禀赋，只要我们不给孩子太多的束缚，让他们在想象的草原上自由奔跑，学生的想象力也会与日俱增！当然，"牧养"不同于"圈养"，更不是"放养"。教师要精心呵护、强力促发、有效合理地诱导儿童的想象力，在不加以无端限制、武断束缚的前提下，保证儿童能够释放自由的天性，进行充分的想象，这既是创造性阅读的需要，也是个性化创造性阅读的必然。

或许我们可以说，每一个儿童都是天生的诗人。王崧舟老师曾说："儿童写诗，诗写儿童。"[①]是的，儿童的语言也许缺乏成人的逻辑、成人的深度，但那些幼稚的话语中往往流淌着诗情，这是成人所不具备的。但遗憾的是，小学语文教学的"成人化"倾向在不经意扼杀儿童天真烂漫的想象力方面表现得尤为突出。我们往往一方面很害怕孩子不按常理出牌，在他们很小的时候，就十分渴望灌输给孩子所谓"知性""理性"的东西，另一方面，又把孩子思维上的"老气横秋"误认为是成熟老练。我们在儿童观、教学观上存在的很多"误区"，导致儿童包括想象力在内的创造性思维能力一直处于一种被压抑甚至被扼杀的状态，这不能不说是一种悲哀。试看以下几个正反案例。

【案例描述 1】

(1) 冬天，五岁的孩子看见妈妈在呵气，一本正经地说："妈妈，你呵出来的是火一样的热情。"

(2) 母亲非常喜欢旅游，带六岁的儿子到好几个地方旅游后，问他："旅游是什

① 王崧舟：《王崧舟教学思想与经典课堂》，山西教育出版社 2005 年版。

么？”“妈妈，旅游就是在大自然中走动。”

(3) 妈妈是老师，因为这天是星期六，妈妈就躺在床上睡懒觉，显得很慵懒。七岁的儿子对着妈妈的脸兴奋地说：“妈妈，我看见你的脸上写着一个‘六’！”

【案例分析】

不得不承认，儿童的表达，有时候是天马行空、不着边际的，但是很多时候，这种不着边际的话语，却极富想象力，有时就是一首无须雕琢的诗。如果我们老是从事理逻辑的角度对儿童的语言进行修改，规范则规范矣，但是其灵性却荡然无存。

【案例描述2】

一次公开课上，一位老师给学生们读了外国作家写的童话《糖果雨》，接着老师让学生们想象：“假如你的天空会下一场神奇的雨，你最希望下什么雨呢？”

学生们的思路一下子打开了，有的说：“会下钞票雨，手一伸，就是一把一把的钞票。”有的说：“会下金猪雨，黄金做的小猪一只只掉下来，可好玩了！”有的说：“我会下一场自动写作业机雨，写作业就不用发愁了。”……学生们的想象五花八门，异彩纷呈。老师接着追问说：“你认为谁的想象最合理呢？”

在老师的“启发”下，学生们逐一否定了同伴的想象：

“老师，下钞票雨是不行的，那会让这个世界的人们都变成懒汉的。”

“老师，下自动写作业机雨是不行的，那样我们就再也没人做作业了。”

“老师，下金猪雨是不可能的，因为黄金做的猪掉在头上会砸死人的。”

【案例分析】

我们先撇开简单的道德说教不说，就语文学习中小学生的想象力培养问题，这则教学案例无疑存在“可恶”之处：在道德包装下不经意间就扼杀了小学生蓬勃而天真的想象能力，使学生们感到语文课很无趣。

【案例描述3】窦桂梅《卖火柴的小女孩》教学片段

生1：我仿佛看到了这样的画面：桌上铺着雪白的台布，摆着精致的盘子和碗，肚子里填满了苹果和梅子的烤鹅正冒着香气。更妙的是这只鹅从盘子里跳下来，背上插着刀和叉，摇摇摆摆地在地板上走着，一直向这个穷苦的小女孩走来。瞧，烤鹅正从盘子里跳下来，太有意思了。

师：瞧瞧安徒生，他写得太有意思了。仿佛烤鹅走到了我们面前，我们仿佛闻到了香气。这里需要注意的是，小女孩那么饥饿，可烤鹅却是主动走上来的。可是肚子里填满了苹果和梅子的烤鹅，该怎么从盘子里跳下来，怎么摇摇摆摆地向这个穷苦的小女孩走来呢？用你的朗读告诉我们吧！

（学生朗读，配以形体的动作，表演"摇摇摆摆"的样子。）

师：是啊，烤鹅明明是不会动的，可它却从盘子里跳下来，摇摇摆摆走来，多么富有童话趣味！它要带给小女孩什么呢？（直接问刚才朗读的学生。）

生1：这只烤鹅要让小女孩把自己吃下去。

生1：有了食物，小女孩就不必再忍受饥饿了，获得了满足。

（让学生批注"满足"这个词语，并板书：满足。）

师：小女孩已不再饥饿，是烤鹅主动奉献了自己的身体呀。谢谢你们，让我们分享了小女孩的幸福一刻。她好满足哦。小女孩还在想什么？她想做什么？

（继续交流。）

【案例分析】

窦桂梅老师《卖火柴的小女孩》教学片段，就是运用生动形象的语言诱导学生展开想象，充分尊重学生的独特理解，学生在想象中获得快乐，意识到自己不是一个同情者，而是一个反思者，能够在卖火柴的小孩"幸福"的死中，渐渐明白如何面对苦难，汲取活着的勇气和力量。

【案例描述4】李吉林《卖火柴的小女孩》教学片段

（李吉林老师先创设想象情境：假如卖火柴的小女孩没有死，有一天，她来到了中国，来到了我们中间，来到了你的身边，我们大家怎么关心她呢？你又准备怎样给她温暖和幸福？明确了中心——大家关心她。）

师：中心明确了，我们想象起来就有了目标。我看哪些小朋友喜欢想象？在你们的想象中，卖火柴的小女孩是什么时候来到我们中间的？这个时间不一定是几月几日，可以从季节上说，也可以选定某一个节日。比如是春天的早晨，还是大年三十的晚上？

生 1：她在大年夜的晚上来了。

生 2：她在我过生日的那天早上来了。

生 3：她在“六一”儿童节的下午来了。

……

师：想得很好。她来了以后，你准备怎么办呢？

生 1：我给她穿上厚厚的棉袄。

生 4：我和她一起去上学，带她到各地去玩玩。

生 2：我把自己心爱的衣服给她穿，把爸爸给我的生日蛋糕给她吃，带她到我们的濠河去游玩。

师：好，刚才同学们讲了许多，她来了，给她穿的、吃的，带她去游玩。因为小女孩想要去的就是没有寒冷、没有饥饿、没有痛苦的地方。你们给予她的，就是她所需要的。这样就做到了以课文为根据来思考。你们还打算为她做哪些能让她感到幸福的事呢？

生 5：如果那时候，我是汽车队队长，我就举行一个盛大的仪式，把她接到我们祖国来，让她坐上我的车，不，让她坐在我身边，带她到祖国各地去玩。

生 6：我让她坐在火炉前烘脚取暖。

生 7：我要把妈妈给我买的新书包送给她，我自己用旧的，和她一起去上学。

生 8：不管她什么时候来，我都像对待亲妹妹一样对待她。

【案例分析】

鲁迅先生曾说：“孩子是可以敬服的，他常常想到星月以上的境界，想到地面下的情形，想到花卉的用处，想到昆虫的语言，他想飞上天空，他想潜入蚁穴。”[①]小学生的想象思维十分活跃，李吉林老师为学生创设了这样一个想象情境：假如卖火柴的小女孩没有死，有一天，她来到了中国，来到了我们中间，来到了你的身边，我们大家怎么关心她呢？你又准备怎样给她温暖和幸福？学生在想象卖火柴的小女孩的可怜处境后，又展开想象的翅膀，为《卖火柴的小女孩》最后看似幸福实则沉重的结局谱写全新的开始，学生在对这全新开始的想象中获得快乐，个人的想象力也得到了锻炼与发展。

---

① 丰子恺：《绘画与文学》，海豚出版社 2015 年版。

课后练习：

从某种意义上说，一篇课文教什么、怎样教，能否教到点子上，能否让学生真正受益，在很大程度上取决于教师解读文本的功力。推荐阅读两本书，相信会令你受益匪浅。

(1) 孙绍振《名作细读：微观分析个案研究》(上海教育出版社)；

(2) 闫学《小学语文文本解读》(华东师范大学出版社)。

第二章 不同学段学生的阅读认知差异及阅读教学策略

阅读认知是建立在一般认知理论的基本架构之上的。

我们先来看认知的定义。认知也可以称为认识，是指人类认识外界客观事物、获得知识的过程，或者说是对作用于人的感觉器官的外界事物进行信息加工的过程。它包括感觉、知觉、思维、想象、言语等，这些又都是以注意为基础的。

下面就从注意力、感知觉、思维、想象、言语这五个方面来探讨阅读教学。

第一节　注意力与阅读教学

一、概念界定

讲到注意力，我们脑中立马就会把它和“注意”联系起来，两者究竟有什么区别呢？我们先来进行概念界定。

从心理学上来解释，注意是心理活动对一定对象的指向和集中，是感知觉、思维、想象等心理活动的一种共同的心理特征。

从字面上不难理解，注意力就是具有注意的能力，即指人的心理活动指向和集中于某种事物的能力。注意力作为一种能力，是智力的五个基本因素之一，是记忆力、观察力、想象力、思维力的准备状态，所以注意力被人们称为心灵的门户。

二、小学生注意力发展的一般特点

小学生注意力发展的一般特点表现在以下几个方面。

(一) 由无意注意占优势逐步发展到有意注意占主导地位

低年级小学生的无意注意(无意注意是一种无须意志努力的注意)占优势,他们的有意注意(有意注意是一种有目的的、有意志参与的注意)基本上是被动的。这与他们神经系统活动的内抑制能力尚未发展有关。低年级学生兴奋与抑制的产生比较迅速,第二信号系统的抑制作用较弱,容易受外界新鲜、突变和运动的事物所吸引,从而容易分散注意力,会不由自主地“开小差”。

随着年龄的增长,大脑不断成熟,神经系统活动的兴奋与抑制过程逐步协调起来,同时,由于教学的要求和教师的训练,学生的学习活动仅靠无意注意是无法完成的,所以这就迫使小学生由无意注意逐渐向有意注意发展。到了四、五年级,小学生的有意注意基本上占主导地位。

(二) 带有明显的情绪色彩

小学生的大脑与神经系统的内抑制能力尚未充分形成,一个兴奋中心的形成往往波及其他相应器官的活动,面部表情、手脚乃至全身都会配合活动,所以注意就表现出了明显的情绪色彩。例如,学生在语文课堂上,如果听得入神,就会表现出专注的样子;如果听得高兴,就会露出笑脸,甚至会高兴得手舞足蹈。因此,在小学语文阅读教学中,教师可以根据这一线索来判断学生是否在认真听讲,是否已经理解了教学内容。

(三) 具有鲜明的形象性

小学生对生动具体、形象直观的事物的注意占优势,对抽象材料的注意在发展。

小学生,尤其是低年级学生的知识水平和言语水平很有限,在思维的发展上仍是具体形象思维占重要地位,因而那些生动具体、直观形象的事物容易引起学生的注意。随着年龄的增长,以词为基础的第二信号系统和抽象逻辑思维能力得以发展,学生对具有一定抽象性的教材的注意能力也逐渐发展起来。

这种注意的发展,对小学生的阅读能力具有非常重要的意义。因为在小学阅读中,学生除了通过一篇课文来认识和知道一些具体、直观、形象的事物外,还要学会概括课文的大意,学会透过文字揣摩人物的心理和理解文本等。因此,这种注意能力的发展,无疑会在很大程度上助推小学生基础而关键的语文能力的掌握和提升。

(四) 注意力集中性和稳定性较差

小学生注意力的集中性和稳定性较差，表现在集中于某一事物或活动上的时间较短，不善于调节和控制自己的注意力，容易分心。一般来说，7～10 岁的儿童可集中注意力约 20 分钟，10～12 岁的儿童可集中注意力约 25 分钟，12 岁以上的儿童可集中注意力约 30 分钟。

(五) 注意力的范围小

注意力的范围是指在同一时间内注意物体的数量，它主要取决于主体的知识经验。小学生知识经验少，他们的注意范围比成人小，尤其是低年级小学生，其注意力范围更小。另外，低年级小学生还不善于注意事物的内部联系，因而注意力的范围受到限制。如一年级小学生总是一个字一个字地阅读课文，注意力的范围很小，到了高年级，就能把字和字连成句子来阅读，并逐渐注意到句与句之间的联系，注意力的范围扩大了。

(六) 注意力的分配和转移能力较弱

注意力的分配是指在同一时间内把注意力分配到两种及以上不同对象或活动上的能力。有研究表明，整个小学阶段儿童注意力分配的发展较平缓。小学生不善于分配自己的注意力，在听课时，眼、耳、手、脑的配合往往不够，表现为注意力不强，听讲和记笔记不能同时进行，这主要是因为他们对要注意的事物不熟悉。

注意力的转移就是主动将注意力从一个对象转到其他对象上的能力。研究表明，小学生注意力转移的综合反应时间随着年龄的增长呈下降趋势。在课堂上不难发现，低年级学生很容易受外界事物的影响。当他正在听课时，身边的变化会立刻分散注意力，原本听课的注意力就转移到了观察身边的事情上去了。不过，随着年龄的增长，小学生注意力的分配和转移能力也会逐渐增强。

三、培养小学生注意力的方法

根据以上所阐述的小学生注意力的特点，如何有意识且有效地培养小学生的注意力，以帮助小学生更好更快地提高语文阅读能力，是摆在我们面前的一个很具探讨价值的问题。

(一) 优化课堂教学结构，调整学生注意力

心理学家研究表明，儿童注意力的稳定性随年龄增长而延长。教师要充分尊重学生的年龄特征，合理安排好课堂教学节奏，做到张弛有度，譬如在高效完成教学任务的前提下，每节课预留出适度时间让学生书写生字，就是一种不错的选择；

合理安排好教学内容，做到疏密有致，譬如设计一项课堂小练习，把新旧知识有机结合，就会让学生在轻松的心情中做到温故知新。

要做到教学节奏的张弛有度、教学内容的疏密有致，教师就必须认真备课，做好课前准备，为科学合理地利用学生的注意力提供先决条件。课前准备包括有形和无形两个方面。有形的准备指课件、教案、生字卡片和图片等；无形的准备指教师的教育教学素养和语文学科素养。所以，应从以下几方面做好课前准备。

(1) 多读书，尤其是教育教学相关书籍、语文学科类相关书籍。

(2) 研读课程标准，钻研教材，正确把握教学目标和重难点，并针对学生年龄和心理特点进行教学设计，教学设计应围绕提高学生注意力这一中心。

(3) 教师要认真做好三个“备”——备教法、备教材、备学生。

①备教法。备课时，教师要用新课程理念指导自己，不能简单地选择单一的讲授法进行教学，不能处处以教师为本，对学生进行填鸭式知识灌输，而是要以学生为主体，强调多让学生进行探究性学习。

②备教材。如果教师不备教材，在教学中分不清重难点，确定不了目标，半天都进入不了主题，学生就会失去学习兴趣。

③备学生。根据学生的实际情况选择适当的教学方法，激发学生的求知欲，增强学生的注意力，让学生学到知识、掌握技能、达到理想的学习效果。如果学生基础好，就可以让学生进行探究，从读中悟，从学中悟，从做中悟，教师可以少讲，甚至不讲。如果学生基础较差，教师就要讲得多一些，而且要注意语言的趣味性，激发学生的学习兴趣，这样才能让学生真正投入学习活动。

(二) 调控课堂教学环节，吸引和稳定学生注意力

1. 巧妙导入新课，激发学生学习兴趣

良好的开端是成功的一半，针对不同的课，教师应选择不同的激发学生兴趣的方法。如猜谜导入、故事导入、情境导入、游戏导入、提问导入等，使学生轻松自然地进入学习状态。

(1) 猜谜导入

教师自编与课文相关的谜语，利用学生的好奇心，在正式开始教学之前将学生的注意力转移到课堂上。

比如一位老师在教《荷叶圆圆》时，就给学生编了这样一个谜语“绿绿圆伞水上漂，乘凉休息好地方”，让学生猜。学生们兴趣高涨，纷纷开始思考，有的同桌之间商量讨论，争猜谜底。就这样，一个谜语立刻把学生的注意力转移到课堂上，既便于教师控制课堂，又很自然地引出了本课的题目。

(2) 情境导入

教师灵活地再现将课文相关的故事情节与情境，将学生引入具有特定故事情节的场景之中，转移学生注意力并且引发学生思考。

在教授课文《失物招领》时，一位老师的导入环节是这样的。

老师拿着班里学生的一块橡皮，开始口述失物招领："老师在课间捡到了一块橡皮，它是黑色、长方形的。同学们找一找谁的橡皮不见了，看看这是谁的?"

就这样，学生的注意力被吸引到丢失的橡皮上，也理解了课题"失物招领"的意思。

(3) 提问导入

老师提问时，注意力分散的学生会集中注意力，认真听老师提出的问题，被提问到的学生会知道老师已经注意他了，接下来就会更加认真地听课。同时也警醒了其他开小差的学生，他们会立刻进入注意力高度集中的状态，而认真听讲的同学也会更积极主动地思考。

比如某教师执教《棉花姑娘》一课时就是用提问导入的："如果你感冒了，应该怎么办?"大部分学生已经开始思考，而某生却在开小差，该教师便叫这名同学起来回答，并又提问学生："棉花姑娘也生病了，她应该怎么办呢?"从而使学生集中注意力。

2. 灵活运用多种教学方法

在小学语文课堂上，教师可以运用的教学方法多种多样，有讲授法、讨论法、谈话法、演示法等。但是，如果整堂课教师只使用某一种教学方法，就会让学生觉得单调乏味，没有学习的兴趣，注意力分散。"教学有法，教无定法"，要想成功地上好一堂语文课，教师应当适时变换教学方法，从而有效吸引小学生的注意力，提高教学效率。

【案例描述】

在人教版四年级语文上册略读课文《小木偶的故事》教学中，一名教师就综合运用了演示法、提问法、讨论法、表演法。

在导入部分，教师展示出一张可爱的小木偶的挂图，图片上笑嘻嘻的小木偶一下子就把学生的注意力集中起来了，教师顺利地开始了这一课的教学。

随着课堂教学过程的推进，某些学生的注意力有些不集中了，在理解课文内容部分，教师马上把教师主导课堂的方法改成了讨论法，他提出问题“为什么小木偶只有一种表情，这是不是一件好事”并要求学生通过小组讨论得出答案。这种做法对于增强学生注意力很有帮助，即使小组内有注意力不集中的学生，因为有集体的刺激和监督，他的注意力也会增强。

在理解完课文后，教师还安排学生表演了这个小故事，参与表演的学生的兴致都很高，演得很投入，认真地为其他同学再现了课文，观看表演的学生也不闲着，他们对照课文找出表演者有什么差错。这样，每个学生都参与其中，注意力始终保持高度集中。

【案例分析】

在整堂课中，教师通过换用教学方法，吸引和稳定了学生的注意力，而且使学生学得有滋有味。儿童的天真随性活泼好动决定了小学语文课堂教学形态“趣味性”的需要，将学习内容融入生动多变的课堂呈现手段之中，在一种轻松快乐的氛围与情景中好似不经意地完成教学任务，是小学语文课堂值得追求的理想状态。

（三）净化课堂教学环境，增强学生的注意力

教师在教学中要做到以下几点：一是要保证课堂环境安静，增强学生的自控力，培养学生的注意力。教师要耐心做好学生的思想工作，保证每个学生都能静下心来学习。对于上课爱讲话、爱做小动作的学生，要采取一定措施对其进行教育。比如，对于一个上课坐不住、总要找人说话的低年级学生，为了让他集中注意力，不妨挑一些简单的问题请他回答并及时鼓励。一旦发现这位学生的注意力分散，就用目光与他交流，或是走到他的旁边摸摸他的头、敲敲桌子等，这样既不会影响其他学生，也能增强他的注意力。二是排除多余注意干扰，稳定注意力。在语文课上，为了使学生的注意力免受不必要的干扰，教师可以在课前要求学生将与语文课无关的东西放进书包或抽屉，将语文书、文具等用品摆放整齐，养成良好的听课习惯。听得习惯的好坏不仅直接关系到小学生学习质量的高低，而且形塑着小学生或许会保持一生的学习态度和学习认知。

（四）发挥教师教学智慧，转移学生的注意力

在教学过程中，课堂的许多情况是不可预见的，一些突然发生的事情，往往会吸引学生的无意注意，影响教学的正常进行。这就需要教师发挥教学智慧，随机应变，转移学生的注意力。

【案例描述】

一位老师在要求学生思考“发言”和“争辩”的区别时，一只又大又漂亮的花蝴蝶突然从敞开的窗口飞了进来。“花蝴蝶！”一个学生情不自禁地喊出了声，寂静的课堂一下子乱了。老师马上在黑板上写下“飞舞”一词，略微提高了声音说：“同学们，昨天我们讲了‘飞舞’一词，现在请大家边观察蝴蝶边用‘飞舞’造句。”同学们争着举手发言，“蝴蝶自由自在地飞舞”，“蝴蝶在教室里上下飞舞”……当蝴蝶飞出窗口时，教室里早就恢复了正常的秩序。接着老师又提出一个问题：“刚才大家造句是‘发言’还是‘争辩’呢？”于是又引起一场热烈的讨论。

【案例分析】

案例中这位教师的做法就体现了他的教学智慧，且具有开发课程资源的意识。该教师能根据课堂上的实际情况，及时引导学生观察蝴蝶并造句，然后让学生踊跃发言，接着再让学生思考“发言”和“争辩”的区别。这一做法既控制了课堂秩序，转移了学生的注意力，也为词语辨析教学打下了基础。

（五）积极客观地评价学生，增强学生的注意力

《义务教育语文课程标准》（2011年版）指出：“对学生的日常表现，应以表扬、鼓励等积极的评价为主，采取积极性的评价，从正面加以引导。”所以在课堂上，教师不能吝啬赏识与赞许，应该及时评价，如“回答得很精彩”，“再努力一下就成功了”，“你的感受很独特，老师为你的回答感到高兴”，“我怎么没想到？你体会得太精彩了”，“多好的问题，会读，会思考，进步真大”，“大家在用心读书，渴望知识的热情深深地感染了我”……鼓励性的评价能让学生迸发智慧的火花，使整个课堂充满生机。

教师在鼓励的同时还要注意评价的客观性。教师要善于扮演“公正法官”的角色，及时给予恰当的“判决”。既要肯定学生的成功与进步，又要及时鲜明地指出学生存在的不足与错误，让学生清醒、正确地认识自我，进而主动改进自我、完善自我，促进自身发展。如当某个学生朗读课文后，有的老师总喜欢这样评价：“读得不错，很好！”那么到底好在哪儿呢？学生就不清楚了。如果我们这样评价：“读得响亮流利，很好！如能在速度上放慢一些，注意停顿，掌握好语气就更好了。”这样一分为二、实事求是的评价，能使学生在关注老师的话的同时，科学、正确估计自己的学习效果和能力，还能使学生知道自己的不足，找出努力的方向，由此向更好的方向发展。

总之，小学语文教师要懂得不同学段学生的注意力规律，发挥语文课的特性，运用各种教学手段，激发学生的求知欲望，使其注意力有效集中，提高课堂学习效率。另外，教师也可以根据学生注意力发展的特点，采取适当的方法，在语文阅读教学中有目的地进行注意力的培养和训练。

课后练习：

在如今的小学课堂中，很多教师会大量使用教学课件。课件集图片、音乐、动画于一体，很容易吸引学生的眼球。教师精心搜集色彩鲜艳的图片、学生喜欢的儿歌和动画人物，让学生一边欣赏课件，一边思考问题，提高了他们的有意注意力。

2017年春天，《中国教育报》报道："当大多数学校都在提倡媒体技术进入课堂，纷纷举办课件培训和比赛时，在北京，却有一所学校反其道而行之，宣布'限PPT(演示稿)令'，至今已经实行了三年。乍一听，'限PPT令'这样的规定在当下未免显得奇怪，其实当时就连该校的许多老师都瞪大了眼睛……"北京教育学院附属丰台实验学校三年来一直实行"限PPT令"："一、二年级禁用PPT，其他年级限时使用PPT。"重视学生的身体健康，保护学生视力，是学校"个人与健康"方面的育人目标。

请结合平时的课堂观察，谈谈你对教师大量使用教学课件的想法。

第二节　感知觉与阅读教学

一、概念界定

感知觉是人脑对当前作用于感觉器官的客观事物的反映，包括感觉和知觉。

感觉是一种最简单的心理现象，它是对直接作用于感觉器官的客观事物的个别属性的反应。一切较高级、较复杂的心理现象都是在感觉的基础上产生的。

知觉可以被看作是直接作用于感觉器官的客观事物的整体属性的反映。知觉有这样几个特性：整体性、恒常性、意义性、选择性。知觉与人的知识经验是分不开的。

二、小学生感知觉的发展

小学低年级学生在感知事物时，无意性、情绪性很明显。他们感知的是事物的外表，喜欢观察具体的、突出的、鲜明的东西，观察常常离开目的，把注意力集中到次要的、与观察要求不相干的方面去。所以他们并不能自觉去感知课文内容。良好的教学影响使儿童感知觉的有意性、目的性逐步发展起来。

低年级学生的知觉经常表现出笼统、不精确的特点，他们看不出事物的主要特点，看不出事物各部分之间的关系。所以在低年级中，一般不提倡让学生概括课文主要内容。在教学条件的影响下，随着学生知识的增长、智力的发展，中高年级学生的感知精确性增强，能够抓住事物的主要特征和事物之间联系的方向发展，分析能力和综合能力增强。

三、不同学段学生感知觉对文本解读能力的影响

(一) 第一学段(一、二年级)

第一学段的小学生刚经历了幼儿园以“玩”为主的阶段，进入小学后，学校生活以“学”为主，他们可能会不适应小学的学习环境、学习内容、作息时间。

低年级小学生对新知识的学习依赖于自己的具体经验，因此接受新知识受到很大的限制。他们没有多少可以同化新内容的知识或经验，有一定的词汇量，但不够丰富。他们的听觉、视觉、知觉都得到了一定水平的发展，但是并未达到顶峰。他们并不能全面感知所有事物，这就需要教师创造足够吸引他们的学习环境，比如生动形象的图片、鲜艳的颜色、动听的音乐、有趣的动作……这些都会使小学生提高感知觉水平，从而提高学习效率。

请看全国第八届青年教师阅读教学评比特等奖获得者——河南的王振会老师执教的人教版二年级语文上册中的《称赞》。

【实录片段】

“初读质疑”部分

师：彩翎班的小朋友们，你们好！今天，王老师给大家带来一个美丽的小故事。我看看谁最会听，最会看（音乐响起，老师绘声绘色讲述故事，中间适时出示生字卡片）。

师：同学们喜欢这个故事吗？

生齐：喜欢！

师：它就是我们今天要学习的第十八课《称赞》，来，伸出小手跟老师一起写课题。称，左边是“禾”字旁，右边是“尔”，咱们在《曹冲称象》一课中见过“称”字。赞，上面有两个“先”，第一个就得蜷起腿来腾出地方，懂得礼让，就会受到称赞。来，一起读课题。

（生齐读课题。）

师：在故事里谁称赞了谁？

生1：小刺猬称赞了小獾。

师：哦，还有吗？

生2：还有小獾称赞了小刺猬。

师：用上“也”，把两句话合起来说说。

生3：小刺猬称赞了小獾，小獾也称赞了小刺猬。

师：真棒！这就叫互相称赞。来，快看，谁来了？（出示图片）

生4：小刺猬。

师：它是谁？

生5：小獾。

师：其实，它们俩也特别想和我们彩翎班的小朋友见面，可是你看，它们争先恐后地都跑乱了。哪个小朋友上台来摆一摆，贴一贴（卡片）？其他同学看看他摆得对不对。

（生上台摆放名字卡片。）

师：得到小刺猬的称赞，小獾干得更起劲了。一晃，太阳快要下山了，这个时间就叫——

生6：傍晚。

师：傍晚的时候，小獾会做椅子啦！他要把自己精心制作的椅子送给小刺猬。那小刺猬是怎么说的呢？谁来读？（抽生读）

师：小刺猬是怎么说的？

生7：小刺猬不好意思地说。

师：不好意思的时候会是什么样的语气，什么样的表情呢？

（师范读，生自己练读后教师指名读。）

师：那小獾是怎么回答的呢？它在说话的时候又会是什么样的心情呢？请大

家读一读这段话，然后通过你的朗读、你的动作、你的表情来表达出来这种心情，开始吧！

（生自读课文中小獾的回答。）

师：谁想来读给大家听？（指读）

师：这里有两个“儿”，“有点儿泄气的时候”，“一点儿心意”，你再读一读。

（师带生读后指名读。）

师：现在我请同桌两个人，一个扮演小獾，一个扮演小刺猬，合作读一读它俩的话，如果能加上适当的动作，那就更好了。

（同桌两位小朋友分角色朗读。）

师：哪一组同桌愿意给大家展示？

（抽生分角色朗读。）

师：现在我们知道了，原来把自己当成小刺猬，当成小獾，然后体会着他们的心情，就可以帮助我们读好对话。

师：那接下来就请同学们利用这种办法，结合插图，自己来读读第八、九、十自然段吧！

（生自读最后三个自然段。）

师：谁想来读给大家听？哇，这么多同学！那这样吧，我请咱们班的女同学来扮演小刺猬，男同学来扮演小獾，王老师来读旁白。我们不用看书，看着大屏幕，一起来读。

（师生一起读第八、九、十自然段。）

师：原来称赞有这么大的力量，它可以消除小刺猬一天的疲劳，还能让泄气的小獾拥有了自信。同学们，你们朗读的声音和样子也让王老师感到无比的幸福！

【教学点评】

为了激发学生的阅读兴趣，王老师通过动听的音乐导入这节课，又通过绘声绘色的讲故事引导学生以加动作表演读、做游戏、角色体验等多种生动的学习方式学习课文，不做任何烦琐的讲授分析，在课堂有限的时间内充分发挥学生的感知能力，使其尽情投入扎扎实实的阅读、识字写字之中；针对这篇童话中小獾和小刺猬的对话贯穿始终的特点，确定了读好人物对话的朗读训练目标；识字教学是小学语文低年级教学中的主要任务，王老师在教小獾和小刺猬的名字时，请学生上台摆一摆，使学生手、眼、脑并用，调动小学生多种感官来辅助识字，达到了很好的教学效果。

在低年级的阅读教学课堂中，充分灵活地运用游戏、表演、动作、表情、姿态展示等具体感性的方式，把小学生对文本的感知直观呈现出来，尤其注重引导他们在感知中读，在读中感知，“感”与“知”相辅相成、融合一体，不失为培养低年级学生在感知觉中有效形成文本阅读能力的一种教学手段。

（二）第二学段(三、四年级)

进入中年级的学生，感知能力较前一阶段都有了显著的提高。他们能够认识对象之间不能直接感知的因果联系。刺激物的声音、形态、颜色等特点和个人兴趣、爱好对他们的感知制约有所下降，且感知的精确性和全面性均有所提高，他们也能够按照一定的顺序感知，感知到的往往是事物深刻的内涵。

三、四年级的语文课堂学习重点和难点是文本的理解。《义务教育语文课程标准》(2011 年版)明确规定第二学段阅读教学目标有：能联系上下文，理解词句的意思，体会课文中关键词句表达情意的作用；能初步把握文章的主要内容，体会文章表达的思想感情；能对课文中不理解的地方提出疑问；能复述叙事性作品的大意，初步感受作品中生动的形象和优美的语言，关心作品中人物的命运和喜怒哀乐，与他人交流自己的阅读感受……

这是一个艰难的瓶颈期，以学生的认知水平很难对一篇文章进行准确、深入的理解。随着感知能力的提高，在教师的指导下，小学生概括课文主要内容，抓中心句、中心词、关键词句，体会句子的含义等深层理解文本的能力逐步形成。经过整个中年级的训练这些能力才能有所突破。

在课堂上，教师应设置精读、品读重点句段的环节，引领学生逐步体会理解文章的方法。教师不能操之过急，应该引导学生多阅读、多观察、多思考，培养学生发现问题、提出问题、解决问题的能力，让学生慢慢领悟、消化，使其感知能力得以提高，从而提高其阅读能力。

请看特级教师王玲湘执教的人教版四年级语文上册中的《搭石》。

【实录片段】

师：请大家静静地默读第二至四自然段，用波浪线画出家乡的人们走搭石的相关语句，再想一想那是一幅怎样的画面。

（生默读、圈画，2 分钟左右。）

生 1：我找的是“每当上工、下工，一行人走搭石的时候，动作是那么协调有序！前面的抬起脚来，后面的紧跟上去，踏踏的声音，像轻快的音乐；清波漾漾，人影绰绰，给人画一般的美感”。

师：你们从哪儿体会到这幅画面的美呢？

生2：我从“协调有序”体会到美。

师：怎样的动作才是协调有序的呢？

生3：就是很有顺序，配合得很好。

师：这是从字面上理解。

生4：就是“前面的抬起脚来，后面的紧跟上去，踏踏的声音，像轻快的音乐”。

师：你联系下文理解了。让我们加入走搭石的人群（指一组学生：前面的……后面的……前面的……后面的……），咱们合作着读一读。

（师引导学生理解“协调有序”，并指导朗读。）

师：体会得很好。你们还从哪儿体会到画面的美呢？

生5：我从“清波漾漾，人影绰绰”体会到画面的美，我感受到水波和人影都很美。

师：“清波漾漾，人影绰绰”在文中描绘的是怎样的画面？想一想。

生6：我好像看到水清得可以看见水底的石头，一阵风吹来，水面漾起了波纹，人影倒映在水面上，美丽极了。

师：体会得真形象，你是在用想象来丰富画面，用心来体会这两个词语，这种方法值得大家学习。

（师指导学生朗读这一句。）

师：真美！这既像是一幅美丽的画，又像是一首清丽的小诗，你看——（点击变成诗的语段，音乐起。）

每当

上工 下工

一行人

走搭石的时候

动作是那么协调有序

前面的

抬起脚来

后面的

紧跟上去

踏踏的声音

像轻快的音乐

清波漾漾 人影绰绰

给人 画一般的美感

师：谁来读？读出诗一般的韵律美。

（生 7 读。）

师：同学们，刘章爷爷在大山里工作了 13 年，每年都有 200 多天走在搭石上，他常常看到这样的情景，读——

（生齐读。）

师：刘章爷爷在搭石上一遍遍走，一遍遍数，一天走上 62 道，一共踏过了 166400 多道搭石啊，他怎能忘记这样的情景，读(诗变回文中的语段)——

（生再次融情朗读。）

师：是呀，这一行人在搭石上走出了音乐美、画面美，这的确是家乡的(指板书)——

生齐：一道风景。

【教学点评】

这一部分教师提出的问题“默读第二至四自然段，用波浪线画出家乡的人们走搭石的相关语句，再想一想那是一幅怎样的画面”。这其实需要小学生进行全方位分析，从整体上进行感知。这种教学安排就比较符合中年级学生的感知特点，从点滴、片面到片段、整体，从直观感性到逻辑贯通，从字面含义到文脉线索，三、四年级的学生都已经初步具备感知思维，能将其运用到文本的解读和理解之中，教师就可以适度偏重于提问题，学生基于文本阅读理解的整体性与综合性由表及里思考才可以解答。

（三）第三学段(五、六年级)

五、六年级是小学学习的最后阶段。随着对小学教育的不断适应，这一时期的学生无论是在生理还是心理上都比初入学时的儿童稳定，并在此基础上不断发展着各方面的心理认知能力，当然，感知觉能力也相应地达到了小学生时代的巅峰。高年级小学生已初步形成了一定的学习态度，他们能默读，不仅能感知课文的浅层含义，而且还能够透过表面理解更深刻的含义。在阅读中了解文章的表达顺序，体会作者的思想感情，初步领悟文章的基本表达方法。在交流和讨论中，敢于提出看法，做出自己的判断。所以，对于一些简单的内容，教师育时可以省略不讲，或有重点地介绍一下难点部分，剩下的部分让学生自己理解，提高小学生的自学能力，这是尊重他们现有的感知能力使其自行感知而选择的一种教学策略。

请看“七彩语文杯”第二届全国小学语文教师素养大赛中山东名师党照虎执教的人教版五年级语文下册中的《桥》。

【实录片段】

师：概括能力提高来源于不断的练习。所有人的命运都和桥联系在了一起。这是怎样的桥？

生1：窄窄的桥？

师：还是什么样的桥？

生2：血肉筑的桥？

师：联系上文说说？

生3：挽救人生命的桥。

师：从哪儿看出来的？从哪儿看出是“救命的桥”？

（生3答。）

师：这是救命的桥，一百多号人一起拥上窄窄的木桥，会怎样？

（生3答。）

师：那就成了——

生4：通向死亡之路的桥。

师：成了夺命桥。是谁让它成了救命桥？

生4：老支书。

师：读书，用不同的符号画出表现老支书语言、神态、动作的词语，认真读，认真想，你读懂了什么？

（生自学。）

师：我们来交流一下。

生：请大家看第十五小节（生读第十五小节）。我们知道小伙子是老支书的儿子，从“揪”字可以看出老支书爱儿子，但他更爱乡亲们。

师：抓住了一个“揪”字，很好。

生5：我从第二十小节的一个“推”字，看出他很爱自己的儿子，不想让儿子被洪水吞没。

师：一个是“揪”，一个是“推”，两个动词之间你感受到了什么？

生6：我感受到了他对乡亲的爱与对儿子的爱。

师：因为他，所以他……（引导用“因为……所以……”说话。）

（生6答。）

师：这几位同学找到了“动作”，有没有同学画“语言”的？

生7：请看第十小节（生读最后一句话）。他不愧是让人拥戴的老汉。

师：告诉大家原因，又告诉大家怎么过桥，最后提出一个特殊的要求，在危难面前，把人民群众放在前面。这句话有什么特征？

生8：有三个感叹号！

（师引导学生感受其多用短句的语言特色。）

师：我们抓住语言、动作就能够走进人物的内心世界，就能够体会到老支书的心理。这是很好的写作文的方法。记住了吗？

【教学点评】

相较于中低年级学生，高年级学生的文本感知，无须教师紧扣文本“步步为引”。有时候，在问题的引领下，学生完全可以带着具体的学习任务，自如地“进出”文本，充分激活自己的生活经验和阅读经验，来自主地思考解决问题，完成学习任务。

在这个片段中，教师用“所有人的命运都和桥联系在了一起。这是怎样的桥”这个问题，放手让学生去揣摩，去发现，引导他们提取课文信息，体会课文独特的表达特色。

课后练习：

结合你平时的教学实践，选择一篇课文，具体谈谈如何根据不同学段学生感知觉的特点，优化教学过程。

第三节　思维与阅读教学

一、概念界定

思维是人脑对客观现实间接、概括的反映，反映的是事物的本质和内在的规律性，是人类认识的高级阶段。思维实现着从现象到本质、从感性到理性的转化，使人达到对客观事物的理性认识。人们通过思维，可以更深刻地把握事物、预见事物的发展进程和结果。

小学生的思维是其智力的核心部分。小学生思维的发展，是其智力发展的标志和缩影。所以发展小学生的智力，主要应培养和训练他们的思维能力。而在阅读中，思维必不可少。

二、思维的分类

（一）直观动作思维

直观动作思维又称实践思维，是凭借直接感知、伴随实际动作进行的思维活动。

实际动作便是这种思维的支柱。儿童的思维活动往往是在实际操作中，借助触摸、摆弄物体而产生和进行的。比如在理解课文词语的时候，对于一些表示动作的词，可以让学生模拟动作以强化记忆。

（二）具体形象思维

具体形象思维是运用已有表象进行的思维活动。

表象便是这类思维的支柱。表象是当事物不在眼前时，个体头脑中出现的关于该事物的形象。人们可以运用头脑中的这种形象来进行思维活动。文学作品通过具体的物质媒介即文字塑造具体形象。学生更需要形象思维来理解知识，特别是理解文学知识。形象思维是他们发展抽象思维的基础。从信息论的角度看，形象思维的过程为：接受形象信息、加工形象信息、存储形象信息、用形象思维指导行为。由于联想和想象是形象思维的关键和高级阶段，所以在阅读教学中应重点训练学生的联想力和想象力。

（三）抽象逻辑思维

抽象逻辑思维是以概念、判断、推理的形式认识事物的本质特性和内在联系的思维。概念是这类思维的支柱。概念是人反映事物本质属性的一种思维形式，因而抽象逻辑思维是人类思维的核心。

高年级小学生的抽象逻辑思维得到了迅速发展。在阅读过程中，对于那些不能在现实生活中直接看见、触摸，需要借助一定的外在形式才能理解的内容，如借助事件、动作、心理活动等形式传达的人的情感、性格等，高年级学生能在教师引导下慢慢理解、体会。

小学生思维的发展，一般都经历直观动作思维、具体形象思维和抽象逻辑思维三个阶段。在阅读的过程中，这三种思维又往往是相互联系、相互补充、同时存在的，只不过在小学生不同的年龄段，每一种思维形态所处的地位与发挥的作用不同，需要教师在具体的阅读教学中科学合理地加以运用。

三、小学生思维发展的一般特点及其与文本的科学匹配

（一）小学生思维发展的一般特点

1. 从以具体形象思维为主要形式向以抽象逻辑思维为主要形式过渡

低年级小学生的思维虽然有了抽象的成分，但仍然是以具体形象思维为主。喜欢借助声音、线条、色彩来了解世界，阅读有较多文字的书的需求逐渐扩大。中高年级小学生能区分概念的本质和非本质属性，能掌握一些抽象概念，能运用概念、片段、推理进行思考。小学生的思维由具体形象思维向抽象逻辑思维的过渡存在一个转折期，这一转折期一般是在四年级。如果教育得当、训练得法，这一转折期可以提前到三年级。

2. 抽象逻辑思维发展不平衡

在整个小学时期，儿童的抽象逻辑思维水平不断提高，思维中抽象的成分日渐增多，但在不同的教学内容中其抽象思维表现出不平衡性。例如，对于儿童熟悉的、难度低的阅读内容，儿童思维中抽象的成分较多，抽象的水平较高。如部编教材一年级语文下册中的《一分钟》描写的就是小学生元元多睡了一分钟导致上课迟到的故事，贴近儿童生活，能够引起儿童共鸣，易于理解。而对于儿童不熟悉、难度大的阅读的内容，儿童思维中具体的成分就较多，理解和接受起来有一定难度。譬如许多古诗，因为涉及古代的创作背景，远离现代生活，对小学生来讲就比较抽象，阅读起来难度较大。

3. 抽象逻辑思维从不自觉到自觉

低年级小学生虽然已掌握一些概念，并能进行简单的判断、推理，但他们尚不能自觉地调节、控制自己的思维过程。而中高年级小学生在教师的指导下，对自己的思维过程进行反省和监控的能力有了提高，能说出自己思考时的想法，这表明他们思维推理演绎的自觉性有了发展。

（二）小学生思维发展的一般特点与文本特点的匹配

在小学阶段阅读教学中，小学生主要以形象思维为主，抽象思维为辅，特别对于低年级学生更是如此。因此，我们选择的文学作品是以形象性为主的，它们最大

的特点就是形象、有感染力。这也是我们要将一些动物、生活物品拟人化的原因，即用这些形象生动的载体寄托抽象的内在情感或道理。特别值得强调的是，我们这里所说的形象不仅包括认知具体的形象，还包括形象的逻辑，也就是情感逻辑、生活逻辑、想象逻辑。简单来说，就是文本中的故事、人物、情感的发展等都生动形象，符合学生内在思维的期待。我们知道，形象思维是具有美学价值的思维活动，它以情感为核心，让想象和理解处于自由运动之中，这就把情感客观化，使理解融于情感。思维过程和审美过程是相互渗透、融合在一起的，这就决定了在小学语文阅读教学中，教师在引导学生进行审美的同时也要培养学生的形象思维能力。因此，在小学阅读教学中，教师要注意把握小学生对文本形象的审美把握，注意引导小学生用心去发现、体味文本中的各种美，如景美、物美、人美、情美等。

小学生的思维处于由具体形象思维向抽象逻辑思维过渡的阶段，但这种抽象逻辑思维在很大程度上仍然是直接与感性经验相联系的，仍然具有很大成分的具体形象性，且抽象逻辑思维发展并不平衡。因此，面对文学性教材占主体地位的小学语文教材，教师应该引导学生通过品味优美的语言，感受一幕幕引人入胜的生活场景、一个个栩栩如生的人物形象、一段段跌宕起伏的精彩故事和情景交融的审美意境等，在培养学生的形象思维能力、提高学生的思维自觉性的同时，也有目的、有计划地培养学生的审美意识和审美能力。

四、不同学段的教学策略

（一）第一学段

捷克教育家夸美纽斯认为，直观形象化是所有教师教学时都要遵循的一条“金科玉律”。小学生的心理发展处于由以具体形象思维为主向以抽象逻辑思维为主过渡的阶段，这一心理特点要求教师在教学过程中应尽量采取直观化教学方式，更准确地进行阅读认知活动。随着科技的进步和教学思想的发展，多媒体因其声画并茂、视听结合、动静相宜、感染力强等特点，被广泛应用于课堂教学，第一学段的阅读教学尤应充分有效地运用好这一教学平台。多媒体可以创造良好的教学情境，突出审美对象，激发学生的学习兴趣。但是，我们又必须尊重语文教学的自身规律，完成语文教学的核心任务，始终把语言文字学习与阅读、写作作为语文学习的主要任务，绝不能让多媒体喧宾夺主。

同时，语言不只是一种简单的符号系统，它与我们的民族文化相融合，就如著名语言学家洪堡特所言：一个民族的语言与一个民族的精神，其同一性超过任何想象，语言文字的背后有着丰富的民族文化图像和特定的民族精神含义。语言的学习一定是与文化传承和精神成长同步的过程。

现今第一学段阅读教学有高段化倾向，这是造成当前第一学段阅读教学课堂耗时长、效率低的主要原因，也是整个小学阶段语文教学质量欠佳的症结所在。目标定位偏精深化，在一、二年级的课堂中，教师要求学生深入体会文章的主题思想、作者情感，已经不是什么新鲜事。似乎不读出点中心思想，不玩味出作者的内心想法，不体会出人物的情感，就显示不出课堂的深度，就没有完成教学任务。如人教版二年级语文上册中的《酸的和甜的》讲的是一个童话故事，很多教师将此文的教学目标为在让学生明白“凡事都需要经过自己的实践，光听别人说是错误的”和“狐狸的酸葡萄理论——吃不到葡萄就说葡萄酸的自欺欺人心理”，课堂教学也就紧紧围绕这个中心目标并挖深、讲透。这种做法很大程度上源自教师对第一学段教材的轻视。

第一学段阅读教材相对于高年级来说，文本篇幅偏短、内容偏浅，许多内容学生一读就懂，教学时好像没有什么够分量的东西可以展示。于是课堂上教师使劲做“加法”，品词、析句、拓展、仿写……殊不知，教师这样做偏偏忽视了学段目标的坚持和落实，忽略了小学生学习认知发展的规律，未免有“揠苗助长”之嫌。学生花过多的时间理解深刻的课文含义，但是学生的生活经验有限，不能达到教师的思维水平，所以课堂上都是教师牵着学生走，极易使学生形成一种固定的思维模式，不会独立思考。与此同时，一些基础内容，比如生字新词的准确认读、间架结构的运用、典范性语言的积累和表达、认字习惯的养成等问题却没有得到有效解决。等学生到了高年级，才发现其朗读不到位、笔顺没规则、未掌握阅读方法等问题，这个时候学生虽然能够跟上教师的思维，但是却因为基础没有打好，而感到非常的疲惫，这就不利于学生思维能力的进一步发展和学习兴趣的激发。

第一学段阅读课堂无须刻意做深刻状，亦无须人为“拔高”，应遵循学生的认知规律。适合学生的教法与学法才是最好的。教学内容和教学手段不是越深越好、越多越好。

请欣赏特级教师于永正的经典教学片段《草》。

【实录片段】

师：小朋友，放学回家，谁愿意背给哥哥听？（请一学生到前面来）现在我当你哥哥，你怎么说？

生 1：哥哥，今天我学了一首古诗，我背给你听好不好？

师：哪一首？

生 1：《草》。

师：噢，这首诗我也学过，它是唐朝大诗人李白写的。

生 1：哥哥，你记错了，是白居易写的。离离原上草，一岁一……

生 1：一岁一枯荣。

师：野火烧不尽，春……春……哎，最后一句是什么来着？

生 1：春风吹又生。

师：还是弟弟的记性好。（众笑）

师：谁愿意背给奶奶听？（请一学生到前面来）现在，我当你奶奶。你奶奶文化水平低，耳朵有点聋，请你注意。

生 2：奶奶，我背首古诗给你听听好吗？

师：好！背什么古诗？什么时候学的？

生 2：背《草》，今天上午刚学的。

师：那么多的花不写，干吗写草哇？

生 2：（一愣）嗯，因为……因为草很顽强，野火把它的叶子烧光了，可第二年又长出了新芽。

师：噢，我明白了。背吧！（生 2 背）

师："离离原上草"是什么意思？我怎么听不懂？

生 2：这句话是说，草原上的草长得很茂盛。

师：还有什么"一岁一窟窿"？（众笑）

生 2：不是"一岁一窟窿"，是"一岁一枯荣"。枯，就是干枯；荣，就是茂盛。春天和夏天，草长得很茂盛了，到了冬天，就干枯了。

师：后面两句我听懂了。你看俺孙女多有能耐，小小年纪就会背古诗。奶奶像你这么大的时候，哪有钱上学呀！（众大笑）好，今天的课我们就上到这儿，小朋友，放学回家后请把《草》这首古诗背给家里的人听。

【教学点评】

看于永正老师的教学实录，总会折服于他富有个性的教学语言——富有亲和力、妙趣横生而不失深邃。对学生说话时，他不喜欢用组排比句，刻意串出古诗词；也不会如朗诵表演一般独自抒情，或过分雕琢对偶、双关而自命高雅。他对儿童说的睿智风趣的“大白话”，源于他对母语的敬重和挚爱。他的教学语言也传递着母语的亲和力和智慧，这对于在日常生活中习得了母语的儿童来说，具有极强的吸引力。

于老师的《草》，其背诵指导通过创设生活情境，突出重点，突破难点，巧妙地提高了学生对该诗的理解水平。

(二) 第二学段

学生进入中年级以后，有的教师在阅读教学中可能存在以下两种错误的认识。

1. 教学目标确立不当

有的教师认为学生已经进入三年级了，他们已经具备了一定的识字能力，对于生字在教学时只需略微提一下，主要靠学生课外自学就可以了，生字的教学目标被搁置一旁。课堂上，教师往往减少学生阅读课文的时间，拔高要求，过多地对课文进行讲解和分析。

2. 教学方式空洞单一

有的教师认为学生已经进入三年级了，他们已经具备了相应的阅读理解文章和分析问题的能力，所以在阅读教学中，教学方式过于单调乏味。

心理学研究表明，三年级学生的思维正处于由形象思维向抽象思维过渡的时期，其能进行一定的抽象思维，但仍以形象思维为主，模仿性强，虽已能完成需要一定意志支配的任务，但意志还很薄弱，自觉性、主动性、持久性都较差，遇到困难和挫折，就会动摇。所以，在阅读教学中，教师应该结合课文实际，采取相应的措施，帮助学生进一步发展形象思维，同时还应适当发展其逻辑思维，为学生今后更深刻地阅读文本打下基础。

叶圣陶先生说：“中小学语文教学中，基本知识和基本训练都很重要，语文课的主要任务是训练思维、训练语言，而思维能力和语言能力，儿童时期打下的基础极为重要。”①如果学生在语文课上只是感悟或一味探究，那么阅读课程对学生全面发展的作用就无从谈起。因此，让“思”“读”“练”相结合，才能让学生真正，感悟内化语言，迁移运用语言，学生的语言运用能力、语文素养才能真正得以全面提高，阅读教学才真正扎实有效。

学生在阅读时，教师不要把所有的问题都列举出来，而应让学生在阅读过程中寻找问题，并努力自主地解决问题，当学生遇到解决不了的问题、困惑、障碍时，教

① 叶圣陶：《叶圣陶教育文集》，人民教育出版社1994年版。

师再介入也不迟。教师在阅读教学时最好先让学生自己预习,教师不设预习提纲,让学生自主阅读。学生在阅读中发现不懂的问题时,尽量自己解决,实在解决不了再与教师探讨。启发学生质疑,是培养学生自主阅读能力的最好方法,教师在阅读教学中应加以重视。

另外,在第二学段教师应该注重学生求异思维的培养。引导学生从不同角度、不同侧面寻求答案,这样可以防止思维僵化。启发学生提出不同的问题,通过求异思维达到统一认识,培养学生深入理解语言和解决问题的能力。

【正例呈现】

《田忌赛马》教学过程中,在学生理解了课文内容的基础上,教师设计了一些拓展性的训练。

(1) 如果齐威王的马比田忌的马快得多,孙膑让田忌调换一下马的出场顺序,情况会怎样?

学生经过讨论分析后认为,如果齐威三的马比田忌的马快得多,田忌调换马的出场顺序,他的上等马也不一定能赢齐威三的中等马,转败为胜的把握不大。

通过这样拓展性的训练,学生深刻地体会到:只有对情况了解得很清楚,并把各方面情况综合起来分析,才能想出正确的办法。这实际上是科学思想方法的启蒙。

(2) 假如齐威王也是一个善于观察、勤于动脑的人,在第二次比赛中,情况又会怎样?

学生讨论后认为,当田忌按孙膑的计谋用下等马对齐威王的上等马之后,齐威王很快会发现自己这一局赢得不正常,因为自己的上等马把田忌的马远远地抛在后面,而不是只快一点点。那么他会很快判断出对方一定是调换了马的出场顺序,用下等马对自己的上等马。这时他也会调换马的出场顺序,在剩下的两局比赛中,齐威王先用下等马对田忌的上等马输一局,最后是双方中等马比,齐威王又胜一局。这样,第二次比赛中,齐威王就会以两胜一负的战绩赢田忌。

经过这样的拓展训练,学生的思路会更加开阔,思维会更具严密性。

(3) 齐威王还有没有其他办法获胜?

按双方马的实力情况来看,总体优势在齐威王一方。学生经过分析后认为,如果齐威王改变比赛规则,让六匹马同时跑,那么齐威王肯定获胜,而且会是永远的赢家。

【案例分析】

拓展训练使学生从另一个角度思考，让学生更加深入地理解了文本，同时又培养了学生的创造性思维，可谓一举两得。

从另一个视角来评点这则案例，或许也会给我们一些有益的启示。语文课程的综合性特点、其教学内容的繁杂多元很容易让语文教师滑入教学的"非语文轨道"而不知。上述设计，的确训练了学生的思维，也为学生提供了口语表达的机会，但如果在有限的语文课时中，加入过多"非语文"的内容，譬如文本涉及的历史人物轶事介绍、所描写的自然美景的地理成因介绍、故事主人公品德的现实意义介绍等，语文课就极易"变异"为"非语文"课，语文课程最为核心的学习任务——母语的运用(包括理解与表达)则会被忽视。这种现象在语文课堂中并不鲜见，或许这也是导致语文教学"高耗低效"的重要病因之一。

第二学段学生的抽象思维能力虽然已经有所提高，但总体而言，第二学段的文本阅读还是要将重点放在培养学生的形象思维上，一些教师没有充分注意到这一点，忽视了文本的形象性特征。

【反例呈现】

诗歌《走，我们去植树》是苏教版四年级语文下册中的一篇课文，这首诗歌在第三、四、五段提到植树的作用时，使用了一些形象的语言，如"绿色工厂""叫风沙乖乖低头""让百鸟翩翩起舞"等，诗歌还运用了比喻、拟人等修辞手法。有的教师这样进行教学设计。

细读课文：

1. 读第三至六段

(1) 指名读课文。思考：植树有哪些好处？

(2) 读后交流。(相机板书：绿色工厂增添新绿、绿色希望、绿色宝库)

①讲解光合作用，帮助学生理解"绿色工厂"，指导学生阅读"给我们送来清新的空气，让每个人都健康、幸福"。原来树木能够吸收二氧化碳等气体，释放氧气，净化空气，怪不得它被称为绿色工厂。

②联系上下文理解"亿万棵树连起来，就染绿了祖国美丽的版图"一句，说说"绿色的希望"指什么？你种一棵树，我种一棵树……每个人都行动起来，献出自己

的一份微薄之力，总有一天，我们能染绿祖国美丽的版图，为大地披上一件绿色的衣服。

③土地沙漠化、鸟儿等动物因失去家园而日渐消失等问题是当今世界所面临的难题，而植树造林却可以解决这些难题。于是种下一棵树，也就等于埋下了一个愿明天的世界更美好的愿望。

④“绿色宝库”指什么？为什么说“森林是绿色宝库”？除了“盖房、架桥、造船、铺路”外，树木还有哪些用处？指导学生阅读第四段（“离不开”“宝库”要读重音）。

(3) 进一步理解词句，指导学生朗读。

(4) 要求学生背诵第五、六段。

【案例分析】

从以上教学设计我们可以看出，在对该诗歌的教学中，教师并没有将重点放在对形象语言的分析和修辞的体会上，而主要在讲解科学知识，所谓的语文课则呈现出一种毫无“语文味”的教学形态。语文学习材料的综合性极易让教学滑入“非语文”的轨道，而教师还浑然不知。将一节原本生动的语文课上成了一堂介绍植树作用的环保宣传课，且不说学生形象思维能力的培养无从谈起，就是语文教学的核心要务（母语运用）也丧失了落脚点。

众所周知，语文教材中绝大多数篇目都属于文学作品，它们作为作家形象思维活动的成果，其中的语言就自然成为形象思维的一种外化形式。作者通过对生活的感知，运用联想、想象等思维活动塑造出具有一定感情色彩的人物形象和故事情节，然后将脑中的画面描写出来，可以说文学语言中蕴含着作者形象思维活动的轨迹。因此，小学语文阅读教学要培养学生的形象思维能力，就必须充分利用好文本资源，善于挖掘作者描绘形象画面的语言技巧，让学生不断清晰地认知文中的表达方式，进而能够迁移运用，提升学生的母语运用能力。

(三) 第三学段

进入第三学段，学生的形象思维已经得到了一定程度的发展，并且有了初步的抽象思维能力，在这一阶段的阅读教学中，应当给学生更多的空间让其独立思考，尤其需要助推学生逻辑思维能力的有意识提升，从而体会文本含义。但是实际课堂中存在一些固定的教学模式，限制了学生这方面能力的发展。从学习一开始学生就被要求带着问题感知课文，教学中几乎没有不带计划性的欣赏阅读。如果说这样对实用文教学更有效率的话，那么对文学文本呢？学生又如何获得真实、自然的审美体验？也许让学生带着问题去阅读更有针对性，也许这样能快速地达到课堂的教学目标，但是对文学文本占主体的小学语文阅读来说，如此教学很可能欲速不达。文学作品作为一种“美”的客观存在，只有当审美主体抱着审美态度，带着一种审美心境，才有可能充分地享受文本，自由地发现美、体验美。因此，对文学教材来说，应使学生以放松自由的心态慢慢品读，而不是带着功利的迫切地想去解答某一问题的目标。只有这样，学生才能最大程度贴近文学作品中的“美景”，也才能在这种自由的阅读中得到自然、真实的审美体验，进而进行丰富的联想和想象，形象思维和抽象思维能力才能得以提升。

对文学作品的欣赏性阅读不仅是学生的学习所需，教师在进行教学之前也应该欣赏性地阅读文本。我们第一章讨论阅读教学中教师作为文本阐释者时，曾经将语文教师的角色定为“普通读者”“儿童读者”和“教师读者”三重角色的和谐统一，其中“普通读者”的角色，是指语文教师首先要学会审美欣赏、审美阅读，因为只有教师能够以审美态度与审美心境去接近文本，才会发现文本所蕴含的文学性的美，而文学美恰恰又是极具教学价值的。否则，教师都没有感受到文章之美，又何以教学生去领略美呢？如果教师对文章之美的领略不是发自内心的，那其就会忽视学生形象思维的启发和培养。所以，在小学语文阅读教学中，教师需保持一颗“平常心”，一颗“审美心”，注重文本的欣赏性阅读，为后续的教学奠定“美”的基础。

那么，何以会造成当下语文阅读教学“审美性”的缺席，能仅仅归咎于语文教师文本欣赏能力不强吗？恐怕事情并非如此简单。我们知道“减负”以来，教学内容比以往缩减了许多，教材选取的难度也比之以前越发提高，归根结底，应试教育的考评模式没有改变，教师们只能“急功近利”地教学，往往刻意挖掘文本的知识点、测试点，却有意无意间肢解了作为审美性存在的文学文本。在此过程中，语文教学存在两个最致命的缺点——知性有余、感性全无。

如何正视和解决这两个问题？有必要重申文本解读的四种常用形态，即文字性阅读、解释性阅读、批判性阅读、创造性阅读。语文课堂提供给学生的往往是前两种阅读形态。显然，如果第三学段的阅读还仅处于这两种阅读形态，那么学生的能力完全没有提高的余地。如果能找到从前两种阅读向后两种阅读过渡的方法，那么必将有利于提高学生的阅读思维能力，提升学生的阅读理解水平。

《义务教育语文课程标准》(2011 年版)把小学课文按文体主要分为“叙事性作

品”“说明性文章”“诗歌”三类，而其中“叙事性作品”占课文总数的70%以上。因此，将“叙事性作品”作为切入口与突破口更加容易，借助篇章比较阅读，既关注言语内容，又关注思维过程，引导学生“得言、得意、得法”，从学习语言走向学会思考，从模仿表达到灵活运用语言等都不失为是培养学生语文能力的重要途径。同时，在第三学段阅读教学中，教师还需注意引导学生自主探索、积累和迁移阅读方法，只有这样，才能让学生真正地改进并提高自己的阅读能力、学习能力。

这里着重介绍在教学实践中运用比较多的基于“篇章比较阅读”的两种教学策略，即专题小结和拓展提高。

1. 专题小结

在一个单元教学完成之后，教师要针对本单元特点进行归纳总结，提炼出一些规律性的东西，使学生既能见“树木”，又能见“森林”。例如，人教版六年级语文上册第一单元是一组写景的文章：《山中访友》《山雨》《草虫的村落》《索溪峪的“野”》。在“写景单元”专题小结课上，教师引导学生对这四篇课文比同求异，学生发现这四篇课文都通过丰富的想象和联想，运用比喻、拟人的修辞手法，展现了大自然的无穷魅力，可以在习作中模仿借鉴之。

好的文章表达了作者真实、具体的感受，而不是说大话、套话、空话。很多学生最害怕的就是写景作文，写出来的很多都是大话、套话、空话，缺乏真情实感。同一单元几篇课文的互相印证，使学生发现课文间的相似点和区别点，有利于学生思维能力的提高。

2. 拓展提高

在中低年级，教师经常选取一些与文本同题材的内容，引导学生进行拓展阅读，可以使学生提升对文本内容的理解，丰富认知，拓宽视野。而高年级在亲历篇章比较的过程中，获得的认知会更系统、更有条理、更有深度，大大促进其阅读能力的提升。同主题、同题材的比较阅读或不同主题、不同题材的拓展阅读，可以加速学生对知识、方法的消化、迁移与运用，使他们触类旁通、化难为易，提升其鉴赏、表达能力。

【正例呈现】

《通往广场的路不止一条》(人教版五年级语文上册)教学环节：

1. 开门见山，导入新课

有这样一位父亲，他这样教导孩子，(读课题)通往广场的路不止一条。

2. 整体感知，明确课文特点

(1) 谈谈对这句名言的理解。

(2) 课文通过哪两个事例，让我们对这个道理有怎样的感悟？

3. 拓展阅读，比较写法

(1) 像这样阐述人生哲理的文章还有很多，请大家默读老师下发的材料《野百合也有春天》和《再坚持一下就成功》。想想这几篇文章有什么共同点？

(2) 想想它们有什么不同点（引导学生从写作的角度来发现）？（归纳板书：叙事明理、借物明理、故事明理。）

4. 迁移运用

以“阳光总在风雨后”为题，选择其中两个角度（叙事明理、借物明理、故事明理）用简洁的语言概括材料的主要内容。

5. 回顾课题，总结下课

带领学生回顾课题，总结本课内容，下课。

【案例分析】

从以上几个环节可以看出，通过拓展阅读《野百合也有春天》和《再坚持一下就成功》，学生至少可获得以下三点认识。

(1) 怎样用一个故事说明一个道理。

(2) 可以从不同角度写文章：一种是直接讲道理，一种是间接讲道理。

(3) 好作文是要用自己的语言表达自己的情感。

而这些认识的获得又是他们自己阅读、思考、分析归纳的结果，所以，他们的思维能力、评价鉴赏能力、写话能力都不同程度地得到了提升，这样的课堂才像一堂第三学段的阅读课。

课后练习：

有人说，阅读教学不仅仅是让学生提取文本的信息，接受文本的意义，更重要的是引发学生对生活、对社会、对人生的思考。你赞同这样的观点吗？请结合下面这位老师执教的人教版六年级语文上册中的《金色的脚印》片段，谈谈你的想法。

【实录片段】

师：这个不寻常的举动是，他开始咬铁链，后来改为啃木桩，这让正太郎觉得很不寻常，也是这个举动改变了正太郎的想法和做法。他从开始的“真想”帮小狐狸解开铁链子到后来决定不解铁链子。假如换作是你，你就在现场，你的决定是解还是不解？

（学生各执一词。）

师：有人认为解，有人认为不解。其实解也好不解也好，都有他的理由，都有他的依据。咱们好好地读读课文，找找理由，找找依据，用词语的形式在课文旁边做批注。开始。

（生自读自学。）

师：支持“解”的同学请起立。

（PPT 出示要求：

分组：3～5 人就近组成合作小组。

讨论：将关键词填入“理由圈”中，还可以结合讨论，补充其他的理由。

汇报：派一位代表发言。）

（生小组合作学习，师指导。）

师：大家可以自由一点，充分发表自己的意见。

师：先请支持“解”的同学代表发言。其他小组仔细听，看还有没有其他理由要补充。

生 1：我们组是支持解的，理由一是可怜。

师：哪里看出可怜？

生 1：正太郎目不转睛地看着小狐狸。他想，小狐狸也许在叫妈妈——妈妈——这小狐狸多可怜呀！

师：因为看它很可怜，所以你们很想帮助它。

生 1：理由二是惦记。

师：谁惦记谁？

生：老狐狸惦记小狐狸。

师：为什么？从哪里看出来？

生 1：正太郎发现两只老狐狸跟以前相比，毛色黯淡，可能是由于惦记小狐狸，明显地消瘦了。老狐狸惦记着小狐狸，毛色都黯淡了。

师：所以你们非常同情小狐狸，也同情老狐狸。

师：还有不同理由吗？持同样理由的请坐下。

生 2：我们还有一个理由——自由。小狐狸本来在大自然里很自由，但是因为我们抓了它，它就失去了自由。我们剥夺了它的自由，因此也想还它自由。

师：说得有理有据，而且你们是根据自己的生活体验来说的。

生3：小狐狸孤零零的，非常可怜，非常想它的父母。

师：其实你的理由和他们的差不多，很同情，想要帮助它。你还有补充？

生4：我的理由是冒险。老狐狸和小狐狸生活在人类环境周围，很冒险，被人类发现可能就走不了了，我觉得老狐狸也非常不容易。

师：你为老狐狸的这种冒险精神而非常担忧。真是个善良的孩子。

师：刚才决定"解"的小组都已经发言了，请决定"不解"的小组的代表起立，讲讲"不解"的理由，看看你们能不能说服决定"解"的同学。

生5：因为小狐狸被人类抓走了，所以老狐狸很想救自己的孩子。它救子心切，所以才敢于冒险，它们既然到了这样危险的地方，就有决心去救小狐狸。如果人类去帮助它，老狐狸就会产生一种不安全感，使它不能用自己的力量去救自己的孩子。

师：说了很多，观点很明确。他的意思就是想要成全老狐狸用自己的力量去救自己的儿子。

生5：自己救孩子，出于骨肉亲情。它们会和小狐狸建立更深的感情。

师：对呀，面对这个情况，你真想成全它们。说得真好，大家把掌声送给他。

师：持相同理由的坐下，有不同理由的补充。

生6：自食其力。老狐狸通过自己的力量解救自己的孩子自然也是很开心的，如果通过人类的帮助，它们就会有种失败的感觉。

师：动物有动物之间的规律，你说的就是人类要尊重自然之道啊！说得真好。

生6：如果是人类救出小狐狸的话，老狐狸和小狐狸有可能就会对人类产生依赖的心理。假如以后小狐狸再被抓走，它们就不会像现在一样依靠自己的力量来救出小狐狸。

师：你的意思是动物始终要归入大自然，你想让它们自己进行锻炼是吗？刚才支持"解"的同学说了"解"的理由，支持"不解"的同学说了"不解"的理由。其他同学还有补充吗？

生6：我想把我们组的意见说得更清楚一些。

师：很好，看看你能不能把大家说得心服口服。

生6：老狐狸想用自己的力量去救出小狐狸，后来它们自己咬木桩更加向我们表达了它们的坚定。

师：就是为了成全它们之间的父子亲情啊。

生 7：我支持解。因为这件事本来就是人类的错误，原本狐狸是生活在大自然中的，老狐狸教小狐狸狩猎等生活技巧，而人类把小狐狸抓走了，让它们受尽离别之苦，日夜都在思念故乡。人类本来就应该让它们早点回去。

师：本来就是人类的错误，因此要让它们早点回去。这么说有道理啊，我也觉得应该"解"。

生 8：如果老狐狸自己救出小狐狸的话，它会感到很自豪。如果人类插手，它们可能会有挫败感，所以说这件事我们是不应该插手的。

师：你说的也很有道理。

师：决定"解"的同学说了"解"的理由，决定"不解"的同学说了"不解"的理由。就像同学们所说的，帮助、同情、给动物自由是对动物的关爱。同样成全动物、尊重动物、不要人为地去干预动物，也是对动物的一种爱。正是人与动物之间的这份浓浓的爱，让我们看到了这小说结尾动人的画面。

第四节　想象与阅读教学

一、概念界定

想象，是一种特殊的思维形式，是人在头脑里对已储存的表象进行加工改造，形成新形象的心理过程。它能突破时间和空间的束缚，能起到对机体的调节作用，还能预见未来。

想象力在孩子的世界里，是不可或缺的。孩子没了想象力，就失去了孩子的特征，就失去了自己的"童话"，孩子没有了自己的"童话"，就失去了创造力。虽然想象力的培养方法有很多种，但最关键的是靠教育，语文教学又是教育的主阵地。语文教师应在教学实践中，充分利用这个主阵地，因势利导，努力挖掘教材中的各种有利因素，培养学生的想象力。

二、想象与阅读

个性化阅读是小学语文阅读教学的要求。想象是语文学习不可缺少的方法与能力，运用想象展开语文阅读，是实现个性化阅读行之有效的方法。在语文阅读中，因目的、任务不同，运用想象的方法也不一样。最能体现语文个性化阅读的想象方法主要有尝试性想象、比较性想象与拓展性想象等。在教学中，只有因时因文、恰当地运用各种想象方法，才能提高阅读教学的效果和学生的阅读水平。

孩子在认知发展的不同阶段，在阅读上有着不同的想象。小学阶段是人的想象力表现最活跃的时期，无论是创造性想象，还是再生性想象，对于培养学生思维能力都是非常重要的。课堂是师生活动的主阵地，课堂教学对学生尤为重要。在课堂教学中，教师要努力创设各种不同的情境，让学生开启思维之窗、创新之门，激发他们的想象，使他们潜在的智慧因素活跃起来、壮大起来。在课堂上，学生不仅要学到知识，还要得到各方面能力的锻炼，尤其是想象力的锻炼。

阅读需要想象的加盟，因为，想象会让阅读插上翅膀，让学生更加感性而真切地体味到阅读带来的快乐；想象也需借助于生动具体的阅读材料，语言文字的细微之处、故事情节的细节以及对文本主要思想的理解，都应该成为学生挥动想象翅膀的地方。

三、不同学段儿童的阅读想象

（一）第一学段

这一阶段学生的阅读想象主要有以下四个特点。

1. 想象力和好奇心强

儿童一般从五六岁开始就有发达的想象力，在小学低年级时达到高峰。所以他们相信书中离奇的故事，并且希望在生活中重现这些让人吃惊的场景。

2. 善于模仿

低年级小学生的想象，往往是模仿过去曾经看见过的东西，是实在事物的简单重现。比如，会重复大人给他们讲过的童话故事，但还不太会补充发挥。这时儿童的想象是零散的，缺乏逻辑性，想象的内容也比较简单。

3. 脱离实际

低年级小学生由于缺乏知识经验，他们的想象往往是脱离实际的。比如以“春天”为主题让小学生展开想象，低年级的学生往往东拉西扯，说一些和春天无关的表象；高年级的学生则大多能围绕“春天”这一主题，系统地展开联想。

4. 以再造想象为主，创造性成分不多

低年级小学生通过想象讲故事时，讲的往往都是从广播、教师或其他人那儿听来的故事，创造性成分不多。在讲述时，往往是简单地模仿他人的语音语调、体态动作。到了中高年级，他们在再造想象时创造性成分越来越多。如高年级学生在讲故事时，复制和模仿的成分逐渐减少，对情节的创造性成分明显增多了。

请看特级教师茹茉莉执教的人教版二年级语文上册中的《浅水洼里的小鱼》。

【实录片段】

（品读“困”字，释义。）

师：孩子们，这就是小鱼被冲上沙滩、困在浅水洼里的情形，课文是这样写的（出示句子），这个“困”是我们在第五课中学过的，当时课文是这样写的（出示句子：星星困得眨眼）。

（生读句子。）

师：星星困得眨眼，这个“困”是什么意思？

生1：眼睛睁不开。

生2：想睡觉。

师：孩子们，咱们一起来看，字典中就有这样的解释——疲乏，困倦，就是你们认为累了的意思。那咱们再来读读课文中的这句话。

（生读句子。）

师：小鱼困在水洼里，是指小鱼想在水洼里睡觉吗？

生3：是指小鱼不能回大海。

师：是啊，是没有办法回大海了。

生4：就像困在箱子里一样。

师：是的，看这字形就会有这样的理解。可孩子啊，被困的小鱼仅仅是被水洼包围吗，他们还将面临怎样的危险？咱们不急着回答，先回到课文，认真地去读读第一自然段。

（生读课文。）

师：它们会遇到哪些危险？

生5：沙子吸走了水。

生6：水被太阳蒸干了。

师：是啊，咱们是从课文的这句话中读出了小鱼的危险，来，读这个句子！

师：被困在水洼里的小鱼会面临怎么样的危险呢？

生7：会因缺水而死掉。

生 8：沙粒会把水吸干，太阳会把水蒸干，小鱼离不开水。

师：是啊！咱们就是从这句话中读出了小鱼的危险。来，一起来读读。

（出示句子：用不了多久，浅水洼里的水就会被沙粒吸干，被太阳蒸干。这些小鱼都会干死。）

（生齐读。）

师：谁能正确地读读这个句子，这可是一个长句子。

（生 9 读句子。）

师："蒸"是我们刚才学过的一个生字。大家发现了没有，"蒸"下面是什么？

生齐：四点底。

师：你看看有四点水怎么会干呢？

生 10：这个四点底就是汗。

师：汉字造字的时候，四点底原先是一个"火"字，四点底是从"火"变过来的，很多四点底的字和火有关。那我就奇怪了，沙滩上哪来的火呢？

生 11：把一张纸放在太阳下，用放大镜照，纸就会燃烧。

师：你的课外知识真丰富，你发现了这火就是太阳。我们想象在浅水洼里，在太阳下，水洼的下面就好像是一堆火在燃烧，把里面的水一点一点地蒸干了……最后没有水了！没有了水，小鱼的处境就变得危险啦！

师：孩子们，不光太阳会把水蒸干，还有呢？

生 12：沙粒会把水吸干。

师：为了让大家看清楚这一点，茹老师特地做了一个实验，看一下我在沙坑里倒水的情景。为了让大家看得更清楚，我把水染成了蓝色。

（生看课件。）

师：用不了一会儿水就没了。其实，沙子和沙子之间有很多很多细小的缝，那些缝就像无数根吸管一样把沙坑里的水给吸干了。没有水，小鱼的处境确实很危险。孩子们，让我们用心来看看这些小鱼。

（生看黑板。）

师：你看，细小的沙子无情地把水一点一点地吸干了。太阳出来了，更是无情地把本来很浅的水一点一点地蒸干了，此时，被困在浅水洼里的小鱼会说些什么？它们的感觉会怎样？

生 13：它们一定在呼喊"谁来救救我们吧"。

师：就请你来读读这句，来读出小鱼处境的危险。

（生13读句子。）

师：从你为它们提心吊胆的表情当中，茹老师看出了你为他们感到难受。

生14：它们多么渴望能回到有水的地方。

师：就请你来读读这句！

生14：快来救救我吧！

师：大家以担心的语气读读这句吧！

（生齐读。）

师：让我们回头来读读有“困”字的句子，这“困”只是被包围住那么简单吗？你觉得还有怎样的意思？

生15：别人把我们抓起来，很难受。

生16：面临着生命危险。

生17：好像我们被抓起来、手脚被捆起来、不能吃饭、不能睡觉一样痛苦。

师：在字典中“困”有一种解释——穷苦，艰难。咱们学汉字就应该这样，要学习它在不同句子中的不同意思，而且要学会用字典，学会根据课文的意思，把这个汉字读正确、理解到位。

师：一个“困”字让我们读懂了小鱼的遭遇。读出了对它们的同情和关爱，老师为大家配上音乐，咱们一起有感情地读课文的第一自然段。

（生齐读。）

【教学点评】

这一环节，教师通过对“困”字的讲解，既实现了知识与技能目标，又实现了情感目标，可谓“一箭双雕”。茹老师教学策略的多样化选择，为学生搭建起连续且丰富的学习支架。以动画直观呈现水被沙粒吸收的形态变化，契合儿童的形象感知规律；从字理入手，发现汉字构字规律，四点底与火相联系，遵循字理识字特点，这样的教学简洁而高效。茹老师还特别重视对低年级学生想象力的培养，并深谙想象的价值在于把语言转化成具有个性色彩的形象画面和连贯情节，通过设置问题情境“浅水洼里的水就要被沙粒吸干，被太阳蒸干，小鱼很快就要干死，小鱼们会发出怎样的呼喊”，把静态的、单向的语言文字转换成丰富多彩的、具有连续性画面的饱含感情的故事，学生在入情入境中产生发自内心的感受，步步探寻文本的核心价值。整个教学过程中，始终以学生饱满投入的状态支撑有效的学习活动，以此实现教学目标。

(二) 第二学段

这一阶段学生的阅读想象主要有以下四个特点。

(1) 阅读量和阅读速度有很大提升,阅读面更加开阔,他们能看懂短篇和中篇童话故事。

(2) 随着学生言语和抽象思维的发展,其创造性想象日益丰富。

(3) 由于想象素材的积累,这一阶段的学生想象逐渐贴近现实。

(4) 学生能将看到的、听到的事说出来,而且还增强了想象的概括性、逻辑性,想象内容也较前丰富了,并能根据词进行生动形象的联想。

在这个阶段,教师在阅读教学实践过程中,对于与课文内容有关但课文又没有直接表达出来的部分,可以让学生展开想象,进行合理的补充、解释和说明,从而加深学生对课文内容的理解。抓住情节空白处或简略处,展开丰富的想象或联想进行补写,化虚为实,化简为详,可以强化学生的理解与表达能力。

请看特级教师盛新凤执教的人教版三年级语文上册中的《富饶的西沙群岛》。

【实录片段】

师:"五光十色"是不是说五种光、十种颜色?

生1:不是,"五"和"十"表示很多。

师:都有什么颜色呢?

生1:深蓝的、淡青的、绿的、淡绿的、杏黄的。

(教师随学生回答在黑板上画出这些颜色。)

师:这是"五光十色"吗?

生2:不是,因为这些颜色太少了。

师:那我再多画一些就是"五光十色"吗?

(教师在"五光十色"一词中的"光"和"色"字下面加上点。)

生3:还不是,因为这里只有颜色,没有光。

师:对,这只是许多颜色,这叫什么,用一个词来说?

生4:这叫"五颜六色"。

师:那"五光十色"肯定更好看,你们想不想看?

生齐:想。

师:好,先把眼睛闭上。想象一下,现在我们坐着飞机来到西沙群岛的上空,在你的下面就是辽阔的大海,由于海底高低不平,海水有深有浅,海面就呈现出各种颜色——深蓝的、淡青的、绿的、淡绿的，还有杏黄的。这些颜色有大块的，也有小块的，互相交叉在一起，组成美丽的图案。这时，太阳出来了，灿烂的阳光往海面上一照，海面上就出现了各种光彩，真是“五光十色”啊！你们看到了吗？谁看到了，谁就点点头。（学生纷纷点头）

师：我们是用什么办法看到的？

生5：我们是用想象的办法看到的。

师：对，我们是用语言文字在脑子里画了一幅画。我们学习语文要有这样的本领才行。西沙群岛周围的海水非常美，没有能超过它的，书上用了一个词来表达，是什么？

生6：瑰丽无比。

师：谁来读一读这一段，读出你自己的感受。

（学生练习有感情地朗读课文。）

【教学点评】

这个教学片段是以理解“五光十色”为重点展开的。教师先通过在黑板上作画这种形象的方式比较“五光十色”和“五颜六色”这两个成语的细微差别，学生从词意上理解了“五光十色”。然后用描述情境的办法，让学生想象西沙群岛周围的海水呈现出的由光与色彩交织出的美丽图景，感受西沙群岛周围的海水之美。形象和意境的感受，就是以想象与言语表达为主要方式实现的。

（三）第三学段

这一阶段学生的阅读想象主要有以下四特点。

（1）认识世界的方法增多，创造性想象日趋成熟。

（2）想象贴近现实，细致，丰富。

（3）想象能比较确切地反映现实事物。

（4）想象由粗到细、由简到繁、由静态向动态发展。

发展想象力的基础是丰富的知识和经验，没有知识和经验的想象只是毫无根据的空想，或者是漫无边际的胡思乱想。扎根在知识经验上的想象，才能闪耀思想的火花。经验越丰富、知识越渊博，想象力的驰骋面就越广阔。生活经验的多寡，直接影响到想象的深度和广度。丰富的生活经验是提高人们想象力的重要因素。因此，教师应当引导学生广泛地接触、观察、体验生活，并有意地在生活中捕捉形象，积累记忆表象，为培养想象力创造良好的条件。

引导学生积极主动地去“阅读”生活这本大书，在观察中思考，在思考中观察，将教材文本与课外读本结合起来，将书本知识与生活经验结合起来，是特别值得在高年级学生中提倡的一种语文学习态度。

苏教版六年级语文上册课文《姥姥的剪纸》中有这样的片段：

“你差点儿把姥姥的眼珠子按冒了！”姥姥用指头点了一下我的鼻子，“熟能生巧，总剪，手都有准头了！”是的，庄稼人都图个吉利，姥姥对“喜鹊登枝”最熟悉不过了。数九隆冬剪，三伏盛夏剪，日光下剪，月光下剪，灯光下剪，甚至摸黑剪。姥姥的手就是眼睛，好使的剪刀就像她两根延长的手指。

下面是两位教师引导学生学习这两段文字的教例。

【教例 1】

师：姥姥是如何练就这一手剪纸绝活的呢？你能从文中找到答案吗？

生 1：熟能生巧，总剪，手都有准头了。

师：“熟能生巧”是什么意思？

生 1：熟练了，就能找到窍门。

师：姥姥是怎么练的？

生 1：姥姥数九隆冬剪，三伏盛夏剪，日光下剪，月光下剪，灯光下剪，甚至摸黑剪。

师：你觉得姥姥练得怎么样？

生 1：姥姥练得很刻苦。

师：哪些词说明了姥姥练得很刻苦？

生 1：“数九隆冬”“三伏盛夏”“日光下”“月光下”“灯光下”“摸黑”这些词说明了姥姥练得很刻苦。

师：这样练的结果怎么样？

生 1：姥姥的手就是眼睛，好使的剪刀就像她两根延长的手指。

师：姥姥就是这样反复剪，常常剪，才熟能生巧，手才有准头的。读到这里，你认为姥姥是个怎样的人？

生 2：姥姥是个很勤劳的人。

生 3：姥姥是个令人敬佩的人。

师：带着你们的敬佩之情有感情地把这段话读一读。

【教例2】

师：姥姥高超的剪纸技艺是怎么练出来的？

生1：数九隆冬剪，三伏盛夏剪，日光下剪，月光下剪，灯光下剪，甚至摸黑剪。

师：对于姥姥那么高超的剪纸技艺的练习过程，作者只用了简单的三句话就给我们呈现了出来。语文的魅力就在于简单的文字蕴含着丰富而深刻的内容，同学们再仔细读读这些文字，你们的头脑中会浮现出怎样的情景呢？

……

师：多么令人敬佩呀！看到这样生动感人的画面，想到姥姥高超的剪纸技艺，此时此刻，你最想说什么？

生2：真是冰冻三尺，非一日之寒呀！

师：是的，冬去春来，经过多少个日日夜夜的实践练习，姥姥才练就了这高超的剪纸技艺。而对于这些，姥姥却只说了一句简单而朴实的话（出示："熟能生巧，总剪，手都有准头了！"学生齐读）。相信这句朴实的话对你们一定很有启发！

【评　析】

教例1中，教师由"熟能生巧"入手，引导学生理解其意思，让学生思辨姥姥为什么能"熟能生巧"、怎么练的，感知姥姥经常练习剪纸，然后让学生找出"数九隆冬""三伏盛夏""摸黑"等重要词语，体会出姥姥练习剪纸刻苦，令人敬佩，最后进行朗读。这样的教学过程，重点是抓住了，但怎样使学生领悟得更到位，理解得更深刻，想象得更丰富，则做得不够。此案例是当前语文教学"浅尝辄止"现象的典型表现。

叶圣陶先生说："作者胸有臆，入境始觉亲。"如果创设出文章中所描绘的那种意境和氛围，唤醒学生以往的感知体验和美的记忆，学生就会渐入佳境，体会到作者的胸臆。教例2中，教师从"数九隆冬剪，三伏盛夏剪，日光下剪，月光下剪，灯光下剪，甚至摸黑剪"这句话入手，引导学生发挥想象。学生通过默读展开想象，描述出一幅幅生动感人的生活画面，可谓把书读"厚"了。学生想象的过程，其实就是情景再现的过程，就是感悟姥姥高超的剪纸技艺来自刻苦勤奋的练习的过程。紧接着，教师趁热打铁让学生说说自己内心的感悟，并带着想象的画面和感悟朗读，目的是让学生进一步体会"熟能生巧""功到自然成"的道理。最后教师又让学生把书读“薄”，很自然地引出了“熟能生巧，总剪，手都有准头了”这个中心句，并联系生活实际进行说话练习，使学生加深对这句话的理解。这样的设计不仅降低了对“熟能生巧，总剪，手都有准头了”这句话理解的难度，而且连接了课堂内外，拓展了学习空间，把生活的经验运用于课堂，加深了学生的体验，使课堂焕发出生命的活力。

教例1的教学是机械的分析，学生的理解是浅显的；教例2的教学是感悟式的，学生的理解是深刻的，他们在读、想、说中与文本产生了共鸣。在这个阅读教学片段中，积极丰富的想象，不仅帮助学生理解了课文内容，还有效地提高了学生的语文能力，学生不是消极被动地“吸收”，而是进行了一种能动的“自我实现”，体现出了语文课堂的和谐融通。

四、小　结

爱因斯坦说过：“想象力远比知识更重要，因为知识是有限的，而想象力概括着世界上的一切并推动着进步。想象才是知识进化的源泉。”由此可见，孩子想象力的培养是非常重要的。也许有时候看起来，孩子的想象有些可笑和不切实际，但是作为成人的我们是否想过，瓦特正是有了“为什么蒸汽能把壶盖顶起来”的思考，才有了后来蒸汽时代的到来；莱特兄弟正是有了“人能否长上翅膀，像鸟一样在天空中飞翔”的异想，才有了人类翱翔天空的现实……小学生的想象从形象片断、模糊向着越来越能正确、完整地反映现实的方向发展。比如，在做游戏时，他们已不满足于用两根交叉的棍子表示飞机，而要求飞机要有机翼和螺旋桨等。低年级的小学生，想象具有模仿、简单再现、直观和具体的特点，他们在游戏中常重复从成人那里看到的动作和姿势，而且他们想象的游戏动作一般要有某种具体实物的支持。例如，他们把沙子堆成桥梁、地道等。随着年龄的增长，到中高年级，他们对具体形象的依赖性会越来越小，创造想象开始发展起来。不管在哪一个学段，学生的想象呈现怎样的差异，语文教学都需要对学生的想象加以扶持、鼓励，从而提高其想象能力。

教学时，教师应切合不同学段学生的想象特点，由简单到复杂，由再现到创造，由直观到具象与抽象的融合，由教学语言的引用到生活经验的介入，都较好地服务于学生语文能力的训练和提升。在想象中阅读，是受到小学生欢迎的一种语文教学策略。

课后练习：

童话是在现实生活的基础上，以符合儿童想象力的情节，采取拟人、夸张、象征等修辞方法编织而成的一种富于幻想色彩的故事。人教版小学语文教材中有多篇童话故事。请你以其中一篇为例，谈谈如何在阅读教学过程中发展学生的想象力。

第五节　言语与阅读教学

一、概念界定

概括来讲，言语是指以语言作为工具进行交流的活动。语言学意义上的“言语”和“语言”是一组相对的概念。

语言系统的各个组成部分(语音成分、词的数量和构词规则等)都是有限的，但在具体的言语活动中，作为一个行为过程，人们所说出的话是无限的，每句话的长短在理论上也应该是无限的，任何一句话都可以追加成分而使它变得更长，我们每个人都可以通过追加成分说出无限多的话。从语言的每一次具体运用角度而言，言语也可以指一种话语行为。语言是个系统，是言语活动中社会成员约定俗成共同使用的部分，是社会共有的交际工具。人们在运用这个工具的时候，必须遵守这个系统的规则。社会因素是语言的本质因素，而言语是人们运用这个工具的过程和结果，它具有个人特色，每个人说话的嗓音、每个音的具体发音、每个人使用的词语和句子结构等都有个人特色，而且每个人每一次说话的特色都是不同的。这些都是言语现象和言语要素。因此言语除了具有社会因素，还具有个人因素。语言是音义结合体，有一整套符号系统，其是交际的工具和思维的工具；言语是人们运用语言进行交际的过程。语言是社会现象，是语言学研究的对象；言语则是心理现象，是心理学研究的对象。

学龄初期，儿童的言语行为以口语交流为主要形式，但随着词语掌握数量的不断增加，他们对词义的理解也越来越精确，言语表达也会更加连贯、生动。小学生对口头言语中语音的细微差别逐渐敏感，并开始进入书面言语发展时期。在语文教学的直接影响下，小学生的词汇量增加很快，对词义的理解也越来越丰富而准确，语法运用趋于合理、完善，言语表达则更加流畅、生动和多样化。应该说，小学生在阅读中的言语发展具有很大潜力。

二、言语的分类

言语作为交际方式，一般分为三类，即口头言语、书面言语、内部言语。

我们研究阅读教学，应该全面关注学生的口语、书面语和作为思维的内在形态存在的内部言语（即俗称的“腹语”）这三种主要言语水平的发展，由于书面语已经被人们阐述得比较多了，我们在这里就侧重介绍口头言语、内部言语两块内容。

（一）口头言语

口头言语，即说出的言语、听到的言语，主要有对话言语和独白言语两种形式。

对话言语是指几个人直接交际时的言语活动，具有情境性、简略性和应变性；独白言语是指说话者独自进行的言语活动，独白常要求叙述一个完整的问题或一件完整的事情，所以言语必须连贯、完整、系统、有层次，才能使对方准确地接受你的思想。不仅如此，有时为了使对方深刻理解、加深印象，还要注意修辞、语调、表情。

一年级：对话言语占主要地位。

请看一位教师执教的部编本一年级语文上册中的《雨点儿》。

【实录片段】

师：小雨点去有花有草的地方，使花更红了，草更绿了。大雨点去没有花没有草的地方，使没有花没有草的地方长出了红的花，绿的草。那么你更喜欢谁呢？

生1：我喜欢大雨点，因为它到没有花，没有草的地方去，不怕苦。

生2：大雨点和小雨点我都喜欢，因为它们都很愿意帮助别人。

生3：我喜欢小雨点，因为小雨点可爱。

师：老师也想说说。我喜欢大雨点，我要是大雨点，我就去沙漠，因为那里更需要水，大雨点可以让沙漠长出红的花，绿的草，让世界变得更美丽。

师：你呢？

生4：我要是大雨点，我就到撒哈拉大沙漠去，那里也需要水。

生5：我要是大雨点，我就到南方去，因为南方热，需要水。

生6：我要是大雨点，我就去山顶，那里花少、草少，我去了花就会更多，草也会更绿。

师：老师知道了，如果我们是雨点儿，我们就会去最需要水的地方。

【教学点评】

从以上教学片段我们可看到，由于教师在情对话中及时转换了角色，与学生平等对话，符合一年级学生的言语特点。在对话中做了引导，使学生树立了正确的价值观。此时学生的语言是因为情感的内在需求而生成的，是一种全新的、鲜活的语言，其经历的是语言发展中的个体性实践过程，不断的语言实践将会进一步推动学生语言的发展。

二、三年级：对话言语向独白言语过渡并逐步过渡到以独白言语为主要形式。

请看一位教师执教的人教版三年级语文下册中的《燕子专列》。

【实录片段】

（课件出示：于是，政府通过电视和广播呼吁人们立即行动起来，寻找燕子，把它们送到火车站。）

师：孩子们，看着上面的这些文字，想象一下，假如你们就是电视台和广播站的工作人员，你们会对公众说些什么？

生1：亲爱的观众朋友们，大家好！这里是瑞士新闻联播节目，现在为您播报新闻。最近，一群燕子飞到我方境内气温骤降，它们浑身冰冷，眼看就要濒临死亡了。观众朋友们，动物是我们人类的好朋友，请大家站起来，别在屋子里待着，出去吧，去挽救那些动物的生命吧！

（话音一落，教室里立刻响起了一阵掌声，大家都非常激动。）

生2：大家好，这里是瑞士广播电台。我是播音员王敬文，现在向大家公布一个消息，请大家一定要关注。我们的朋友——燕子，它们从南方飞到我们这个寒冷的地方来了，这里气温骤降，燕子们又饥又冷，请大家赶快行动起来，去救护一些燕子，并尽快把它们送到车站吧！

师：这一次次播报，一声声呼吁，向我们道出了瑞士政府和人民对于燕子的关爱，这样的政府和人民令我们深深地敬佩！

【教学点评】

在这个教学片段中，政府呼吁人们立即行动起来，寻找燕子。课文并没有具体说电视广播是怎样去呼吁的，老师正好抓住这一空白，引导学生进行了独白言语练习，从而让学生既深刻体会到瑞士政府和人民对于燕子的关爱，又在对阅读文本的想象中，训练了口语表达的能力。

（二）小学生内部言语的发展阶段

内部言语是伴随着思维活动产生的不出声的言语，具有隐蔽性。

内部言语的发展阶段包括出声思维阶段、过渡阶段、无声思维阶段。

低年级小学生处在出声思维阶段，主要特点是由于年龄偏小，还不善于思考问题，只能借助出声来厘清思维，渐渐地培养内部言语能力。经过一个更加复杂的过渡阶段，到中高年级，则发展为不需要出声就可以较好地进行思维，并形成且渐趋完善内部言语的运行机制。当然，根据目前的语言心理学研究成果来看，人的内部言语发展是一个伴随终身的过程。

请看一位教师执教的人教版六年级语文上册中的《我的伯父鲁迅先生》。

【实录片段】

师：同学们，在周晔10岁的时候，伯父就是伯父，跟任何人的伯父一样和蔼可亲；在周晔19岁的时候，她开始明白伯父不是一般的伯父，跟任何人的伯父都不一样，面对敌人，伯父是世界上骨头最硬的伯父。如今，"伯父"离开我们已经整整70年了，但是"伯父"的音容笑貌却依旧留在我们的心间。请大家看荧幕。请结合今天的学习，试着把上面省略的内容补充完整，使其成为一句话。

［课件出示：

(1) 每当看到伯父送我的《表》和《小约翰》两本书，我的耳边就会响起……

(2) 每当我看到伯父遗像上那又扁又平的鼻子，我的眼前就会浮现……

(3) 每当我看到风雨中那些奔跑的疲惫不堪的车夫，我的脑海中就会浮现……

(4) 每当我遇见阿三，我就会情不自禁地想起……］

（生自由准备。）

生1：每当看到伯父送我的《表》和《小约翰》两本书，我的耳边就会响起伯父"哈哈！还是我的记性好"的声音。

生2：每当我遇见阿三，我就会情不自禁地想起伯父深夜一边咳嗽一边写文章的情形。

生3：每当我看到风雨中那些奔跑的疲惫不堪的车夫，我的脑海中就会浮现伯父那一声深深的叹息。

生4：每当我看到伯父遗像上那又扁又平的鼻子，我的眼前就会浮现主席的那一句话"鲁迅的骨头是最硬的"。

【教学点评】

这位教师结合整堂课所学习的内容，向学生布置了扩句练习。这个练习的过程就让学生们体会无声思维,学生的内部言语也得到了较好的锻炼。

在教学过程中教师应重视发展学生的内部言语,启发学生独立思考。提出问题后,先让学生想一想,不要求学生立即回答,有意识地引导学生去思考问题。在要求学生解决一些难题时,可先用例题引导,尽量避免学生在思考中产生出声言语。内部言语的发展能促进学生逻辑思维能力的提高、在这方面的研究还有待深入拓展。

课后练习:

请你读一读下面的《少年闰土》教学实录片段与执教者关于文本解读及教学课例的具体分析。思考:如何在文本言语的阅读教学中,激发学生的内部言语机制并使其模仿、迁移和表达,完成言语的摹写与创写?

【实录片段】

师:这是小说《故乡》的开头,咱们读读。

(出示句子:

我冒了严寒,回到相隔二千余里,别了二十余年的故乡去。

时候既然是深冬;渐近故乡时,天气又阴晦了,冷风吹进船舱中,呜呜的响,从篷隙向外一望,苍黄的天底下,远近横着几个萧索的荒村,没有一些活气。我的心禁不住悲凉起来了。)

师:说说你的感受?

生1:作者小时候是非常痛苦的。

生2:他小时候非常穷。

师:仔细看,这里有没有说他小时候?用一两个词说说你读这段话的感受。

生3:读起来有种悲凉的感觉。

生4:老师,我想用一句话来说。我觉得时隔二十余年,村庄的一切都变得荒凉起来。

师:你的感觉用一个词语来说,就是"物是人非",是这样吗?

生4:是的。

生5:我觉得作者的故乡有点灰蒙蒙,死气沉沉的。

师:看来,你们对文字有着非常敏锐的感觉。但是当小说中的"我"回到家,和母亲聊起闰土的时候,脑里闪现出的却是这样的画面(出示第一段)。请你们自由朗读这段话,轻轻地、慢慢地读,读出你们自己对这段文字的感觉来。

（生自由读。）

师：你对哪一句最有感觉？带着你的感觉朗读。

生6：我对第一句特别有感觉。（读）“深蓝的天空中挂着一轮金黄的圆月”，让人有一种梦幻般的感觉，让人非常想往下读，很吸引人。

师：梦幻般的感觉，可真好，读出你的感觉吧。

（生6深情朗读第一段：深蓝的天空中挂着一轮金黄的圆月，下面是海边的沙地，都种着一望无际的碧绿的西瓜。其间有一个十一二岁的少年，项带银圈，手捏一柄钢叉，向一匹猹尽力地刺去，那猹却将身一扭，反从他的胯下逃走了。）

师：听，深蓝的、金黄的、碧绿的，这是一个多么美丽的月夜呀，谁也有这样的感受？请你读。

生7读：（略）

师：你的朗读也让我感受到了这份美丽与宁静。咱们一起读。

（生齐读。）

师：有对别的句子有感觉的吗？

生8：我对这句话特别有感觉。（读）“其间有一个十一二岁的少年，项带银圈，手捏一柄钢叉，向一匹猹尽力地刺去”，在夜深人静的时候，他能向一匹猹尽力地刺去，我觉得他特别勇敢，通过作者这些生动的语言，我仿佛身临其境。

生9：我有补充。我也是从这句话中感觉到，闰土是一个聪明能干、机智勇敢、活泼可爱的男孩。

师：小小年纪，就能在月夜里独自去刺猹，难怪你们要说他勇敢、机智。一起读这句话。

（生齐读。）

师：有对猹感兴趣的吗？

生10：猹是一种野兽，野兽尖牙利齿，有点可怕，这样写更衬托出闰土的胆大。

师：你感受到了猹的凶猛、狡猾，还读懂了作者衬托的写法，了不得。咱们一起来读读。

（生齐读。）

师：身子一扭就从胯下逃窜了，可真机灵。这个“扭”和“胯”都是生字，都是左窄右宽的字，把字写漂亮也很重要（板书：扭、胯）。这猹可真够机灵的。看，美丽宁静的月夜，勇敢的少年、狡猾的猹构成了美丽而又神秘的画面。咱们配合着来读读这段。女生声音好听，读第一句，男生读第二句，我就读写猹的这一句。

（师生配合读。）

师：同学们，如果说作者初回故乡，感觉一切都是死气沉沉的，那么这画面给你的感觉是什么？

生11：与死气沉沉相反，是活灵活现、生机勃勃的。

师：如果说作者初回故乡，画面那么灰暗，那么悲凉。那么这画面是……

生12：是生机勃勃、活灵活现的。

师：如果前面说是灰暗的。

生13：那么后面就是光明的、梦幻的。

师：光明的、五彩的，可以这样说吗？如果说作者初回故乡，感到失望，那么想起闰土，他会……

生14：他会惊喜。

师：还有谁想补充的？

生15：我觉得他会十分兴奋。

师：还有一点点的希望吧。这样对比着读，我们可以更加深刻地理解课文，这是阅读的一种好方法。来，让我们在音乐声中感受这美丽的画面。

（生配乐朗读。）

师：随着这画面的浮现，儿时与闰土相处的点点滴滴瞬间涌到了作者面前，也就是文中的"我"的眼前。咱们的课文就是小说《故乡》中的回忆的部分。而这部分也是整本小说中色彩最明丽、读起来心情最开朗的部分。预习过了，咱们一起读课题——

生齐：少年闰土。

【文本解读与课例分析】

选择：取舍有度，将"语用"进行到底！

要立足学段的要求，尤其注重段和篇的言语形式；要关注文本的独特性，选择文本独有的语言特色；要考虑学生的接受能力，选择有迁移价值的语用点。出于这样的想法，根据我的文本解读，我重点锁定课文第一段和描述闰土刺猹的语言两块内容，引导学生探寻、发现"语言的奥秘"，然后利用闰土对其他经历的描述，实现语言形式的"迁移运用"，展开教学。

片段一：品读，探寻文本最有价值的言语奥妙（第一段教学）。

（1）自由朗读第一段，这一段共有几句话？

(2) 你最喜欢哪一句？轻轻地、慢慢地再读读，读出你的感觉来。

(3) 出示：(　　)的天空中挂着一轮(　　)的圆月，下面是海边的沙地，都种着(　　)的(　　)的西瓜。其间有一个十一二岁的少年，项带银圈，手(　　)一柄钢叉，向一匹猹(　　)去。那猹(　　)将身一扭，(　　)从他的胯下逃走了。

你想读哪一句？从这些填入的词语中，你感受到了什么？(学生分别填空并朗读这三句话，引导其从中体会月夜的美丽宁静、闰土的勇敢敏捷、猹的机灵狡猾。)

(4) 三句话能不能调换顺序？为什么？(引导学生发现"景—人—物"的写作顺序。)

(5) 宁静的月夜，勇敢的少年，狡猾的猹，组成了这幅美丽而又有神秘感的图画。分角色读，注意节奏的变化。

第一段是课文最有价值的语用点，怎样才能把言语的奥妙教给学生？离开了文字的意义内容单纯分析语言形式，必定会导致课堂的枯燥乏味。理性的知识可以感性地教。在这个教学片段中，我始终以读为基本手段：在轻轻地、慢慢地读中体味语言的节奏，在填空式的读中感受语词的优美、准确，在分角色读中明确和强化"景—人—物"的写作顺序。在不知不觉中，学生走进了文本，理解了写作顺序的安排、词语的运用等言语的奥妙。

片段二：比较、发现相关内容之间的内在联系(描述闰土刺猹的语言教学)。

(1) 作者关于闰土刺猹的美好想象来自哪里？找到相关句段并画出来。

(2) 细读、比较前后两段文字，也可以同桌讨论讨论，这两段话有什么联系？

(3) 闰土绘声绘色地讲述着，随着他的描述，"我"眼前便依次出现了这样的画面(师读闰土描述的句子，引导学生读第一段相关句子)。

(4) 两段文字写的是同一个画面，放在一篇文章中，为什么没有重复的感觉？

(5) 闰土为什么不说"深蓝的天空中挂着一轮金黄的圆月"？

(6) 闰土总是说"你听""你便""倒向你奔来"，究竟是谁在刺猹？这样说有什么好处？

两段不同的文字，其实写的是同一个画面，都有景有人也有物。但一个是作者的直接叙述，一个是作者借用作品中人物的语言来描述；一个写在文章开头，作为作者的回忆引出下文，一个是人物语言所描述的，用来表现闰土的能干、活泼。因此，两段话虽然描述的是一幅画，但却呈现出迥然不同的文字风格。在这个片段设计中，我多次采用比较的方法，引导学生揣摩语言的表达：同桌讨论找联系，发现两段话内容上的一致性，然后师生交互朗读，进一步深化这一认识；提问"为什么没有重复的感觉”,引导学生探寻用不同的语言表达相同内容的区别;最后两问,则指向如何根据语境的需要来选择语言的表达形式。

片段三:仿写,实现语言文字运用方法的迁移。

(1) 闰土又是怎么描述他雪地捕鸟、海边拾贝、潮汛观鱼等经历的呢?找到相关句子并画下来,选择你最感兴趣的一处,绘声绘色地读读,像闰土那样把大家带到情境中去。

(2) 出示段落,指名朗读。其他同学闭上眼睛听。

(3) 你仿佛看到了什么?

(4) 雪后的空地,夏日午后的海边,潮汛将来的沙地,那是怎样的景象?闰土在做什么?那些鸟雀、贝壳、跳鱼儿又是怎样的?相信你们脑中已经有了鲜明的画面,请你选择一个场景,模仿第一段的顺序写一写,让这个画面在你的文字中定格。

语文教学最终的落脚点是语言文字运用,仿写是必要而有效的方法。利用课文中原有的材料,在朗读、想象的基础上获得写的“内容”,而之前学习中对语言形式的理解,包括写作顺序、语词的选择,则使写有了“形式”的支撑。

尝试:教学永远“在路上”……

这一回,课堂上围绕的不再是闰土这个人物,作者所写的文本成了师生议论交流的主要对象;这一回,课堂不再停留于“你读我读大家读”的“书声琅琅”,学生多了默读、静思、讨论、交流、抒写的时间;这一回,课堂不再一味营造“情意浓浓”的氛围,适时地做理性分析,适时地推敲辨析,让学生主动思考成为课堂的亮点;这一回,留给学生印象最深的是文学大家鲁迅的语言魅力,而不是闰土刺猹这个有趣的故事……

【答案提示】

(1) 言为心声,要让学生走进语言,先要让学生走进文本人物的情感世界,获得角色认同和体验。

(2) 语文课固然具有浓厚的情味氛围渲染之必要,但不宜过度,否则易滑入情味有余、言语学习的理性思考却不足的尴尬境地。一些言语知识的适时介入,同样可以帮助学生更准确、更有效地感知知言语的魅力。

(3) 在学生内部言语的酝酿、生成、外化表达过程中,仿写是开始,创造性表达是目标。强调“语用”是教师设计教学的关键。

【附　录】

韩国阅读指导专家南美英博士曾写过一本书，书名是《会阅读的孩子更成功》，里面有一小节讲的是“认知发展阶段的阅读”，作者对不同年龄段孩子的阅读特点进行了汇总。我们认为其归纳得很好，所以和大家一起分享。

低年级小学生的阅读倾向可以归纳为以下13类。

(1) 喜欢短篇，内容连续、完整的故事。

(2) 利用知识性儿童读物，或从直接观察中获得经验。

(3) 喜欢幻想性题材的故事。

(4) 能够了解简单的传记和历史故事。

(5) 喜欢用戏剧表演的方式来表达他看过的简单的故事。

(6) 喜欢用问答的方式来探讨故事的内容以及人物活动的细节。

(7) 期待故事情节中善有善报、恶有恶报的因果报应。

(8) 对儿童读物中所提到的规则感兴趣。

(9) 喜欢幽默、意外的故事结局。

(10) 喜欢字句活泼，内容变化大，充满热闹、愉快气氛的读物。

(11) 喜欢高声朗读。

(12) 喜欢介绍自然界、动物界的儿童读物。

(13) 喜欢介绍不同生活形态和自然环境的儿童读物。

中年级小学生的阅读倾向可以概括为以下15类。

(1) 开始发现阅读是一种享受，希望阅读时不被打扰，喜欢独自阅读或在笔记本上随意涂鸦写作。

(2) 有些学生因阅读能力与兴趣不断增长，变成一个“贪婪”的读者。

(3) 喜欢童话类儿童读物。

(4) 喜欢科学类儿童读物。

(5) 读完后，喜欢与他人讨论读物内容。

(6) 喜欢读伙伴读过的读物。

(7) 喜欢读描述他人受苦、哀伤的读物。

(8) 喜欢描写残疾人自强不息、身残志坚的故事。

(9) 喜欢传记类读物。

(10) 对描写历史、遥远的地方或未来生活情景的读物尤感兴趣。

(11) 喜欢节奏明快、刺激的故事。

(12) 喜欢神秘性、创造性的故事。

(13) 喜欢“如何做”“为什么”之类的儿童读物。

(14) 喜欢收集或与人交换儿童读物。

(15) 开始学会使用目录、索引和工具书辅助阅读。

高年级小学生的阅读倾向可以概括为以下 15 类。

(1) 喜欢阅读专门性的儿童读物。

(2) 喜欢阅读传记、游记类读物。

(3) 喜欢科幻小说。

(4) 喜欢优美短小的散文和言情小说。

(5) 倾向选择适合其兴趣爱好的儿童读物。

(6) 喜欢阅读介绍各行各业的读物。

(7) 喜欢阅读介绍两性差异和生长发育规律的读物。

(8) 喜欢阅读残疾人、孤儿等弱者奋斗成功的故事。

(9) 喜欢带有悲剧色彩的儿童读物。

(10) 对介绍不同人种、民族和国家文化的读物开始感兴趣。

(11) 喜欢从参考书、百科全书、书报杂志中吸取知识以弥补课本知识的不足。

(12) 读完后,喜欢与人讨论。

(13) 希望有独立的较长的阅读时间,不受人干扰。

(14) 希望有属于自己的阅读场所。

(15) 对艺术类书籍感兴趣。

第三章 不同文本的解读侧重与教学内容选择

第一节 阅读教学目标制订与教学内容选择

教学目标是教学活动的出发点和归宿，是教学活动的核心和灵魂。它决定着教学内容的确定与安排，教学方法的选择与运用，教学效果的优劣。因此，教师在备课的时候，应该首先确立教学目标，然后选择教学策略，拟定教学程序，开展为实施目标所进行的教学活动过程。

一、教学目标及其制订

（一）什么是教学目标

美国教育心理学家布卢姆认为，有效的学习始于准确地知道达到的目标是什么。教学目标，就是学生通过学习活动预期达到的效果标准。

关于教学目标的发展历程，可以简单概括为三个阶段："课程评价之父"泰勒针对20世纪初形成并流行的常模参照测验的不足，提出了以目标为中心的评价思想；[①]20世纪70年代布卢姆建立了认知、情感和动作技能三个领域的教育目标分类系统；21世纪初我国基础教育课程改革提出了"知识和能力""过程和方法""情感态度价值观"三个维度的课程目标。

① 拉尔夫·泰勒：《课程与教学的基本原理》，中国轻工业出版社2008年版。

(二) 教学目标如何制订

华东师范大学崔允漷教授说,因为教学目标是备课的必经之路。在每次翻教材、写教案时,它都是第一个被写下的。不过,也许正是在这无数次地重复当中,它慢慢地变成了一种不需要思考的"条件反射",成了可以跳过的摆设。[①] 现实中,不少教师对教学目标的制订,往往非常随意,特别容易陷入四大误区:割裂三维目标;语言表述啰唆;不符合学段要求;缺失语文本味。

请看以下两位教师制订的教学目标。

【目标 1】《和时间赛跑》(人教版三年级语文下册第四单元课文)

知识与能力目标:

(1) 认识 6 个生字,会写本课 13 个生字,能正确读写"忧伤、哀痛、持续、安慰、日月如梭、受益无穷、假若"等词语。

(2) 联系上下文或者生活经验,理解"日月如梭""受益无穷"等重点词句的意思。

(3) 有感情地朗读课文。体会时间的意义,懂得珍惜时间的价值观念。

过程与方法目标:

(1) 能正确读写"忧伤、哀痛、持续、安慰、日月如梭、受益无穷、假若"等词语。

(2) 体会珍惜时间的意义。

情感态度价值观目标:

(1) 有感情地朗读课文。

(2) 体会时间的意义,懂得珍惜时间的价值观念。

【目标 2】《棉花姑娘》(人教版部编本一年级语文下册第八单元课文)

(1) 认识"姑娘"等 7 个生词,会写"只、星"等 6 个生字。

(2) 有感情地朗读课文,分角色表演。

(3) 学生通过阅读课文,知道燕子捉在空中飞的害虫、啄木鸟捉树干里的害虫、青蛙捉田里的害虫、七星瓢虫吃棉花叶子上的蚜虫。

---

① 崔允漷:《有效教学》,华东师范大学出版社 2009 年版。

【目标评价】

目标1,从三个维度来制订并没有错,问题是教师在确定三维目标时三重并举,把三维目标分列开来,把三维目标当作"一样粗的三条线"。三维目标是一个整体,不能人为割裂成三大块。

目标2,"语文味"严重缺失。语文味即语文学科的工具性和人文性的和谐统一,也是情趣、意趣和理趣的和谐统一。尤其是教学目标的第三点,只是对课文内容进行分析,根本没有关注课文语言表达特色。依据这样的教学目标,所上的语文课一定不姓"语"。

教学目标的制订,要依据学段目标,体现文本特点,根据学生基础,力求恰当、明确、全面,实现三维目标的整合。

《义务教育语文课程标准》(2011年版)明确指出:语文课程是一门学习语言文字运用的综合性、实践性课程。义务教育阶段的语文课程,应使学生初步学会运用祖国语言文字进行交流沟通,吸收古今中外优秀文化,提高思想文化修养,促进自身精神成长。

因此,当教师在制订一篇课文的教学目标时,首先要关注的是这篇课文所在的学段、单元,正确把握学段目标,然后对教材文本进行深入解读,准确把握学生的"学习起点",科学地制订教学目标。

比如对于人教版四年级语文下册中的《乡下人家》一文,教师在制订教学目标时,首先要仔细阅读《义务教育语文课程标准》(2011年版)中第二学段的"阅读"目标,现将其部分摘录如下。

(1) 用普通话正确、流利、有感情地朗读课文。

(2) 初步学会默读,做到不出声、不指读。学习略读,粗知文章大意。

(3) 能联系上下文,理解词句的意思,体会课文中关键词句表达情意的作用。能借助字典、词典和生活积累,理解生词的意义。

(4) 能初步把握文章的主要内容,体会文章表达的思想感情。能对课文中不理解的地方提出疑问。

(5) 能复述叙事性作品的大意,初步感受作品中生动的形象和优美的语言,关心作品中人物的命运和喜怒哀乐,与他人交流自己的阅读感受。

那么,《乡下人家》可以教什么?特级教师刘晶对本文教学目标的制订就努力实现了三维目标的统一。

【教学设想】

《乡下人家》是四年级语文下册第六组“走进田园、热爱乡村”中的一篇精读课文。这篇课文，作者紧扣“独特、迷人”，描绘了六幅描绘田园风光的画，展现了乡下人家朴实、自然、和谐、充满诗意的乡村生活，表达了作者对乡村生活的热爱和向往，使读者如临其境、如闻其声、如见其人。

基于本组课文的编排目的和本文的特点，根据学生的学情和本课的教学目标及教学重难点，确定了在引导学生联系生活体验与文本对话的过程中，落实词语理解、朗读训练、写法提炼和迁移运用的教学流程，让学生在潜心品味语言、感悟语言魅力的过程中，丰富自己的语言积累，实现语文的工具性与人文性的统一。

【教学目标】

(1) 会认 5 个生字，会写 14 个生字，理解、摘录、积累好词佳句；正确、流利、有感情地朗读课文，背诵自己喜欢的部分。

(2) 经历读课文、想画面、了解课文大意的过程；在感悟及品味、运用语言的实践中，了解课文的叙述顺序，学习作者通过描写和乡下人家密切相关的景、物来抒发情感的表达方法。

(3) 感受乡村生活的美好，体会作者对乡村生活由衷的热爱之情。

【教学重难点】

在看似平淡的文字中读出美感，感受语言表达的魅力，体会平凡的事物、普通的场面展现出来的乡村生活的美。

二、正确表述教学目标

我们常用 ABCD 法来表述教学目标，即用主体(audience)、表现(behavior)、条件(condition)、程度(degree)四个要素来表述。

(1) 行为主体。教学目标描述的是学生的行为而不是教师的行为。撰写教学目标时，通常省略行为主体。

(2) 行为表现。由行为动词和结果构成，要说明通过学习后，学生能做什么。

(3) 行为条件。具体说明学生在何种情境下表现行为。

(4) 行为程度。通常是规定行为在熟练性、准确性、完整性、时间限制等方面的标准。

教师必须用明确的语言描述学生通过学习后行为发生的变化,使教学目标具有可操作性;教学目标也应具有完整性,它的"知识和能力""过程和方法""情感态度价值观"三个维度,必须相互渗透,融为一体,教师在制订教学目标时要避免顾此失彼。

比如人教版三年级语文上册《灰雀》第一课时的教学目标可以这样制订。

(1) 正确认读本课5个生字,会写本课生字。能用直观、演示的方法理解"胸脯、婉转"。

(2) 能正确朗读课文。以"列宁、灰雀、男孩"三者关系为线索,厘清课文内容,并说出课文写了一件什么事。

(3) 体会列宁喜欢灰雀、热爱自然的情感,初步感受列宁对儿童的爱护。

特级教师沈大安整理、归纳了教学目标表述的常用术语,如表3-1所示,教师在制订目标时可参考。

表3-1 表述教学目标的常用术语

知　识	读准、会写、认识、了解 学会、熟记、把握、获得 分、区分、判断、掌握 使用、运用、展示
能　力	倾听、观察、发现、捕捉、收集、选择、提取 复述、朗读、背诵、写出 推想、揣摩、想象 表达、转述、讲述、扩写、续写、改写、修改
过程和方法	参加、交流 感受、尝试、体会、体验、积累、收藏 讨论、探讨、沟通、分享、发表意见、提出问题 策划、合作、组织、制订计划
情感态度价值观	愿意、接受 有兴趣、喜欢、乐于、有……的愿望 体会、感受、体味、领悟、理解(别人)、辨别(是非) 欣赏、尊重、关心、敢于、抵制、养成

三、阅读教学的内容选择

就教学的有效性而言，课堂上教师教什么比怎么教更重要。王荣生教授在《语文科课程论基础》中提到，语文课“好课”的最低标准，一是教师对自己的教学内容有意识，即知道自己想教什么，在教什么，并且知道自己为什么教这些内容；二是一堂课的教学内容相对集中，使学生学得相对透彻。

有人因此把阅读教学分为三种水平。

第一种水平：教一篇课文，知道一个故事。这样的教学，根本没有迈进语文的“门”。

第二种水平：教一篇课文，明白一个道理。这样的语文课不姓“语”，更像思想品德课。

第三种水平：积累语言，形成能力，发展思维，陶冶情操。这才是真正意义上的语文课。

在全国第七次阅读教学研讨会上，时任中国教育学会小学语文教学专业委员会理事长的崔峦先生做了以“和‘内容分析’式的阅读教学说再见”为题的讲话。他说：“要找准教学的起点。任何一堂课都不应该从零开始。要关注学生初始的阅读体验，应以自读后的初步感受为教学的起点；要针对学情，确定学习目标，精选学习内容。要相信学生的理解能力，少做无用功。”

语文课阅读教学的内容应该包括以下几项。

1. 积累和运用语言

语言是人类交流思想、沟通情感的工具。语言是约定俗成的，是有规律的，小学语文教学的重要任务是让学生掌握汉语表达的基本规律。学语文首先是学语言——学习正确理解和运用祖国语言文字。学习语言，一要熟悉并运用约定俗成的语言规则，二要形成和发展学生的个体言语。语文课必须引导学生发现和运用语言规律，引导学生说规范的语言，欣赏典范的文学语言。

语文教材以文学作品为范文的主体，可以让学生学到更好地传情达意的语言、独具个性的表达。如人教版四年级语文上册中的《鸟的天堂》，作者是著名作家巴金，课文语言优美。针对课文中的这段话：“我们继续拍掌，树上就变得热闹了，到处都是鸟声，到处都是鸟影。大的，小的，花的，黑的，有的站在树枝上叫，有的飞起来，有的在扑翅膀。”教学时，可以这样设计流程：

(1) 轻声朗读。再读此段,请注意画横线的词语。

我们继续拍掌,树上就变得热闹了,到处都是鸟声,到处都是鸟影。大的,小的,花的,黑的,有的站在树枝上叫,有的飞起来,有的在扑翅膀。

(2) 完形填空,尝试朗读。

我们继续拍掌,____变得热闹了,到处都是__声,到处都是__影。__的,__的,__的,__的,有的________,有的______,有的________。

(3) 迁移练习,仿照这段话的方式说一件自己做的事情(先小组讨论,后交流)。

(4) 再次背诵原文。

(5) 总结模仿的写作意义——学习对场面的描写。

2. 培养阅读能力

阅读教学虽然具有积累语言、学习表达等多种功能,但它的核心任务是培养学生的阅读能力。阅读教学的目的不是读懂"这一篇"课文,而是通过一篇篇课文的阅读,掌握阅读方法和策略,形成独立阅读的能力,最终实现"不教自能读书"。

教师应该认真阅读《义务教育语文课程标准》(2011 年版),准确把握各学段的阅读能力培养要点。如我们梳理了第三学段阅读能力的要点。

(1) 了解文章的表达顺序,体会作者的思想感情,初步领悟文章的基本表达方法;在交流和讨论中,敢于提出看法,做出自己的判断。

(2) 阅读叙事性作品,了解事件梗概,能简单描述自己印象最深的场景、人物、细节,说出自己的喜爱、憎恶、崇敬、向往、同情等感受;阅读诗歌,大体把握诗意,想象诗歌描述的情境,体会作品的情感。

(3) 受到优秀作品的感染和激励,向往和追求美好的理想;阅读说明性文章,能抓住要点,了解文章的基本说明方法;阅读简单的非连续性文本,能从图文等组合材料中找出有价值的信息。

具体到某一篇课文,如人教版五年级语文上册《落花生》教学,阅读能力培养的要点应该包括:抓住文章主要内容;理解含义深刻的句子;提出疑问和发展创意;领悟文章表达方法(详略分明和借物喻人)。

3. 进行情感熏陶

价值观念缺失是现今社会之痛。语文教学要提升学生的情感态度价值观。但这种提升贵在体验和感悟,贵在"润物细无声"。

一篇课文可供选择的阅读教学内容很多,教师要懂得"取舍"。但是以下内容绝对不能"舍"。

(1) 与课程标准制订的学段目标和内容密切相关的内容;

(2) 一组课文的单元导语中提出的语言重点;

(3) 这篇课文特有的语言现象。

比以上内容更重要的是:教师必须准确把握"学情",即本班学生语文学习的实际水平。教师要经常思考,就这篇课文来说,学生的已有基础是什么,需要提升的是什么,学生感兴趣的是什么,学生可能犯什么错误。这是确定教学内容的一个很重要的角度。

阅读教学内容的选择,需要经历一个"由少到多"再"由多到少"的过程:先从字词句篇、听说读写等角度,尽可能全面地列出本课可以教学的内容,然后进行筛选。一般来说,一节阅读课的教学内容,宜少不宜多。

教师对阅读教学内容的选择,必须遵循以下几个原则。

1. 教学内容相对集中

教学内容少而精,是课堂教学的基本准则。如果教师上课时什么都抓,看起来什么都讲了,结果却是什么也没有教会。一节课只有约 40 分钟,能抓住两三点精讲就足够了。

2. 整合目标

教学重点可将语言习得、情感熏陶等目标完美结合。教师要尽可能选择教学重点内容,通过研读赏析,实现语言习得、形象再现、情感熏陶、教学方法学习等的一举多得。

3. 教学目标和教学内容互动

根据教学目标选择教学内容;选定教学内容后修改教学目标,不断考虑教学目标的合理性和内容选择的合适性。

课后练习:

请结合语文课程标准、教材特点、学段学生特点,为人教版六年级语文上册《詹天佑》一文制订适切的教学目标,然后分析应该选择哪些阅读教学内容。

第二节　基于文体的阅读教学侧重

曹丕在《典论·论文》中说:"夫文本同而末异,盖奏议宜雅,书论宣理,铭诔尚实，诗赋欲丽。”这是对文体发表的最早议论。《人民教育》2013 年第 6 期专设了“关注语文教学的文体意识”的话题。“编者按”提出：“自觉的文体意识不是单纯地具备某种文体知识，它是一种综合性语文素养。文体意识的培养不仅要清楚文体知识，更重要的是在语文实践中与体验、感悟、理解等语文素养相互连接、交叉、渗透，这样形成的文体意识才能更好地帮助学生阅读、写作和表达交际。”这里，从语文素养的高度，提出了文体应在学生语文素养积累过程中发挥应有的价值。

然而，当今小学语文教育还是高喊“齐步走”，众人同归，千篇一律，既没有因人而异，也没有因文而异，存在严重的划一化倾向。或许是因为人教版教材按主题单元组文淡化了文体意识，抑或是因为众多一线教师根本没有文体意识。其实，不同文体、不同类别的文章，在组织形式和表达方法等方面各有不同的特点，教师应根据课文的文体、类别设计不同的教学思路和环节，采用不同的教学方式，从而达到不同的教学效果。必须要让文体意识成为一种语文素养，在课堂上、在学生中生成和渗透。

在不同文体的阅读教学侧重研究中，我们将分别对写人类文本、叙事类文本、说明类文本、写景类文本、寓言、神话、童话、诗歌等小学语文教材中常见的八个文体进行阐述。

一、写人类文本

(一) 文体特征

解读文本发现，小学语文教材中的写人类文本以“写人记叙文”为主。写人与叙事是无法分离的，但写人的课文，以表现人物为重点。教材中以写人为主的记叙文大多记叙与人物紧密相关的事件(一人一事、一人数事)，凸显或集中表现人物的特点或品质。所写事件也都是为表现人物特点和品质服务的。

写人记叙文通过具体事件在我们眼前呈现出一个个面貌不同、性格迥异的人物形象，阅读时要注意通过人物的外貌、语言、动作、心理活动等细节描写体会这些人物的性格特点和精神世界。一些关键性词语或者理解起来有难度的句子，我们还要结合自己的生活经历和感受，或者在了解课文的时代背景的基础上琢磨。

学生的阅读是一个从整体到细化再回归整体的过程，细化的过程是学生阅读能力形成的关键。教师在教学过程中，应着重引导学生学会阅读课文的方法：知故事—识人物—明事理，即阅读写人记叙文时要知道课文讲了一个什么故事，随着事件的发展，逐步深入地认识人物形象，从而由这个人物的故事明白一些道理。

（二）写人记叙文的阅读方法

（1）初读课文，感知大意。写人与叙事是分不开的，人物的个性特点、思想感情都是在事件中体现出来的。

（2）了解人物的描写方法。常见的人物描写方法有：外貌描写、动作描写、语言描写、心理描写等。每个人物都具有自己独特的外貌、动作、语言和心理，通过这些描写，学生能够体会到人物的特点以及课文所要表达的中心思想。

（3）分析环境。这里的环境是指人物所处的环境。环境能够影响一个人的语言、行动、思想等，同时环境描写对人物还有衬托作用。

（三）写人类文本举例（以人教版教材为例）

（1）一年级：《王二小》《司马光》《手捧空花盆的孩子》。

（2）二年级：《数星星的孩子》《玩具柜台前的孩子》。

（3）三年级：《小摄影师》《好汉查理》《奇怪的大石头》。

（4）四年级：《为中华之崛起而读书》《那片绿绿的爬山虎》《小英雄雨来》《卡罗纳》。

（5）五年级：《地震中的父与子》《狼牙山五壮士》《杨氏之子》。

（6）六年级：《詹天佑》《我的伯父鲁迅先生》《少年闰土》《我最好的老师》。

（四）教学建议

1. 读懂故事

写人类课文往往是人不离事、事不离人，因此在阅读此类文章时首先要知道课文讲了什么事情。学生往往心里明白但是说不清楚，概括得不准确，要么把故事复述了一遍，要么说得不完整。教学中教师要不断探寻使学生读懂故事的方法，方法主要有以下几种。

（1）课题扩展法：借助课文题目，激发学生阅读期待，使学生思考文章写了哪些事情，写出了怎样的一个人，具体运用了哪些刻画人物的手法等。

（2）段意叠加法：概括各段的中心意思，累积段意，进一步从整体上理解文章的人物与事件所蕴含的意义，以及文章不同段落写法的勾连。

（3）信息重组法：以文本解读的一两个核心问题为牵引，梳理文章的若干重要信息，进而思考这些信息之间的逻辑关系，归纳文章的中心思想与人物形象的特征。

2. 体会人物形象

记叙文中的人物描写，是为表现人物性格、揭示作品主题服务的。学生阅读时只有通过了解人物描写的方法和作用，把握人物性格特点，才能深刻理解文章的思想内容。

(1) 抓典型事例：以文本叙写的主干事件、核心情节为解读入口，通过对具有刻画人物功能的有代表性的事例的分析，理解人物特征与文章主旨。

(2) 抓言行、心理：阅读重点落在关键人物的语言、行为梳理和心理分析上，探究文本写了人物的哪些内容，是怎样写具体、写生动的，写出了怎样的人物性格、人物形象。言为心声，人物的言语、动作、心理描写等往往折射出人物性格。教学中教师应抓住文章中人物的言行、心理等，使人物形象在学生心中逐渐清晰起来。

请看浙江青年名师罗才军执教的人教版六年级语文上册中的《少年闰土》。

【实录片段】

师：一起来见见那真实的闰土，让我们走进作者与闰土相识的片段，你看到了闰土吗？

(生读描写闰土的句子。)

(师出示句子：他正在厨房里，紫色的圆脸，头戴一顶小毡帽，颈上套一个明晃晃的银项圈……)

师：眼前的闰土，如果要你用一个词来形容他，你会用什么？

生1：健康朴素。

生2：天真可爱

生3：憨厚老实。

生4：淳朴天真。

师：真好，都能用这样的四字短语。请你选一个词写在句子旁边，老师也选一个写在黑板上(板书：淳朴天真)。

师：谁来读一读，读出闰土那股子憨劲儿、天真劲儿来！(生5读。)

师：从作者对闰土的观察和描写中，你发现了什么特点？(生若有所思)你可以回忆一下，通常我们要描写一个人的外貌，往往从什么写起？

生6：眼睛或者头发。

生7：眼睛。眼睛是心灵的窗户嘛！

师：没错。通常我们写人物外貌的时候都是从眼睛开始的，但是鲁迅先生不是这样写的。你发现了吗？(生齐说“发现了”，若有所悟)老师读到这里的时候，想起了中国著名的漫画大师丰子恺，老师带来了他的两幅画作！请看大屏幕（出示），你会发现这两位大师在描绘人物上有一个共同的特点。

生8：（仔细观察后）他们都没有细致描绘五官。

师：你这个发现真了不起！你看，两位大师都没有细致刻画人物五官。但是，我们读着这样的描写，看着这样的画作，有没有感觉到小孩的天真？有没有感觉到老人的悠闲、妇女的时髦？有没有感觉到闰土的憨厚淳朴？大师的描绘不仅特点鲜明，还非常传神，你知道为什么吗？

生9：因为他们都是抓住了人物最鲜明的特点来写的。

师：没错。抓住人物最鲜明的特点，哪怕只有寥寥数笔，也能写得活灵活现。对于鲁迅来说，与他年纪相仿的闰土，其最鲜明的特点不在眼睛、头发，而是海边农家少年独有的"紫色的圆脸""头戴小毡帽"和"明晃晃的银项圈"。因为这是跟他以及他的朋友们截然不同的，所以你的启发是……

生10：描写人物一定要抓住人物最鲜明的特点，不一定要从眼睛、头发开始。

【教学点评】

罗老师巧妙地引用丰子恺的两幅漫画，使得原本相对抽象的人物描写技巧，变得可触可观，激发了学生浓厚的学习兴趣。

本文节选自鲁迅的短篇小说《故乡》。课文通过"我"的回忆，刻画了一个见识丰富、活泼可爱、聪明能干的农村少年——闰土的形象，反映了"我"与他儿时短暂而又真挚的友谊以及对他的怀念之情。本课的教学重点可定为抓住对闰土的外貌、语言、动作的描写，体会闰土这一人物的形象特点。这一教学片段中，教师执教的是"描写闰土外貌"的句子。鲁迅先生在描写人物时，寥寥数笔，并无太多修饰语，就将这样一个活生生的人物形象勾勒出来。让学生通过朗读和对比，感知描写人物外貌的独特方法，体会"闰土"这一人物形象的淳朴天真。教学是直观、有趣、有效的，因为，本段的学习目标、学习重难点都落到了实处，学生有真切的体会和感悟。

二、叙事类文本

叙事类文本就是以叙事为主的一种文学作品。阅读叙事类课文可以荡涤学生的心灵，陶冶学生的情操，丰富学生的情感世界，帮助学生树立正确的情感态度价值观，进而实现对学生人文性的教育。同时，通过此类文本的学习，学生可以初步掌握叙事的基本方法，能够将生活中发生的事情叙述得完整、清楚、具体、生动，并在此阅读和仿写的过程中，较深刻地理解语言叙写事件的独特表现力和感染力。

（一）文体特征

小学语文中的叙事性课文，可分为叙事性记叙文和叙事性散文。

叙事性记叙文是以叙述和描写事件为主的一种文体。叙事性记叙文包括时间、地点、人物、起因、经过、结果等六个要素，叙述的方法有顺叙、倒叙和插叙三种。小学语文课本里的记叙文多数都用顺叙的方法，也有少量课文根据中心思想的需要，采用倒叙和插叙的方法。文质兼美的叙事性记叙文，结构简单而严密，语言准确、鲜明、生动，是培养学生读写基本功的好教材。

叙事性散文以记叙为主要表达方式，侧重叙述人物和事件的发展变化过程，抒发某种特定的感受和情思。教师在教学中应准确把握这一文体的特征，形成有别于其他文体的独有的教学思路与方法，提高学生感受、理解、赏析此类散文的能力。

（二）叙事性记叙文的教学建议

根据叙事性记叙文的特点和小学语文教学的目的与要求，教师在教学中应注意以下几点。

1. “披文入情”，从语言形式到语言内容进行文本解读

叙事性记叙文一般都有明确的中心思想，并表达一定的思想感情。中心思想和思想感情是蕴含在语言文字之中的。因此，教师在此类课文教学中就要注意引导学生通过语言文字理解文章的思想内容。

叙事性记叙文的教学，要抓住对表现中心思想有突出作用的词句和段落。如表现人物行动和心理活动的深刻生动的词句、人物的个性化语言、作者精辟的议论和抒情性的语句等，引导学生理解其深刻的含义，并认识它们对表达思想内容所起的作用。

例如人教版五年级语文下册中的《白杨》一课，文章开头讲了大戈壁的荒凉和白杨树的“高大挺秀”，接着说“一位旅客正望着这些戈壁滩上的卫士出神”。教学时就要抓住描写大戈壁和白杨树的词句，引导学生深入理解，展开想象，形成鲜明的对比，进而理解旅客“出神”时的内心活动。文中爸爸赞美白杨树的一段话，一语双关，是表达中心思想的重点段落，教师就要引导学生通过逐句朗读深入理解语言文字，了解白杨树的特点，还要进一步认识爸爸“表白自己的心”的深刻含义，从而使学生把握文章的中心思想，体会作者表达的思想感情。

叙事性记叙文的教学，只靠“理解”语言文字是不够的，还要注意引导学生去体会和感受。感受的最有效的方法就是朗读。不少文章字里行间蕴含着作者极其丰富的思想感情，教学时要抓住重点语句和段落，引导学生多读，使其在朗读中感受作者的思想感情，加深对语言文字的理解。从“披文入情”始，以“因情悟文”终，在“言语形式—言语内容”之间走一个“来回”，是语文阅读教学的基本要务。

2. 厘清作者的思路，训练学生的逻辑思维能力

一篇叙事性记叙文，不仅负载了丰富的思想内容，而且反映了作者表达思想内容的思路。为了使学生了解文章思路，提高阅读能力，并使学生在写叙事性记叙文时做到“有条理”。教师在叙事性记叙文教学中就要引导学生沿着作者的思路去理解课文内容，从而训练其处理文章材料、做好谋篇布局的逻辑思维能力。

作者的思路一般有纵向思路和横向思路。反映作者纵向思路的如人教版五年级语文下册第 16 课《桥》，其是按事件的发生、发展顺序记叙的。反映作者横向思路的如人教版六年级语文上册第 18 课《我的伯父鲁迅先生》，其是通过几件事，从几个方面表达中心思想的。

厘清作者的思路，可以从理解课文的层次结构入手，因为文章的层次结构是作者思路的表现形式。厘清了层次结构，弄清了文章先说什么、再说什么、最后说什么，再进一步分析作者在每一部分要说明什么，是怎样一步一步地通过文章的记叙表达中心思想的。这样，学生就掌握了作者的思路和如何围绕中心选择材料、安排材料。

(三) 叙事性散文的教学建议

寻文脉、品语言、立形象、悟情感，是阅读叙事性散文的锁钥。抓住它，就能体会这种文体的独特魅力。

1. 把握叙事线索，厘清行文脉络

叙事性散文往往有明晰的线索，用于联系事件和场面，是贯穿故事情节的脉络。它既包括事情发展的顺序，也包括作者思想情感的发展脉络。从线索入手，就可以准确把握文章大意，为学生体会作者情感提供有力支撑，还可帮助学生鉴赏作者谋篇布局的艺术特色。因此，把握叙事线索，是解读叙事性散文的关键。

例如人教版五年级语文上册中的《梅花魂》一课，“梅花”这一具有象征意义的特定事物，是贯穿全文的叙事线索。作者用这一线索，串起外祖父教“我”读唐诗宋词、因“我”弄脏墨梅图而生气、因年迈不能回国而哭泣、临别前送“我”墨梅图、开船前送“我”绣着梅花的手绢五件小事。“魂”作为文眼，是作者体会外祖父心灵世界的窗口。外祖父的情感发展线索，主要表现在三次落泪上：读诗时，无声落泪；不能回国时，呜呜哭泣；送别时，泪眼蒙胧。它们都表达出外祖父渴望回国返乡的强烈感情，为我们勾勒出一位眷恋祖国的海外游子形象。如果把五件小事看作事情发展的明线，那么外祖父的三次落泪则是藏在事情发展背后的一条暗线。一明一暗两条线索，互为映衬，将五个板块串联起来，表达出“眷恋祖国”这一深刻主题。由这两条线索切入，就很容易厘清行文脉络，领会作者看似平静的叙事中表达的深厚情感。

叙事性散文的线索是多种形式的，它可以是一个具体的实物，将各种人或事都集中到它的周围，以推动故事情节的发展；可以是某个特定的人物，按人物动作行为的变化、认知情感的发展来组织材料；也可以是时间的变化、地点的转移、空间的转换等。抓住这些线索，就能厘清行文脉络，把握内容梗概，落实“阅读叙事性作品，了解事件梗概”的课程目标。

2. 品味语言特色，揣摩表达技巧

语言优美动人是散文的特征，也是散文魅力所在。每篇文质兼美的散文，言语形式的运用上都有其独特之处。这些语言体现着作者的独特个性与审美情趣。教师在教学中要抓住典型的叙事片段，通过语言品读与体味，引领学生探寻文本表达的奥秘，揣摩作者的表达方法。

【案例片段】

人教版四年级语文下册中的《触摸春天》主要描写盲女孩流连花香、触摸蝴蝶、放飞生命的感人情景，字里行间流淌着作者内心的感动与震撼。可以这样品读。

1. 聚焦描摹场面的语句

(1) 课文哪些语句是写“我”看到盲童在花丛中穿梭，拢住一只蝴蝶，最后又将它放飞的情景的？默读课文，画出有关语句。

(2) 交流画出的语句，把所交流的内容串联成一段通顺的话。

(3) 用自己的话说说看到的画面。

2. 学习表达感受的方法

(1) 语段中其他语句写了什么？

(2) 自读课文，关注描写作者想法的句子，用一个词概括作者的内心感受。

(3) 以第四自然段为突破口，研究作者的内心感动、震撼是怎样表达的，他为什么会有这样的感受。可以用下面的填空题来引导：

作者看到________，他禁不住感叹________；看到________，他想到________。借此体会作者的感受是怎么表达出来的。

(4) 迁移学习：像这样把看到的、想到的结合起来写的段落，课文中还有几处？选一个这样的段落，找一找写感受的语句，看看作者为什么会产生这样的感想，可以用“看到……作者想到……”来说。

(5) 小结：只有真真切切地看到，才会引发这样真实的想法和感受。这才是真情实感，这才叫“有感而发”。

3. 练笔迁移，习得表达方法

请将此句补充完整：

蝴蝶扑闪着翅膀在空中划过一道优美的曲线，渐渐飞远。安静张着手指，久久伫立在花丛中。____

____

此外，特定的情感，往往需要特定的表达方式。例如人教版五年级语文上册中的《窃读记》一文，林海音巧妙地运用自语式的独白这一心理描写方法，生动地刻画了自己窃读的心情。“啊！它在这里，原来不在昨天的地方了。”“就像在屋檐下躲雨，你总不好意思赶走我吧？”再如《再见了，亲人》，前三个自然段写法相似，开头用诚恳的请求劝慰对方，中间追思由告别的情景引起的往事回忆，结尾用反问句抒情作结。这种“劝慰—回忆—抒情”的构段方式，首尾呼应，一唱三叹，恰好能表现出中朝两国人民的深厚情谊。

阅读叙事性散文要抓住语言表达特点，带领学生反复吟咏，细细咀嚼，发现语言之“形”，感受语言之美。学生这样品读语言，才能真正领略其独特的文学魅力，学习借鉴作者的表达方法。

3. 还原片段场景，把握人物形象

叙事性散文总体的艺术特征是：通过某些生活片段、生活图景或自然景色以及人物最突出的个性特征的刻画，塑造人物形象，从而抒发作者特定的感受。教学中要引领学生反复品读，展开想象，在脑海中还原作品描述的场景、画面，如临其境，如见其人，使散文中的人物“形象”栩栩如生地展现在自己面前。

例如人教版五年级语文上册中的《地震中的父与子》一课，父亲的形象集中在三个场景的描写中：面对废墟，坚定站立；不顾劝阻，坚持挖掘；夜以继日，伤痕累累。透过这三个画面，我们看到了一位了不起的父亲。怎样让父亲的形象在学生心中立起来呢？这就要在教学第三个场景时，指导学生展开想象，努力还原父亲不懈努力的画面。

当其他的家长都绝望地离开的时候，父亲在挖掘；当救火队长、警察都劝他离开的时候，父亲在挖掘；当人们都认为这位父亲因过于悲痛而精神失常的时候，父亲仍在挖掘。1小时过去了，父亲埋头挖掘，他在想（儿子在等着我，孩子的生命还有希望）；2小时过去了，父亲________，他在想________；8小时过去了，父亲________，他在想________；16小时过去了，父亲________，他在想________；24小时过去了，父亲________，他在想________；36小时过去了，父亲________，他在想________。

还原这一场景，是为了让学生想象父亲越来越累、越来越艰难的神态、动作，感受父亲越来越焦虑、越来越无助的心理变化。走进父亲内心，想象文字背后发生的事情，凸显的是一个锲而不舍、坚定如山的父亲的形象。这样，学生才能深入文章情境，将语言符号转化为视觉形象，生动鲜活的画面浮现在脑海中，更真切地把握人物形象。

4. 展开心灵对话，体会文章情感

叙事性散文中的情，是增强文本感染力的主要元素。教学叙事性散文，要准确把握散文特质，在情感上落脚，紧紧扣住情感这条线索，通过朗读想象、唤醒经验、体味感受、移情入境等方式，引导学生通过心灵对话，走进作者的情感世界，体验作者的感受情思，使自己的心灵与文本所传达的生命感受产生深层次的契合，最终实现深层次的情感交流与共振，从而感受到叙事性散文独特的情感魅力。

如人教版五年级语文上册第18课《慈母情深》一文，以“背直起来了，我的母亲。转过身来了，我的母亲。褐色的口罩上方，一双眼神疲惫的眼睛吃惊地望着我，我的母亲”这一组倒装排比句为教学着力点，引导学生反复诵读，从文中找出其他感人的细节，也用“________，我的母亲。________，我的母亲。________，我的母亲”的句式表达，感受作者看到母亲工作场景时的那份震撼，体会母亲用龟裂的双手掏出揉皱了的一元五角毛票给他，说“我挺高兴他爱看书”时的感动，体验“我”对母亲的无限感激、崇敬和深爱。此外，还可以通过介绍作者梁晓声所处的时代、他的生活经历等背景材料，使学生更深刻地把握作者寄托在文章中的情感。

出于表达的需要，叙事性散文往往会有意无意地留下一些叙述的空白。挖掘这些空白点，引导学生展开想象和联想，是使学生与作者心灵对话的有效方式。

三、说明类文本

说明文是以说明为主要表达方法的介绍事物、解释事物的文体。小学语文课文中就编入了不少说明文。学生通过阅读这类文章，不仅能了解各种说明方法，而且能在深入阅读文本的过程中学习说明文的语言特色，积累语言，增长知识。

(一) 文体特征

说明文讲求科学,所以用词精当,语言准确,以知识授人,知识性是它最大的特点。说明对象及特征、说明方法和说明顺序是说明文的要素。纵观当前小学语文教学的现状,大多数教师都觉得说明文较难把握,尤其是中高学段,由于课文篇幅较长,在有限的课堂时间里很难把握说明文教学的重点。很多教师容易把说明文上成自然常识课,或者不厌其烦地仅对学生讲解一些说明方法,例如列数字、举例子、打比方等。在对教学目标和教学内容都拿捏不准的情况下,教学方法的空洞单调也就自然使得课堂教学了无生趣,枯燥乏味,学生也就根本无法产生学习的兴趣,因此,直接导致说明文教学的效率低下。

(二) 教学建议

说明文的教学应该侧重什么方面呢?除了教学说明方法,还应关注以下三点。

1. 注重语言文字的品读,凸显文体与语体的不同特点

说明文语言的主要特点是准确、简洁。不同的文章,语言风格也不同,有的重在抓事物的特点,用简明平实的语言加以说明;而科学小品,讲究趣味性、文艺性,描写生动、形象。教师在教学过程中可以根据说明文语言的特点,引导学生深入阅读。

沪教版四年级语文上册中的《空气中的"流浪汉"》,是我国著名科普作家叶永烈写的一篇科普短文。请看下面这个教学片段。

【实录片段】

师:我们知道灰尘很小,它究竟有多小呢?请同学们读读课文第二段,画出课文中说明灰尘小的句子。

(生交流、朗读)

生1:灰尘很小,一千颗灰尘紧挨着排成队,也只有一厘米长,所以平时除非灰尘特别多,人们一般是不太感觉得到这些小东西的存在的。

师:同学们,一厘米有多长,请大家拿出尺来比一下。

(学生在尺上找到一厘米的长度。)

师:大家可以想象一下,一千颗灰尘紧挨着排成队,也只有这么长,可见灰尘真的——

生齐:很小。

(学生都睁大眼睛,惊叹灰尘的"渺小"。)

【教学点评】

这位教师用一把尺子将抽象的数字变得形象直观，从教学效果上看，学生非常惊讶的表情，也反映出学生们已经真正领会到了灰尘究竟有多么渺小，而文本中生动的语言如“紧挨着”“排成队”又是如此形象，教师抓住这些生动的语言，启发学生由这些语言生发出想象，自然将看似有些枯燥的说明文讲得饶有趣味了。所以，教师注重根据不同课文的不同语言特点来精心设计教学，或许就会事半功倍。

2. 关注作者的表达，体会语言的特色

说明文的教学不能停留在对内容的讲解上，教师应根据各学段学生的学习能力，引导其细读文本，发现表达的精准和妙处。教师应该有意识地引导学生把握作者的行文思路，体会用词的准确，体会标点的表达效果。

3. 抓住机会，积极实践

语文是一门实践性很强的课程。在说明文教学中，教师往往对于说明方法讲得面面俱到，而如何活用这些方法则很少涉及。这就好比一个游泳教练只讲游泳的知识而不让学泳者下水一样，学生很难从中学到真正的本领。在科普类说明文教学中，知识与能力是一只鸟儿的双翼，缺其一翼，鸟儿便会折翅。因此，在教学中，教师要千方百计地给学生提供语文实践机会，让学生运用习得的说明方法来练习如何更好地说明事物。

例如，有一位教师在教学人教版四年级语文下册中的《蝙蝠和雷达》时布置了这样的学习任务。

读写结合：

仿照课文第一、二、七、八自然段的写法，写一篇仿生学的小短文，按照“提出问题—揭开秘密—发明创造”的顺序来写一写。

从这则课例中我们不难发现，教师不刻意地讲科普类说明文的方法，并不等于就忽略了科普类说明文的文体特点。我们认为，科普类说明文教学的立足点在于让学生感性地“悟得”与“习得”。怎么悟得？怎么习得？这就需要通过列举有关数字、例子，让学生初步感受说明方法；通过比较、品析，让他们形象地感受说明方法；通过“语言转化”，让他们巧妙地习得说明方法。总之，要让学生在阅读理解的语文实践过程中活用说明方法，进而内化语言，迁移方法。这样的教学肯定比教师简单讲解“举例子、打比方、列数字”等抽象的概念要有意思得多，教学效果自然也会提高不少。

四、写景类文本

(一) 文体特征

1. 写景类文本在结构上讲究谋篇布局

小学阶段的写景散文结构清晰,层次分明,大多呈现出了总—分—总的结构。开头的自然段统领全文,然后分段叙述,用优美的语言写景或状物,最后一段总结全文,概述全文主旨,或以抒发感情的句子作结。但有少部分的课文是分总式或者总分式的结构,例如人教版四年级语文下册中的《乡下人家》就是分总式结构,课文的前几个自然段穿插描写了乡下人家的六个画面,最后一个自然段点出中心:“乡下人家,不论什么时候,不论什么季节,都有一道独特、迷人的风景。”

2. 写景类文本语言优美,运用多种修辞手法

教材上的写景散文文质兼美,语言风格多样。有的语言清新活泼,有的语言耐人寻味,有的语言凝练、富有节奏感……

写景类文本不仅语言优美生动,还运用了多种修辞手法,增强了语言的美感。比喻、拟人、排比等修辞最常见于小学阶段的写景散文中。人教版三年级语文上册《秋天的雨》中“秋天的雨,是一把钥匙。它带着清凉和温柔,轻轻地,轻轻地,趁你没留意,把秋天的大门打开了”,运用了比喻和拟人修辞手法,寥寥数笔,写出了秋雨的特点。“有的全身布满彩色的条纹;有的头上长着一簇红缨;有的周身像插着好些扇子,游动的时候飘飘摇摇;有的眼睛圆溜溜的,身上长满了刺,鼓起气来像皮球一样圆。”这是人教版三年级语文上册中的《富饶的西沙群岛》的选段,用了比喻和排比的修辞手法,各种各样的鱼跃然纸上。

优美的语言,既是训练学生朗读的好文本,又是学生积累语言、培养语感的好材料,教师用好这些语言材料,能使学生受到熏陶感染,促进学生语文素养的提高。

3. 写景类文本寓情于景

“一切景语皆情语”,如人在心情愉悦时,看到的景物往往是明丽的,而在情绪低落时,眼中的景物往往是灰暗的。因此,作者往往借助眼中的景物来表达自己心中的情感,把情感注入景物描写之中,达到感染读者的目的。

4. 写景类文本注重顺序安排

教材所选的写景文章,写作顺序都很明显。有的按时间顺序,如《美丽的小兴安岭》《火烧云》;有的按方位顺序,如《富饶的西沙群岛》;有的根据作者的观察顺序来写,即移步换景,如《长城》《颐和园》等。

(二) 写景散文的教学策略

写景散文的结构清晰,语言优美,条理清晰,抒发了作者的情感。基于写景散文的这些特征,在进行写景散文的教学时,教师应注意设定协调的阅读目标与写作目标,要同时兼顾工具性与人文性,既要引导学生学习文章的语言、结构与写作顺序,又要引导学生体会作者所表达的思想感情。那么,该如何把握这类文章的教学,使学生不仅能够积累优美的语言,学习篇章的章法、文法,还能体会作者所抒发的情感呢?下面就来谈谈写景散文的一些教学策略。

1. 精确把握思路——纲举目张

叶圣陶先生在《语文教学二十韵》中指出:“作者思有路,遵路识斯真。”“大凡读一篇文章,摸清作者的思路是最要紧的事,按作者的思路去理解,理解才能透彻。”同样,在学习课文时,摸清作者的思路为重中之重,循着作者的思路,抓住文章主线,引导学生自主阅读,做到纲举而目张。

(1) 理“脉”

理“脉”,即潜心于文本,把文章的结构、线索理清楚,再引导学生沿着文章的脉络,去阅读、去思考、去体味。那么,如何理脉呢?

在学生初读感知之前,可以先这样问学生:“如果让你来写这一种景物,你会按照什么顺序写?”紧接着给出初读任务:大声朗读课文,注意读准生字词,并且看看作者是怎么写的。然后让学生将作者的思路与自己作文的构思对比,课文思路清晰的特点就越发凸显了,学生再去理解课文的思路、脉络自然就容易得多,这比简单地让学生去“读读课文,想想课文都写了景物的哪些方面”这样直接的问法更能激发学生主动学习的意识。在比照中,长短优劣自然显现,学生就会从优秀范文中自觉学习、借鉴谋篇布局、遣词造句的好方法。

(2) 扣“眼”

文眼,是指点明中心的关键词语,抓住这个信息焦点,就能更好地理解全篇的意思。《乡下人家》最后一段是总结性的段落:“乡下人家,不论什么时候,不论什么季节,都有一道独特、迷人的风景。”教学伊始,教师便可将这句话拎出来,引导学生扣住“独特、迷人”学习课文,顺着文思细读课文:为什么说乡下人家的景色独特迷人呢?带着问题阅读文本,试图在阅读中思考解决问题,疑问中会有长进,这样才能真正让学生把文章读得是既“入乎其内”的真切,又“出乎其外”的清醒、自觉、自得。

2. 精心品味语言——入情入境

（1）揣摩词句

揣摩是指咀嚼品味、反复寻思，是一种高质量的感悟和体验，它能使学生准确、真切地感受到言语的深层意蕴和言语情味。反复品评，仔细玩味，日积月累，能使学生形成准确而丰富的语感。

（2）领略技法

写景类文章多有"意在笔先，神余言外"的意境和"若隐若现，欲露不露"的含蓄之美。这"若现欲露"的真面目往往是作者运用"特技"之所在，这一"特技"对抒发情感起到了强化作用，让学生在阅读中深刻品味深远的意义和丰富的内涵，获得美的享受。

请看特级教师李吉林执教的人教版四年级语文下册中的《桂林山水》。

【实录片段】

师：漓江的水不光静，不光清，还很绿。你们看这句——绿得像无瑕的翡翠。"翡"字上面是什么字，下面是什么字？

生1：上面是"非"字，下面是"羽"字。

师：翡翠是什么？

生2：是玉石。

师：预习得好。翡翠是玉石，这种玉石颜色很绿。玉石上面如果有一个斑，那叫什么？

生3：瑕。

师：漓江的水像一块玉石，无斑斑点点的叫什么？

生4：无瑕的翡翠。

师：像无瑕的翡翠，漓江的水就这么美。现在请女同学念，大家体会这种感情。（女生念课文。）

师：现在李老师另念几句写漓江水的句子，意思和书上的一样，只是说法不同。你们比比看有什么不同，哪种说法好。

漓江的水真静啊，静得你感觉不到它在流动。

漓江的水也很清，连江底的沙石也可以看见。

这里的江水又绿，绿得像无瑕的翡翠。

这样写美不美？为什么？

生5：书上用排比句，还用了感叹句。

师：书上用了排比句，什么是排比句？书上把写漓江水美的意思的内容，排成一串句子，这些句子的结构是差不多的。这样可以给我们留下很深的印象，这就是排比句。运用排比句，就把这种又静又清的气势写出来了。谁能把这种气势念出来？

（生齐念。）

【教学点评】

这是李吉林老师关于漓江水的特点的教学片段。李老师通过改变排比句式，让学生从具体语句的对比中，感受到排比句的修辞作用，并让学生品味到漓江水清、静、绿的特点，体会漓江之美。小学语文教学中的所谓"语文知识"不应该是"静态"的仅留给学生记忆的"死知识"，而应该是紧密结合具体实际的生动的文本范例。将"知识"融于对语言文字表达形式的阅读理解之中，如盐溶于水，知识已经化为一种真切生动的感性经验，是一潭活水，学生不必枯燥识记，只要会品读、会迁移运用，教师就实现了教学目标。像李吉林老师这样的修辞教学，显然做到了这一点，相信听过李老师课的学生以后碰到类似的文字材料，都会品读出其运用了什么修辞手法，更重要的是能够领会这一修辞手法的表达作用，而且，在自己的言语表达中，也会自觉地运用这样的"语文知识"，静态的知识就自然地转化成了动态的管用的"语文能力"。

（3）诵读涵泳

写景类文章因其语言具有形象、情感、节奏之美，很适合朗读。"书读百遍，其义自见。"在一次次的品读之中，文章的思想内涵和作者的情感就会被学生所领悟、感受，自然而然地陶冶了学生的思想感情，提升了学生的审美能力。

3. 精巧指导学法——举一反三

（1）学法迁移

教学过程中，教师不仅要引导学生把握规律性的东西，促进学生掌握学习方法，节省实际教学时间，提高教学效率，而且要提高学生的朗读、思考能力，培养他们自主阅读的良好习惯。

如《美丽的小兴安岭》一文的第二至五自然段，按照"春天—夏天—秋天—冬天"的顺序，具体描写了小兴安岭一年四季所具有的独特景观。教学这四个自然段，大可不必平均用力，宜选择一个自然段精心处理，而其余三个自然段，以学生自主阅读感悟为主，教师通过检查、及时鼓励，适当点拨即可。

请看特级教师林莘执教的人教版四年级语文上册中的《颐和园》。

【教学片段】

初读，抓脉络。

（1）都预习过课文了吧！颐和园给你留下什么印象？它是什么样的公园？（板书：美丽、大）

作者的感觉呢？在哪儿？（第一句）告诉你感觉，告诉你他的印象！一下子让你心中有了期待和憧憬！像这样总体描写感觉、印象的句子，作者总把它放在文章的——开头、结尾。

［为加深印象再读读“北京的颐和园是个美丽的大公园”。提示：强调哪个关键词？（美丽、大。）］

（2）既然是游记，一定、必然会告诉你作者浏览参观的顺序，你看——（出示句子：进了颐和园的大门，绕过大殿，就来到有名的长廊。）

像这样告诉你走的顺序、走的线路的句子，书上还有很多，再读读书，把这些句子找出来，画下来。

（出示相关句子：

进了颐和园的大门，绕过大殿，就来到有名的长廊。

走完长廊，就来到了万寿山脚下。

登上万寿山，站在佛香阁的前面向下望，颐和园的景色大半收在眼底。从万寿山下来，就是昆明湖。）

这样写有什么好处？（不乱、不碎、全面、清晰）

（3）总结规律。就这样带着你走、带着你游，这是写游记最基本的规律。板书：游览线路。再把这五句话连起来读一读，体会整体游览顺序。

（4）过渡。就这样跟着作者走了一遍，就这样结束文章，可以吗？（不可以，没有具体介绍，没有详细描绘。）

具体而生动地描绘景点是游记最重要的规律（板书：景点描写），这也是同学们觉得最难的地方。那我们今天就主要解决这个问题，看看作者是怎么具体描绘每个景点的。

【教学点评】

很多语文课所欠缺的就是这种教给学生找规律的学习方法。为何学生在习作中总是言而无序，就是因为学生不懂得如何按一定的观察顺序一一描述具体的事物。这里，林老师关注了课文作为一篇游记的文体特点，充分发挥教材的范例作用，让学生先画出描写作者参观顺序的句子，再将句子连起来读一读，在整体感受游览顺序的同时，感知写游记的基本规律，做到了授之以渔。

（2）语言迁移

要捕捉课文的空白点，精心设计语言训练点，帮助学生深入感悟并在实践中迁移语言。如人教版语文三年级下册中的《荷花》第三段，作者写道白荷花的姿态很多，但是并没有具体展开描写，这是一个空白点，可以让学生用“有的______好像______”来造句，这样的练习，既丰富了课文的内容，又提升了学生的语言表达能力，一举两得。

五、寓　言

（一）文体特征

人教版小学语文教材中的寓言有：

（1）二年级上册：《坐井观天》《我要的是葫芦》。

（2）二年级下册：《揠苗助长》《守株待兔》。

（3）三年级上册：《狮子和鹿》。

（4）三年级下册：《亡羊补牢》《南辕北辙》。

（5）四年级下册：《纪昌学射》《扁鹊治病》。

纵观人教版语文教材中的寓言故事，将寓言的文本特征归纳为以下几点。

（1）篇幅短小，对人们的教育和批评不是当面指责，而是寓于故事之中，发人深省。

（2）主题大多带有讽刺性和劝谕性。

（3）寓意于“言”，“言”此意彼，“言”小意大。

（二）教学建议

编者选编寓言的意图在于让学生了解寓言表达的特点，了解故事的内容，懂得故事中的道理，逐渐习得独立的阅读能力。一般而言，寓言的教学重点是引导学生在理解故事内容的基础上体会寓意，并能联系学习和生活实际谈感想。寓言讽刺的真正对象不是寓言本身的形象，而是现实生活中的某些人和事。小学生不易分清故事和含义，一些学生在学习寓言时，往往只懂得讲寓言的故事，而讲不出寓意，或将寓言的故事情节当成寓意，这就是寓言教学中普遍存在的“及表不及里”的现象，因此，可将寓言教学的难点设定为体会故事所讲述的道理。如何抓住教学重点，突破教学难点呢？

1. 循文设境，突出“趣”字

成功的教学需要积极创设情境，激发学生学习的兴趣。在教学中要通过恰当的方式激发学生的好奇心、探究欲，唤起学生学习的热情，让学生融入课文。

（1）形象有趣的导入设计

教学伊始，教师可以通过音乐、动画等多媒体手段激发学生的兴趣。如在教《守株待兔》时，先用多媒体播放全国优秀课本剧《守株待兔》的视频，剧中人物那可笑的打扮、夸张的动作、幽默的语言，能够迅速吸引学生，使学生对进一步了解这个人产生浓厚的兴趣。

（2）诙谐幽默的朗读示范

范读可以激发学生对课文的兴趣。教师范读时的表情、语气、语调作为一种信息传递给学生。在学生初次接触寓言时，教师根据人物的性格特征与语言特点，选择幽默、诙谐或夸张的语气示范朗读全文，能使学生迅速进入课文描写的情境中。

（3）身临其境的模拟表演

在学生熟读课文后，教师在课堂上创设课文情境，让学生自由组合，进行角色份演，能让学生真实地体验人物的情感。

2. 循文寻理，落实“悟”字

小学阶段的寓言故事看似通俗易懂，但字里行间却隐藏着深刻的寓意。在教学中，教师应引导学生充分通读全文，从课文的不同方面思考寓言的寓意。

（1）从题目处感知寓意

有些寓言题目本身就是寓言内容高度的概括。学生只要弄懂了题目的意思，也就大体地感知了寓意。

（2）于首尾处弄懂寓意

在寓言故事中，有的作者往往会在开头写几句暗示寓意的语句，有的会在结尾处加上一段简要的议论，让读者能够准确地把握故事的寓意。在教学中教师要引导学生找出这些关键语句，抓住言语精辟、思想集中展现的关键段落，让学生朗读、充分体会。如《南辕北辙》一文最后一段话是作者的议论，直接点出了寓意，在教学中，教师可以让学生反复读这段话，抓住“越……越……”这个句式，启发学生想象、说话：“马越强健，就越________；车夫技术越好，路上就越________；身上的盘缠越多，就越________。”这样，学生很容易认识到“如果方向错了，条件越好，就错得越厉害”的道理。

3. 循文习言，落实“练”字

（1）在概括、复述中实践语言

寓言故事短小精练，非常适合进行概括主要内容、复述故事内容的训练。如在《揠苗助长》一文的教学中，有位教师引导学生充分朗读课文后用“谁干什么，结果怎么样”的句式来概括课文的主要内容，最后再让学生加入自己的想象复述课文内容。在概括与复述中，锻炼了学生的语言组织能力，提高了语文学习的有效性。

（2）在补白、续写中实践语言

寓言故事有很多的“留白点”，这些“留白点”正是培养学生想象能力、进行言语实践的良好素材，教师可以设计续写、插写等练习。如有位教师在执教苏教版语文教材中的《自相矛盾》一文时，让学生为人物写反思。写反思有效地拓展了学生的想象思维，既增加了趣味，使学生明白了寓言的寓意，也让学生的语言能力得到了锻炼。

4. 循文而拓，落实“展”字

（1）“以篇带篇”

如《南辕北辙》一文中，魏国谋臣季梁为了劝阻魏王伐赵，以自己的经历讲出了“南辕北辙”的故事。教师可以把这个故事引进课堂，引导学生将理解寓意与阅读历史故事联系在一起。由一篇寓言带出一个历史典故，拓宽学生的阅读范围。

（2）“以篇带本”

现在小学各版本语文教材上的寓言多数选自《伊索寓言》《克雷洛夫寓言》以及《左传》《孟子》《韩非子》《吕氏春秋》《战国策》等历史典籍。在完成教学任务后，教师可以引领学生阅读这些课外读本，使语文知识纵横渗透。

请看薛法根、戴建荣两位老师对人教版二年级语文下册中的《揠苗助长》的不同演绎。

【案例分析】

同样的选择　异样的精彩

——薛法根、戴建荣《揠苗助长》教学片段赏析

周志平　黎建红

《揠苗助长》是一篇经典寓言，薛法根和戴建荣两位特级教师都执教过，有意思的是他们都把“揠”字教学作为一个重点，同样选择了指导学生讲故事这一教学手

段,但却有着完全不一样的精彩。

1.“揠”字教学

片段一:薛法根执教片段

师:上语文课首先要识汉字。(板书:日)认识吗?下面加个“女”,认识吗?在古代,这个字要读“yàn”,是安静、安宁的意思。

师:再加一个框,在古代这个框也是一个字,读“xì”,加框后还是读“yàn”,是把东西藏起来的意思。再加上提手旁,合成一个新的字“揠”,读作“yà”。(生读)

师:汉字非常神奇,有许多汉字是由一个个独体字构成的。

赏析:在上述教学片段中,薛老师善于根据汉字的特点,化繁为简,从“日”导入,通过“日—晏—匽—揠”的组合变化,讲解造字法,揭示规律,让学生饶有兴趣地牢牢记住了“揠”字和合体造字法。教学扎实而有新意,显示了他深厚的汉字学功底。

片段二:戴建荣执教片段

师:今天,咱们一起来学习一篇寓言故事,故事的名字是——

生齐:揠苗助长。

师:咱们一起来写这个“揠”字(板书:揠)。

师:“揠”真的是“拔”的意思吗?我们都玩过一个游戏,叫拔河,玩这个游戏怎样才算赢?

生1:把红旗拉过中间那条线就算。

师:对了,拔过中间那条线才算赢。看过《水浒传》吗?

生齐:看过。

师:好。你告诉我们,《水浒传》里有一个大力士叫鲁——

生2:鲁智深。

师:有个章回叫鲁智深倒拔——

生2:垂杨柳。

师:也就是鲁智深一口气就把这株杨柳树给——

生2:拔出来了。

师:这个“拔”字。必须要过这条——

生2:线。

师:出——

生2:土。

师：那才叫“拔”。这个“揠”，它只是轻轻地往上——

生3：提。

师：和“拔”相比，那就不过——

生3：那条线。

师：不出土的，对不对？它只是轻轻地往上——

生3：提。

赏析：“揠”在大多数教师的意识里就是“拔”的意思。但是戴老师却发现了它们之间细微的区别，通过点拨“鲁智深把杨柳拔得离开了泥土，这才叫‘拔’；‘揠’是把一样东西轻轻地提起来一点，但是不把它拔出来”，让学生对“揠”有了更准确的认识。教学可谓精彩。诚如特级教师周益民所言，戴老师所择取的“语文点”总是那么细微，细微到很多人常视而不见，见而不取，及至走入戴老师的课堂，才恍悟其间的价值。

2.“指导学生讲故事”教学

片段一：薛法根执教片段

师：故事不但要会读，还要会讲，请一名同学来讲一讲。

（生1借助文本讲故事。）

师：不错。第一次讲故事的人，叫故事新手。“兴致勃勃”这个地方要讲得精彩一点。

（师再请该生重讲指出的部分，师指导个别句子中的情感表达。）

师：谁再来讲？

（生2借助文本有感情地讲故事。）

师：这个同学能有感情地讲故事，他叫故事能手。比能手更厉害的叫故事高手。谁愿意做高手？讲故事讲究快慢，快的地方要读得快点，慢的地方要读得慢点。现在提高点要求，不看文本，根据六个词语把故事讲出来。

（课件出示：巴望、焦急、筋疲力尽、生机勃勃、纳闷、枯死。生3根据六个词语讲故事。讲时将“往上拔”说成了“往高拔”，师适时指出。）

师：比故事高手更厉害的是故事大王。再提高要求，讲得绘声绘色一点，可以发挥想象，讲得与别人不一样。谁来讲？

生4：我给大家讲的故事是……（该生讲得一般）

师：第一次做大王，感觉如何？谁还有什么想说的吗？

生5：大王还得加上动作。

师：真不错，刚才算是“小大王”，谁来做做“大大王”？

生6：要有表情有动作地讲故事。

师：大王终于出现了。每一个同学都可以做大王，自己在座位上讲一讲故事。

赏析：《揠苗助长》是一则寓言故事。薛老师提醒学生“学故事就必须先得学会讲故事”。为了鼓励学生讲好故事，他设计了有趣的考核标准，从讲故事新手到能手，再到高手和大王，能力逐级提升。学生的兴趣不断被激发，故事越讲越好。更可贵的是薛老师以亲切、幽默的语言及时评价，指导学生讲好故事。真实的指导过程让我们看到了学生的进步，他们一个个都从故事新手慢慢成长为故事大王。

片段二：戴建荣执教片段

师：注意速度，听我念——揠苗助长。

生齐：揠苗助长。

师：这只是在读词。如果要把这个故事讲给别人听，就要讲得吸引人。会讲吗？我来讲一遍——揠苗助长（声音示范：语调先低后高；动作示范：右臂伸向前下方，右手拇指、食指捏紧，然后轻轻向内上方提）。怎么讲的？

生1：揠苗助长（带动作读）。

师：还要有——

生2：表情。

师：对了！要有声音的变化。这就叫作讲故事，和读书不一样。咱们一起把题目讲给大家听。注意动作、表情和声音的变化。预备，起——

生3：揠苗助长（有动作、表情和声音变化）。

师：嗯！好极了！

……

师：读得不错。谁能把第一段像讲故事一样讲给大家听？要有动作、有表情地讲。古时候有个人……（示范表情、动作），你来讲。

生4：古时候有个人，盼望着自己田里的禾苗长得快些，天天到河边去……

师：到河边去看？不着急，着什么急呀？天天到田边去看。预备起——

生齐：天天到田边去看……（加手部动作）

师：谁能讲得比他更好？你来。

生5：古时候有个人，盼望着自己田里的禾苗长得快些。天天到田边去看。可是，一天，两天，三天……（手部动作：曲臂摆动）禾苗好像一点儿也没有长高（手部动作：向上伸臂）。他在田里焦急地转来转去，自言自语地说：“我得想办法帮它们

长。”(皱眉、声音拖长)(掌声)

师：这就叫讲故事，这就叫聪明啊！

……

师：同学们，这个寓言故事已经讲了几千年了，今天，还要再讲下去吗？

生齐：要。

师：要让我们的后人还能听到这个故事，还能明白这个道理。那我们一起讲吧！

(师指名四个学生分讲一到四段。)

赏析：戴建荣老师的“指导学生讲故事”环节被安排在三个不同的时段：一是指导学生用讲故事的方式读题；二是学习第一段后，指导学生讲第一段内容；三是课堂最后环节，指名四个学生分讲一到四段。在上述教学片段中，戴老师让学生用讲故事的方式来读题，并指导得十分到位，这让所有听课教师不禁眼前一亮。特级教师周益民对戴老师的这一特点有非常精辟的点评：戴建荣老师的课真正是需要“看”的，而且是需要现场看的。一般的文字很难复现他的课堂情境，视频则无法传递他的课堂情趣。因为，他的指尖、眉梢都在传递信息，他的一颦一笑、一指一点都在与学生互动。想想，光课题“揠苗助长”的朗读就该响起多少会意的笑声。戴老师在指导学生讲故事前，引导学生通过人物的语言、动作来体会“那个人”是个“急性子”，并充分运用朗读来表现。再加上戴老师那夸张、幽默的动作和表情的示范，学生把故事讲得有声有色自然也在情理之中。

两位名师采取“指导学生讲故事”这一策略，不但抓住了“故事”，而且很好地训练了学生的口头表达能力。同样是讲故事，薛老师发挥的是语言优势，通过语言的鼓励和巧妙的点拨来激发学生的兴趣，从而把故事讲好。而戴老师更多的是靠夸张、幽默的动作和表情的示范来引领学生把故事讲好。两位都各尽所长，演绎了不一样的精彩。

六、神　话

人教版教材中的神话以中国古代神话为主，如《盘古开天地》《神笔马良》《女娲补天》等，还选取了少量外国神话，如希腊神话和阿拉伯神话中的《普罗米修斯》《渔夫的故事》等。

(一) 文体特征

神话是人类征服、改造大自然的产物，也是人类幻想的产物。作为传承文化的重要载体，它孕育了各民族早期的文化，积淀着民族精神的最初的内在含义。对人类文明影响深远的神话，是一扇直接通向古代文明的窗户。透过它，今人与古人的精神相遇，从而闪现人类智慧碰撞的火花。

就文体来说，神话是属于民间故事的文学样式。有一个神奇的人物，有一种神奇的力量，有一些神秘的色彩，字里行间充满了想象的张力，是这类文体的共同特征。

就文字来说，神话语言大都准确、形象生动、节奏感强。因此，神话教学，要充分关注文体和语体特征。

（二）教学建议

针对神话的文体特征，我们提出以下教学建议。

1. 让神话与儿童精神世界相契合

神话是人类童年时期的产物，它是初民对自然现象和社会现象孩童般的原始理解，集中反映了人类童年时代的思维方式，展示了人类智力发展的起点。神话和儿童的精神世界是非常契合的。

如《盘古开天地》一课教学中，教师可以范读课文："很久很久以前，天和地还没有分开，宇宙混沌一片。有个叫盘古的巨人，在这混沌之中，一直睡了十万八千年。有一天，盘古忽然醒了。他见周围一片漆黑，就抡起大斧头，朝眼前的黑暗猛劈过去。"（伴随着东西炸裂的响声）然后请学生"抡"起大斧头，做"抡"的动作，引发学生的好奇心。在儿童看似"神奇"的课堂行为中，教师呵护与保持的是一颗童心，是一种与天地相往来的最古朴的精神，在技术文明与世俗欲望越来越左右我们生活的今天，这种原始混沌的心境尤显独特而可贵，也是小学语文教育的应有主题。

根据儿童发展心理特点，他们生活中的现实和幻想往往是很难截然分开的，他们靠幻想去填补客观事物认识的空白，也靠幻想去拉近自己和客观事物的距离。所以，教学中教师要引导学生从内心出发，使其在神话中与自己的童心、天性相遇。阅读神话，不仅可以发展儿童的语文素养，还能保持儿童可贵的童真。

2. 让儿童充分感受神话的神奇

神话是神奇的，神奇的人物、神奇的力量、神奇的器具，还有带给读者的神奇感觉。对这神奇的一切，儿童都有好奇心。因此，教师在执教过程中，应顺应童心，注重和儿童一起经历神奇，获取一种神奇的体验，表露自己对万事万物的好奇，和儿童一起分享神话中的"桃花源"。

请看特级教师张祖庆执教的人教版三年级语文上册中的《盘古开天地》。

【教学片段】

师：同学们，你们看到的神奇画面难道仅仅只是课文里所写的吗？仔细看，你还会看到更多的画面，大家想想盘古的牙齿、鼻子、耳朵、头发、眉毛、手指头、脚指头、骨骼、经脉等会变成什么？

［出示投影：

他呼出的气息，变成了四季的风和飘动的云。

他发出的声音，化作了隆隆的雷声。

他的双眼变成了太阳和月亮。

他的四肢，变成了大地上的东、西、南、北四极。

他的肌肤，变成了辽阔的大地。

他的血液，变成了奔流不息的江河。

他的汗毛，变成了茂盛的花草树木。

他的汗水，变成了滋润万物的雨露……

他的(　　)，变成了(　　)的(　　)。

……］

生1：他的五指，变成了壮观的五指山。

生2：他的胡须，变成了绿油油的藤条。

生3：他的鼻子变成了(迟疑地说)大大的山洞。

师：鼻子变成了一个又一个神奇的山洞！好奇特的想象啊！

生4：他的头发，变成了一棵棵小草。

生5：他的五个指头，变成了珍贵的民族饰品。

师：变成了饰品是吧，你的想象够独特的。

生6：他的胡须，变成了金灿灿的丝线。

师：哦，连金灿灿的丝线也变出来了！

生7：他的牙齿变成了美丽的星座。

……

【教学点评】

神话为学生们提供了灿烂的梦想天地。从学生的精彩发言中可以看出学生已经初步感受到了神话故事的神奇魅力，而且对神话这一特殊文学样式也产生了浓厚的兴趣。片段中，学生们在这个句式指导下进行想象性言说，他们言说时的语气、神态与言说“结晶”说明他们感受到了神话故事的神奇魅力，感受到了神话故事的这种叙述方式的独特魅力，这已经实现了张老师制订的一部分教学目标：通过想象朗读，品味语言，初步感受神话故事的神奇魅力和故事叙述方式的独特魅力，感受盘古的创造精神，激发对神话这一特殊文学样式的浓厚兴趣。

3. 让儿童与神话主人公“心灵相遇”

在儿童的世界里，这个世界的万物也都和他一样，是具有生命的。神话，对于儿童来说，是真正存在的。我们经常看到儿童对着自己心爱的布娃娃自言自语。在这样自言自语的过程中，他们扮演着心中故事的各种角色，所以，在执教人教版四年级语文下册《普罗米修斯》一课中普罗米修斯被锁在高加索山上这一片段时，特级教师虞大明有意创设体验情境，让学生们与神话主人公“心灵相遇”。

【实录片段】

师：是的，“我可以忍受各种痛苦”，普罗米修斯是这样说的，更是这样做的。快速浏览课文，找一找哪些句子是在写普罗米修斯忍受痛苦。

（生读书。）

师：有几个自然段？

生齐：三个。

师：快速读，你能不能用一个词概括地来说一说？

师：用一个词来形容普罗米修斯承受的是一种怎样的痛苦？

生 1：永无止境。

生 2：风吹雨淋。

生 3：难以忍受。

生 4：可怕。

生 5：撕心裂肺。

师：拿起你的笔，哪个词重点在写普罗米修斯忍受着这种痛苦，把这个词画下来。

（生边浏览边动笔画。）

师：选择一句反复地读，大声地读。（生读）

师：哪些地方是在写普罗米修斯忍受的痛苦是永无止境的？“永无止境”是你们说的词。

生 6：火神不敢违抗宙斯的命令，只好把……死死地……日夜遭受着风吹雨淋的痛苦……

（生 7 说生 6 的优点：他特别强调“死死地，风吹雨淋”这些词。）

师：他为什么特别强调这些词？“死死地”是怎样的？

生 7：一点都不能动。

师：难不难受？残不残酷？

师：风吹雨淋的痛苦，谁能说得具体些？（生有些茫然）

师：炎热的夏天，寒冷的冬天，你能说得更具体些吗？

生 8：寒冷的冬天结满了冰。

生 9：寒冷的冬天如刀割般寒冷。

生 10：炎热的夏天，烈日如火，炙烤着大地，也炙烤着普罗米修斯。

生 11：炎热的夏天把普罗米修斯的皮都烤焦了。

……

师：所有的这些痛苦，用一个词来概括，那就是“风吹雨淋”。

师：既不能动弹，也不能吃喝。一起读，读出普罗米修斯的痛苦，也读出我们心中的痛苦。

（师示范读后，生读。）

【教学点评】

这个片段，仿佛把我们带到了那个“可怕”的悬崖上。普罗米修斯遭受着常人难以承受的折磨，这其实是一种比肉体的摧残更可怕的精神上的折磨。但是从某种意义上来说，“惩罚”让普罗米修斯如此美丽，宙斯在惩罚着普罗米修斯，也在成就着普罗米修斯光辉的形象。虞老师的教学使学生在言语习得过程中，也习得了智慧与美德。

4. 让儿童感受神话语言表达的“诗意”

神话题材的课文因富于神奇的想象而充满魅力。而这种魅力，一方面有赖于想象，另一方面，更有赖于语言的“诗性”。但是在教学中，教师往往着力引导学生感悟故事本身的神奇，而忽视了语言表达的“诗意”。因此，教学中教师要透过对语言的品析，引导学生关注神话人物是如何被刻画的，使其感受神话语言表达的“诗意”。

七、童　话

小学语文教材中，童话所占的比重是比较大的，我们初步统计，人教版小学语文教材中选编的童话课文大约有 47 篇。可以分为两大类：一类是人物童话。如《卖火柴的小女孩》《七颗钻石》等，这类童话主要是揭露黑暗、同情善良的人、歌颂勤奋勇敢的精神。

另一类是动植物童话。动植物童话又有两种：一种是通过一个故事说明一个道理，可以称为说理童话，如《巨人的花园》《去年的树》《棉花姑娘》《纸船和风筝》《小猴子下山》等；另一种是通过一个故事介绍一些自然科学知识，这种童话又叫科普童话，如《要下雨了》《小壁虎借尾巴》《回声》等。

以上这些都是小学生喜闻乐见的童话文本。

（一）文体特征

童话是儿童文学的一种非常重要的表现形式，作者通过拟人和夸张等手法来塑造童话故事中各式各样的形象，故事的主人公大多是被“拟人化”了的。这种类型的课文通俗且充满智趣，文中的故事情节神奇有趣、形象生动。这些内容、情节都能让学生们从中得到情感陶冶和思想教育。童话中的用语风趣幽默、简单易懂，小学生读起来轻松舒适。同时童话语句简单，多用单短句，运用较多修辞手法，有比喻、拟人、夸张等，所以童话非常适合当作小学生学习语言知识的范例。另外，童话所包含的内容十分广泛，对小学生知识的积累、思想的启迪、心灵的熏陶、情感态度价值观的培养都有着无可比拟的巨大作用。

事实上，学生们在阅读童话的过程中，能够自由地想象，得到心灵的洗涤。因此，在小学语文教学中，教师应千方百计地教活、教好这类课文，有效地达成教学目标。华东师范大学教授吴玉茹讲过，师生共同学习一篇童话，就是要让学生知晓一个有趣的、有意义的故事，就是让学生明白故事中蕴含的道理，就是让学生学会故事情境中的一些表演策略……

（二）教学建议

1. 读——体会童话的语言美

“书读百遍，其义自见。”好的文章要多读才能发掘其精髓，感受其气韵。朗读是眼、耳、口、鼻并用的活动，能将静态的文字变成有声艺术。学生通过有声艺术将对文本的感悟表现出来，并从中受到熏陶和潜移默化的影响。针对一篇童话故事，阅读阶段可自读、精读和诵读。在教学过程中，教师可以抓住童话的语言特色引导学生感受语言美，让学生在读的过程中有所知、有所感、有所悟。

例如，人教版二年级语文下册《丑小鸭》的教学，教师应首先引导学生通过齐读、自读以及分角色读等方式品读文中描写丑小鸭的句子，如“丑小鸭感到非常孤单，就钻出篱笆，离开了家”，“丑小鸭望着洁白美丽的天鹅，又惊奇又羡慕”，等等。学生认真研究这些典型的优美语句，就会在读中感受到童话的语言特色美，进而透过语言深入文本去体悟作者的思想情感，实现学生与文本的对话交流。

2. 析——剖析童话的寓意

理解寓意是童话教学的重要内容。可以从分析故事情节中揭示寓意，可以从分析人物语言中揭示寓意，还可以从分析关键词语中揭示寓意。浙江外国语学院的汪潮教授在《基于学生核心素养的童话教学策略》一文中概括了以下理解童话寓意的策略，供大家参考。

（1）象征性理解

童话的基本思想是通过童话形象和童话故事情节表达出来的。童话形象是整个作品的核心，没有栩栩如生的童话形象，就无法把作品的基本思想生动、有力地传达给读者。象征是童话把幻想和现实结合起来的一种重要方式，也是童话创作的一种常用方法。童话中的人物形象常常是具有象征性的。为了表现某种性格或说明某个事理，作者从生活中找出某些人、物、现象甚至某种社会观念、性格、性质和特征，将其集中体现到童话人物身上，然后赋予他们个性，并使之依照这一个性去说话、行动，从而达到象征的目的。比如人教版四年级语文上册课文《巨人的花园》中的“巨人”就是一个典型的象征性人物，他知错能改，是一个有思想的“巨人”。而“花园”既是实物，也有象征意味。

（2）对比性理解

《巨人的花园》的显著特点，是运用对比的方法展开故事情节、揭示道理。文中有许多处进行了对比，例如，村子的景色和巨人的花园的对比；巨人砌墙与拆墙后花园情景的对比……正是在这些对比中，故事的情节变得跌宕起伏，故事所揭示的道理也自然地显现出来。

根据课文特点，围绕“对比”展开教学。如花园变化前后内容的对比，“冬天”性格的巨人和“春天”性格的孩子的对比，以及巨人醒悟前后的言行对比等。

（3）多样性理解

童话作品的阅读对象主要是儿童。教师不应该以自己的标准评判作品中的事件与人物，不该对作品进行过多的理性分析和议论。教师应该站在学生的角度去解读童话，陪伴学生们走进童话世界，与学生们一起分享其中的喜怒哀乐，而不是硬拉着学生的手把他们拖进自己所认为的“童话境界”。童话中一些深刻的东西，可以留待学生们在以后的人生体验中思索。

请看特级教师周益民执教的鲁教版六年级语文上册中的《皇帝的新装》。

【实录片段】

师：当游行结束，皇帝回到朝中，仔细想了这个事件的前前后后，心里窝囊透了，原来的论功行赏，最后变成了论罪行罚。这个事件中，谁是第一责任人？

生1：我们。我们骗了许多人。

师：他认为自己是骗子。

生2：我们。

师：你们是大臣。

生2：如果我们不告诉皇帝美丽的花纹，而告诉皇帝我们什么也没看见，皇帝自己去看也不会相信骗子。因为他自己穿衣服时，他也会知道什么也没看见。

师：你们觉得没告诉皇帝事情的真相。有道理。

生3：他们。

师：谁？

生3：大臣。如果他们不相信骗子的话，皇帝也不会相信。

生4：我觉得也是大臣。大臣是非常诚实的，是受皇帝信任的。如果大臣说什么也没看到，皇帝也不会相信骗子。

师：接下来说不同的观点。

生5：我们。

师：你们是皇帝。

生5：因为如果皇帝不爱美、不这么爱慕虚荣的话，就不会上骗子的当了。

师：还有没有不同的？除了皇帝、骗子、大臣，还有没有别的人应该负责任？有时事情发展往往是出乎意料的？

生6：皇帝会怪罪孩子，让他沿街扫地，因为他揭穿了皇帝没穿衣服的事情，皇帝一定会觉得非常窝火。

师：所以就决定——

生6：惩罚这个孩子。

师：你给他定个什么罪？

生 6：我觉得他应该会怪老百姓。老百姓不说自己不穿衣服的事，老百姓都不诚实。

师：我想听罪名。

生 6：我觉得这个皇帝为了穿衣服不惜花掉所有的财产，他会胡搅蛮缠，他肯定不知道定什么罪，只好定欺君犯上的罪。

师；那就是岳飞的罪名“莫须有”。

生 7：我想，一个小孩怎么可以侮辱圣上，他怎么可以说我没穿衣服呢？他是看不到我的新衣服的。

师：小孩啊，犯的是说真话的罪。同学们还要犯罪，还要治罪。说真话容易吗？

生齐：不容易。

师：所以说真话是了不起的，那个小孩了不起。许多大人在小孩面前是要脸红的，会感到自愧不如。

师：各位同学，咱们今天讨论了一个有意思的话题，有意思的故事。你们有没有想过，在故事的背后，在它不远处，还有一个人，还站着一个人？

生齐：安徒生。

师：就是故事的作者，他站在那儿，给我们讲述这个故事时，他脸上的表情是怎么样的？

生 8：应该是严肃的。

生 9：复杂的。他为诚实的小孩而高兴，很敬佩他，为皇帝感到脸红。

生 10：心情复杂，表情复杂。他也为大臣们感到脸红，他讲这个故事时，他为大臣们不说真话而感到脸红。

师：到底是一种什么样的表情？

生 11：我觉得他讲到皇帝时应该笑，但这种笑是嘲笑和讥讽。我估计他在讲到大臣时，他为大臣不说真话感到可悲。

师：可悲的表情应该是忧伤，严肃的表情可能是沉思的。

师：安徒生的故事是一个笑剧，是一个喜剧，说它是笑的，我们应该可以理解。但是为什么说它是沉思的、是忧伤的，这个问题可能就比较深奥了。也许现在你们还不能理解，但你们可以等到若干年后，再来思考这个问题。那我们就下课吧！

（学生深思。）

师：下课呀。

（学生还是深思。）

【教学点评】

阅读教学中教师的任务应该是，让学生充分地感知文本、走进文本，获得自我体验和感悟。在这一点上，应该说，周益民老师的课有独到之处，那就是“境由心生，从学生的生活体验引入课文主题，为学生进入课文情境做好铺垫”，“用各种途径如语言描述、音乐、绘画等营造意境”，“化而为鸟”（将自己变为其中的角色进入情境进行体验），“言语诉说”，“反身冥思”（从文本走出，走进作者的内心或者身边的世界）。周益民老师执教的《皇帝的新装》，让学生先阅读故事，再在了解故事的前因后果基础上，扮演其中的角色讲述故事，实录片段就是最后一个教学环节：让学生论罪行罚，谈谈谁是故事的第一责任人，判罪的话，会判谁的罪。基本的思路、基本的流程，让学生看到了文章精髓所在，引发了学生的思考。

3. 品——感受童话的想象美

童话是在现实生活的基础上，以符合儿童想象力的情节，采取拟人、夸张、象征等方法编织而成的一种富于幻想色彩的故事。所以，童话教学时应该在兼顾基本的字、词、句、段、篇的同时，着重于童话幻想性在人物、情节、环境等叙事文学要素上的反映和体现。教师应该引导学生在了解内容、学习语言的同时，丰富学生的想象力。

教师还可以抓住适合展开想象的句段，引导学生将语言文字转化为形象的画面，如《七颗钻石》教学时，可让学生通过读课文，在头脑中想象钻石变化的样子，发展学生的形象思维。教师还可以根据情节的发展，提出一些问题，让学生展开想象，如可设问：“为什么会有这些变化?”“为什么要写这些变化?”学生的合理想象，既能丰富对童话内容的理解，又能加深对童话思想意义的认识。

4. 悟——感悟童话的情感美

《义务教育语文课程标准》(2011 年版)中指出：培养小学生“喜欢阅读、感受阅读的乐趣，让学生在主动积极的思维和情感活动中，加深理解和体验，受到情感熏陶”。要使学生体验到童话故事的情感，教师就要运用各种手段来激发学生的情感，让学生发挥主观想象。如童话文本中的“空白”留给了读者想象空间和回味余地，教师在教学中要让学生在读的过程中抓住文本的空白，进行个性化的补白，通过发展思维能力、激发想象力和创造潜能，领悟童话世界的真、善、美。

例如，人教版六年级语文下册第 14 课《卖火柴的小女孩》，学生抓住环境描写的关键词，如“雪”“黑”“冷”等来体会小女孩的感受，从而引出小女孩的幻想，以及幻想破灭后的现实。教师通过提问引发学生思考：“假如有人来买小女孩的火柴，她最后还会不会死去？”学生在想象中续写童话，更能感受到小女孩的失望与惆怅，以及对小女孩冻死在大年夜产生悲愤之情。通过这样的语言实践，学生不仅能感悟到童话中的形式美与情感美，也能做到在读中感悟，在读中感知，在读中受到情感的熏陶。

总之，童话的幻想性魔力和优美的语言，在阅读教学中，教师要重视、凹显童话的魔力和优美丽语言。读—析—悟，都离不开学生想象、联想的参与，在“想”中将童话的语言文字变幻成情景、故事、人物、画面，是非常关键的一个阅读步骤。也只有在充分的“想”中，才有可能真的实现“分析与感悟”，让学生真正喜欢上童话阅读。

八、诗歌（以古典诗词为例）

（一）文体特征

对现代小学生而言，古典诗歌是陌生的，假如阅读时不借助资料或工具书，不少学生会不知所云。古典诗歌是中国文化的根脉和源头，要想学好中国语文，就必须掌握一定量的古典诗歌。国内各种版本的语文教材，都编排了古典诗歌，课程标准对此也有明确的数量要求。古典诗歌与现代诗歌的差异，主要表现在格式和语言形式上。读杜甫的《闻官军收河南河北》，如果只明白这首诗主要表达诗人听到胜利消息时的无比喜悦之情，而不清楚诗中哪几联是对仗的、何处是押韵的，那就没有完成教学目标。同样，学了《伯牙绝弦》后，如果只知道这是一个千古流传的关于知音的经典故事，而不清楚“善哉，峨峨兮若泰山”中“哉”“兮”的意思和用法，也是没有达到教学目标的。可以这样说，所有的古典诗歌教学，都要兼顾内容和形式。而且，诗歌的形式即内容，内容即形式，字、词、句、押韵、平仄、抑扬顿挫等形式层面的东西，都表达着诗歌情感思想的内涵，因此，包括诗歌在内的所有文本的教学，都绝不能够粗暴地将形式和内容“两分”，对短小精悍、浓缩洗练的诗歌来说，更是如此。

古典诗词由于年代久远，与小学生的生活经验又往往比较疏离，因此在古典诗词的教学中，适当地介绍创作者与创作背景十分必要。

（二）阅读诗词的基本方法

古人云：诗无达诂。诗词介于可解与不可解之间，因此，在此意义上，诗词的阅读教学方法很多，要因文而异，这里只提及主要的几种。

（1）诵读诗词，根据诗词停顿规律等学会恰当停顿，体会诗词节奏和音韵美；

(2) 借助注释和自己推想,读懂诗词意思;

(3) 利用生活经验补白想象,再现诗词描绘的生动画面与意境,感受诗词语言的生动性;

(4) 用捕捉诗眼词眼或"知人论世"等方法,深入体会诗词丰富的情意;

(5) 运用比较等方法赏析诗词语言,品味诗词语言的凝练与传神。

请看特级教师闫学执教的人教版四年级语文下册中的《忆江南》。

【设计意图】

由文字想画面,这大概是文本解读最常用的方法之一了。我们读着文字,脑海中就浮现出许多画面,这是我们走入这个文本的开始。当然,这些画面并不清晰、准确,甚至在很大程度上明显带有个人的印记,但文字无限的魅力也正表现在这里。因此,指导学生边读边想象画面,是文本解读极其重要的一种方法。

引导学生由词及画,想象明艳的江南。在诗人的记忆中,江南是色彩明艳的,那是读者可以直接从词中获取的属于诗人的印象江南。"日出江花红胜火,春来江水绿如蓝",这两句对仗极为工整,也正是诗人心中最美好的江南画面,那种在画面中透出来的活力、明快与蓬勃,是这首词成为经典的一个元素。让学生感受这种诗情画意,是后面两个板块中进一步感受诗人情感的必不可少的步骤。

【实录片段】

师:在读这两句词时,我们的眼前仿佛出现了非常美丽的江南画卷。如果此时再让你画一画白居易笔下的江南春景,你打算画什么,用什么样的颜色画?

生1:我要画江边红胜火的花,还有绿如蓝的江水和小草。

生2:我要画很多红胜火的花,倒映在绿如蓝的江水中,红绿相衬,非常好看。

生3:我要画日出的景象,红胜火的花倒映在水中,日出、红花形成一幅对比明显的图画。

师:他的图画中,又加了一个太阳!你为什么要加上太阳?

生3:因为这里写到"日出",应该是太阳刚刚升起来,所以太阳的霞光倒映在水中。

师:刚才大家为白居易画了一幅非常美丽的江南春景图。早晨的太阳照射着火红的江花，照射着一江春水，这一江春水是那样的绿、那样的宽广，这画面有红有绿，色彩是那样的鲜艳、明亮，这就是诗人笔下的江南。大家就想象着这明艳的江南画面，再来读读这首词。

【教学点评】

教师通过“想象”“诵读”，让学生初步感受“江南”的风景，那是诗人的印象江南，是一个美好的梦境。关键落在学生由文字描写所生发的画面想象中，“读—析—悟”都落实在“想”这一个字里。这是本片段教学较好地体现古诗词教学基本规律和一般流程的地方，从教学环节的丝丝入扣而言，这个环节的设计，是后两个板块的基础。没有这个基础，后续的理解就无法推动。

课后练习：

(1) 在语文教材中，除了古典诗词，还有大量的儿童诗歌。这些诗歌，具有明显的文体特征：饱满的儿童情趣，丰富的儿童想象，巧妙的诗意构思，天真的语言表达，优美的童稚意境。对于这样的体裁，应该怎样教学？请结合实践，谈谈你的想法。

(2) 推荐阅读：

①汪潮《不同文体教学》(上海交通大学出版社)；

②周一贯《文体大观》(上海教育出版社)。

第三节　基于阅读本位与写作本位的阅读教学侧重

阅读教学，到底是应注重阅读本位，还是应注重写作本位？这个问题一直存有争议。本节主要从阅读本位的教学侧重和写作本位的教学侧重之异同比较展开深入思考。

一、阅读本位

以叶圣陶先生为代表的持主流读写观的人认为“阅读是写作的基础”，“写作的‘根’是阅读”，“培养读的能力，也是一个目的”，“教师教得好，学生读得好，才能写得好”。[1] 可以看出，这一读写观是“阅读本位”的。中小学语文教材以文选来组织单元，配套写作练习，就是按照这一观念编写的。教学的中心是阅读，课堂教学以讲读、串讲课文为主，这种状况也是由这一观念决定的。这一观念从20世纪初开始逐渐形成，到今天已经成为教材与教学的“惯例”和教师的“共识”了。

（一）阅读本位的内涵

阅读本位，顾名思义侧重阅读，长期以来我国的语文教材、教法都是“重读”。而叶圣陶指出阅读教学有三重任务：“课程里讲读的时数多于作文的时数，是因为讲读负担着三重任务。讲读一方面训练了解的能力，一方面传播固有的和现代的文化，另一方面提供写作的范本。”[2] 阅读本位并不是“为读而读”，重在对于语言的教育、思想情感的教育、知识的教育和听说读写能力的教育，所以在教学时应该有所侧重。

（二）阅读本位的教学建议

1. 阅读达成的根本途径——历练

刘国正认为，“在一定意义上说，语文课是能力课”。提高语文能力的基本途径是“语文实践，即在阅读中学习阅读，在写作中学习写作，在听说中学习听说”。[3] 可以说，“在阅读中学习阅读”是阅读教学的实践策略。《义务教育语文课程标准》(2011 年版)也指出，要“在实践中学习和运用语文”。只有经过持之以恒的反复历练，才能使阅读成为高度自觉化的行为，才能使学生具备独立阅读的能力。

如何训练才能达成阅读目标呢？第一，必须讲求方法。叶圣陶先生曾说过：“知要真知，能要真能，那方法绝不是死记硬背，绝不是模仿迎合。就读的方面说，若不参考、分析、比较、演绎、归纳、涵泳、体味，哪里会‘真能’读？”因此，在阅读教学过程中教师应该“求甚解”，为了能够达到这个目的，可以分为两个步骤：第一，了解词句和辨明主旨。特别要指出，了解词句并非仅仅知道词句是什么意思，还要懂得在具体语境中词句的用法。第二，必须使种各阅读方法成为学生终身持之的习惯。因为对于阅读与写作来说，习惯都很重要，仅仅心知其故，而习惯没有养成，还是不济事的。

---

①② 叶圣陶：《叶圣陶教育文集》，人民教育出版社 1994 年版。

③ 刘国正：《实和活：刘国正语文教育论集》，人民教育出版社 1995 年版。

2. 阅读优化的动力源泉——驱力阅读

心理学研究表明，阅读的心理因素是多重的，包括理解、分析和判断等智力因素和动机、兴趣、意志等非智力因素。其中，非智力因素提供阅读的动力源，因而从激发学生的非智力因素入手来指导阅读训练，是提高阅读教学质量的一条重要途径。在阅读教学过程中，为了调动学生的学习兴趣，要排斥灌输式、注入式的阅读。那么，如何启发学生的内在动力呢？刘国正提出应将阅读的元素相关加以结合。譬如把阅读教学同学生的生活与思想结合起来，把阅读教学同学生的爱好和特长结合起来，把阅读教学同学生在一定条件下思考问题的兴奋点结合起来。为了实现上述几个结合，还要把课堂教学同课外阅读结合起来，从而使课内外阅读融汇成一个“里应外合”的教学整体，这样才能使阅读教学富有勃勃生机，并能开启学生“自身的马达”，使其真正养成阅读兴趣，获得阅读能力。

【案例描述】

王崧舟老师也曾对阅读本位与写作本位的选择做了深度思考，2012 年全国小学语文“千课万人”教学观摩会上，他对人教版五年级语文下册中的《与象共舞》进行了一个人的同课异构。表 3－2 是基于阅读本位的阅读教学。

表 3－2 基于阅读本位的阅读教学

同课异构	《与象共舞》(A 版)
价值取向	阅读本位
教学意图	以培养阅读能力为取向，重文本内容的理解、感悟和积累
学习目标	1. 能正确认读“熟视无睹、松弛、按摩、尴尬、彬彬有礼、绅士、气氛、冲锋陷阵、小心翼翼、翩翩起舞”等词语； 2. 能正确、流利地朗读课文的相关语段； 3. 能运用“摘录中心句”的方法概括段落大意，了解泰国的独特风情； 4. 依托重点语段，通过表情朗读、角色置换、想象体悟等方式，感受人象合一的美妙境界，引发对人与自然和谐相处的思考
预习要求	1. 通读课文，读准文中出现的生字新词； 2. 搜集一些反映泰国风土人情的资料，文字和图片均可

续　表

	主要策略	意图
教学过程	1. 抓成语感受风情 (1) 出示文中五个带生字的成语，指名读，集体读； (2) 以五个成语为线索，出示文中的相关句子，指名读，师生合作读； (3) 以五个带成语的句子为语境，引发学生对泰国大象的种种质疑	(1) 对重点新词正音，使学生能通读课文； (2) 通过新词创设语境，激活阅读期待
	2. 抓中心句把握主旨 (1) 提炼读法，通过概括一、二两段段意提炼出"中心句摘录法"； (2) 迁移读法，用"中心句摘录法"概括后面三段段意； (3) 聚焦主旨，哪个中心句能说明泰国大象如此奇特的原因	(1) 传授"摘录中心句"概括段意的方法； (2) 借助"文眼"(第三段中心句)把握全文中心
	3. 抓重点段深化理解 (1) 聚焦课文第五段； (2) 反复变换角色体验"人象合一"的境界。先将语段中的"观众"称谓换成"我们"，表情朗读，再将"大象"称谓换成"我们"，表情朗读； (3) 想象体悟：舞蹈的观众在对大象说什么？舞蹈的大象在对观众说什么？	借助重点段，通过表情朗读、角色体验、想象情境等方式深入感受"人象合一"的美妙境界
板书设计	人象合一	

【案例点评】

以"阅读本位"来设计教学，对文本的教学就会侧重"读什么""如何读"与"为什么读"等方面。王崧舟老师的教学设计，从目标、内容到流程，均很突出地围绕着"在阅读中学会阅读"的核心宗旨，非常注重阅读方法的传授，而这种"授之以渔"的教学理念，又绝非停留在简单的口授层面，而是强调学生自己在阅读体会、独立思考以解决问题的过程中，学会读书方法，提高读书能力。这就是名师之所以会成为名师的奥妙——教学目标、教学内容与教学方法完美合一。

二、写作本位

重读轻写，是当前语文教育存在的一大问题。在急功近利的应试教育背景下，语文教学过多地停留在工具这一层面。阅读本位的语文课堂教学方式几乎成为讲读教学的唯一方式。其要求一是“讲透”（在许多语文教师的意识里，这是必需的，否则，要老师做什么），二是“多练”（这确实还往往仅停留在教学设计的理念层面，因为必须讲透，所以，语文课中传学生“练”的时间不多）。教师无形中占据着课堂的中心，明知这种教学只会使课堂失去活力，但也没有更好的办法。这种以阅读为本位、写作为附庸的格局一直影响着教师的教学行为。在此课堂教学的现状下，以福建师范大学潘新和教授（侧重于理论）和江苏语文特级教师管建刚（侧重于实践）为代表的一些专家学者、一线语文教师提出并践行了“写作本位”的阅读教学改革，具有理论与实践的双重价值。尽管还有争论甚至非议，但对于我们更加全面、清醒地认识阅读与写作的内在机理，思考和践行在语文课堂中怎样读写结合、由读到写、由写反哺读等，无疑是极具启示意义与实践价值的。

（一）写作本位的内涵

“写作本位”强调人的语言性存在，凸显语言能力的培养，把言语和表达作为语文能力的核心要素，“读是为了写”的教学目标非常明确。

写作本位语文课堂，基于学生的创造力和想象力，以写作为基点，围绕着“言语”“表达”来使学生从接受性阅读走向分享性阅读，从阅读本位走向写作本位，从知识记忆走向以写作表达为核心的能力培养。

写作本位课堂在语文教学能力层面应指向说和写。听、说、读、写中，听、读是准备、积累，说和写是延伸、目的，写包含了读，也能带动听和读。语文教学的目的不仅是使学生获得语文能力，更重要的是为学生言语表达奠基。

写作活动兼容了阅读活动。写作的主体在写作时必须同时具备作者与读者双重身份，写作行为始终隐含着阅读。阅读有益于写作，写作更能促进阅读。阅读的感想只能通过写作，才能清晰、深刻地呈现。同时，写作必然会促进学生去读更多的书。

（二）写作本位的实施途径

写作本位课堂试着打破为读而读的阅读范式，将写作作为催化剂，引领学生在阅读中悟写，激发学生表达与倾诉的强烈愿望。

1. 读与写结合，实现听、语、读、写的有机统一

以写作为本位的课堂力求做到听、说、读、写的有机统一，而不是割裂四者的关系。不是只为阅读而读，不是以一种标准的答案来规范学生的思维，把学生的思想引导到教师预设的框架里的教学。写作本位着眼于打通阅读和写作，注意学生的言说需求和个性，教师需要做的是客观地看待学生对文本的看法，真实地再现课堂所发生的思想碰撞。强调学生的言说是独特的，不能被教师的标准取代。读是为了写，是写作本位取向的阅读教学最重要的特征。

王崧舟老师以写作本位为阅读教学的价值取向，对《与象共舞》进行了如下教学设计。

【教学设计】

1. 教学目标

（1）能正确认读“熟视无睹、松弛、按摩、尴尬、彬彬有礼、绅士、气氛、翩翩起舞”等词语，积累几个带“睹”字的成语。

（2）能正确、流利地朗读课文的相关语段。

（3）理解题目和内容之间的关系，初步体会题目的双关作用，扩大命题范围。

（4）依托重点语段，感受语言表达的节奏和精确，体会人和象关系密切、和谐相处的美好境界。

2. 教学过程

（1）抓成语，积累成语

①由文中的“熟视无睹”带出“有目共睹、先睹为快、耳闻目睹”等成语。

②出示文中新词“松弛、按摩、尴尬、气氛”。朗读正音。

③根据四个新词出示文中的四个句子，要求学生将四个带“睹”的成语分别填入句中。

意图：以课文成语为线索使学生积累更多成语；使学生借助课文语境运用成语，并实现整体感知。

（2）抓课题，质疑写法

①解释课题的字面意思。

②你来写《与象共舞》这篇命题作文，会写什么？

③联系《与象共舞》这个题目，发现作者的写法出了什么问题。

意图：通过对课题表层意思的解释，引发学生对文章写法的质疑。

（3）抓重点段，体会表达特点

①思考：第五段哪些描写特别精彩？

②通过扩词、比较、想象、还原等方法体会“拥”字的精确和“描写大象舞蹈”的语言的节奏感和情味。

③理解“与象共舞”的比喻义和语境义。

④感受全文"一语双关"的写法特点。

意图：借助重点段，体会文章在遣词造句上的奥妙；通过对课题深层含义的解读，感受全文"一语双关"的构思特点。

(4) 抓课题，扩展题型

①明白"与×共舞"是一种定格的词语形式，表示"和某某亲密无间、和谐相处"之义。

②逐层扩展题型：与蝶共舞、与狼共舞、与墙共舞、与飞碟共舞、与奥运会共舞、与上帝共舞等。

意图：扩展"与×共舞"这一词语格式，激发学生的写作愿望。

(5) 板书设计

一语双关

和大象一起跳舞

和大象亲密无间

【教学点评】

同题异构。王老师设计《与象共舞》同一篇课文的教学，由于语文教学价值的取向不同，跟前面"阅读本位"的教学相比较，不难发现"写作本位"和"阅读本位"在学生的学习目标、学习内容、学习路径与方法等层面均有明显的差异。每一个有志于语文教学的人，对其优劣完全可以得出自己的结论。但是，恐怕两者很难分出伯仲。读与写作为言语信息的输入和输出这样两个有机勾连的环节，人为地将其分开甚至割裂不一定是智慧的选择。我们以为，摸索读写的融合、互动，比较科学。

下面一个案例也是由王崧舟老师设计执教的课例——《去年的树》，它启发我们在同一篇课文的教学中，如何将"阅读本位"与"写作本位"糅合到一起。教师应根据文本语段材料的特点，决定文本适合引导阅读，还是适合点拨写作，从而有针对性地进行适合的教学，我们随文做了点评。

【教学案例】《去年的树》(人教版四年级语文上册)

师：想一想，鸟儿可能在什么时候给树唱歌？

生1：难过、开心、生病……

师：还有别的可能吗？

师：那么多的可能你是凭这段话中的哪个字看出来的？

生1：天天。

师：齐读开头，注意把“天天”的味道读出来。

师：多美好的日子啊！（配乐）

当太阳升起，（引读）鸟儿站在树枝上，天天给树唱歌。树呢，天天听着鸟儿唱。

当月亮挂上树梢，（引读）鸟儿站在树枝上，天天给树唱歌。树呢，天天听着鸟儿唱。

雪都融化时，（引读）鸟儿站在树枝上，天天给树唱歌。树呢，天天听着鸟儿唱。

树叶在秋风中飘落时，（引读）鸟儿站在树枝上，天天给树唱歌。树呢，天天听着鸟儿唱。

……

师：由这四个“天天”，你体会到什么？

生2：鸟儿和树是好朋友。

生3：鸟儿和树的感情很好。

师：能把“很好”换个词吗？鸟儿和树之间的感情怎么样？

生4：鸟儿和树之间的感情很深厚。

（板书：深厚。）

师：带着这种感情，再读这段文字。

（生齐读故事开头。）

点评：创设情境，品读“天天”，在阅读中让学生感悟鸟儿和树之间深厚的感情。这是典型的阅读本位教学。

师：读着读着，你的眼前仿佛出现了一棵怎样的树？一只怎样的鸟儿？写下来，不要忘记用上这样一个词——特别。

师：森林里有千万棵树，那是一棵怎样的树？森林里有千万只鸟，那是一只怎样的鸟？

（生交流，教师随即板书：健壮、高大、小巧玲珑、惹人喜爱。）

点评：引导学生通过想象体会，写下自己的话语。这是写作本位教学。

师：森林里有千万棵树，鸟儿却单单为这棵树唱歌；森林里有千万只鸟儿，树却只听这只鸟儿唱歌。这是一份多么深厚的感情，多么值得珍惜的缘分。让我们带着这样的感情再读故事的开头。

点评：用语言渲染气氛，指导学生“读”，这是典型的阅读本位教学。

师：故事的开头，写了树的健壮吗？写了树的高大吗？写了鸟儿的小巧玲珑吗？写了鸟儿的惹人喜爱吗？

（生答没有，师擦去词语。）

师：既没有写树的外貌，也没写鸟儿的外貌，这样的开头生动吗？具体吗？

（板书：不写外貌。）

师：这样的开头，暂且叫它“浅近”的开头。

（板书：浅近。）

师：那么故事接下来还是这么浅近地写的吗？自己接着读课文。

（学生自由读课文。）

师：我们都体会到鸟儿对大树有如此丰富、细腻的感情。在我们这个故事中，写了树的难过吗？写了鸟儿的迫不及待吗？写了鸟儿的惶惶不安吗？

（师将表示鸟儿和树的情感的词语一一擦掉。）

师：这样的提示语具体吗？生动吗？

（板书：不写表情、浅近。）

师：开头浅近，过程也是浅近的，那结尾又是怎样的？

师：鸟儿还有很多话想对树说，可千言万语化作浅近的动作——看。

（板书：看。）

师：在故事中鸟儿有没有说自责的话？有没有说挚爱的话？有没有说祝愿的话？有没有说告别的话？

（师将板书一一擦去，板书：不写心理、深厚。）

师：孩子们，听这歌声，这歌声曾在去年响起过。这是一首怎样的歌？如果让你用一个词来形容，将会是一个怎样的词？

（生自由发言：告别、友谊永存。）

师：这首歌会随着大树的离去而离去吗？会随着岁月的流逝而离去吗？这是一首——永恒的歌。

师：在这个故事中，没有写到鸟儿和树的外貌、表情、心理。

（师将板书一一擦去）

师：这个故事为什么不写？

（师在“浅近”和“深厚”之间画了一个方框。）

师：这个故事留给我们这个空白。它用最浅近的语言表达最深厚的感情，这个故事就是——去年的树。

点评： 分析写作艺术。一直围绕“浅近”分析文本语言特色，这是富有代表性的写作本位设计。

师：读完这个故事，我想你的脑海中一定会浮现五个会说话的人物，你还记得吗？

生齐：树、鸟儿、门、树根、小女孩。

师：这五个会说话的人物，他们之间说了些什么呢？

（指名读对话。）

师：五个人物，四次对话，构成了这个童话最重要的内容

点评： 运用不同形式的朗读帮助学生理解故事内容、感悟鸟儿的心理。这是阅读本位教学。用“对话”构成文本的主要内容，这也是写作选材、组材的提示。

此时，我们好像有理由可以质疑“本位”这个词用在这里有些不太合适了，能在“读”与“写”中，选择一个为“本”，另一个为“非本”吗？

分角色朗读（一女生读鸟儿的话，各组分别读其余人物的对话，师读提示语）。

师：读得都挺好，只有我一个人没读好。但不能全怪我，因为这提示语还真不好读。怎样的提示语读起来才有味道？

生5：有形容词。

师：这一单元有一篇课文的提示语就很有特色。

（出示《巨人的花园》片段，朗读片段。这一片段有三个提示语：很生气、又发脾气了、大声斥责。）

师：每段话当中有一个词提醒了你。我们这个故事有提示语吗？有形容词吗？请加上能够表示鸟儿和树心情的词。

点评： 这一阶段教师在语言实践中引导学生学习语言文字的运用。写作本位设计是在“读”中感悟的“写”的特点，进而要求学生补写。

师：就这样，日子一天天过去，寒冷的冬天就要来到了。鸟儿要离开树，到很远的地方去过冬。这对形影不离的好朋友就要分离了，树的心情怎样？鸟儿的心情又怎样？

（指名朗读加上提示语的对话，板书：难过、认真、爽快。）

师：他们就要分手了，可谁也不会忘记这份约定。

（生齐读对话。）

师：这是一个春天的约定，树度过了一个漫长的春天，鸟儿飞过了千山万水。第二年春天，鸟儿飞回了森林，然而眼前的这一幕却让她惊呆了。

（指名朗读加上提示语的对话，板书：迫不及待、心急如焚……）

点评：通过添加提示语让学生朗读，学生读出了树和鸟儿即将分离的不舍、重逢时的期待、寻找时的不安与焦急。这是阅读本位的教学设计思路。

师：答案让人揪心，树根告诉她，伐木人用斧子把他砍倒，拉到山谷里去了，这时，鸟儿的整个心都提了起来。我们怎能忘记去年的约定，（引读）树和鸟儿的约定……

师：我一定要找到他，于是鸟儿飞越了山谷，飞越了工厂……

师：听了大门的回答，她更加惶惶不安了，她知道她的朋友已被切成细条儿，可她依然忘不了去年春天的约定。（指名读：树和鸟儿的约定……）

师：这声音一次又一次在鸟儿的耳边回响。（指名读：树和鸟儿的约定……）

师：她继续找，夜幕降临了，她多希望小女孩告诉她，她的朋友还在，此时她的心情怎样？她会怎样问小女孩？

（指名读，板书提示语。）

师：鸟儿对小姑娘的问是她的最后一问。鸟儿忐忑不安地问女孩，（引读）小姑娘，请告诉我，你知道火柴在哪儿吗？

鸟儿心如刀绞地问女孩，（引读）小姑娘，请告诉我，你知道火柴在哪儿吗？

鸟儿近乎绝望地问女孩，（引读）小姑娘，请告诉我，你知道火柴在哪儿吗？

（指名朗读加上提示语的对话，板书：惶惶不安……）

点评：看似重复性的朗读实质是对主人公感情的升华与加强，能够带给学生更深的感悟与体会。这是阅读本位设计。

师：鸟儿的内心有着如此丰富的感情，她和大树要分手的时候，她——依依不舍；当树提出约定时，她是如此——爽快；当鸟儿飞回来，却不见大树时，她是如此——迫不及待；当她得知树被拉到工厂时，她是如此——惶惶不安；当大门告诉她树被机器切成细条儿，做成火柴时，她是如此——心如刀绞。鸟儿对大树的感情是如此——深厚。带着这样的感情，我们再读这个故事。

（师朗读修改后的提示语。）

点评：在阅读中体会，在情境中完善表达。这是写作本位的设计运作。

师：这个故事的结尾有一个细节，很不起眼，是鸟儿在唱歌前和唱歌后发生的。一个动作、一个字——看（课件上放大白色空心字），意味深长地读——看，轻轻地读——看。

师：是的，鸟儿在默默地看，静静地看，她看着眼前的灯火，思绪万千。她想起来了——

（出示开头。）

师：当太阳升起，（引读）鸟儿站在树枝上，天天给树唱歌。树呢，天天听着鸟儿唱。

当月亮挂上树梢，（引读）鸟儿站在树枝上，天天给树唱歌。树呢，天天听着鸟儿唱。

雪都融化时，（引读）鸟儿站在树枝上，天天给树唱歌。树呢，天天听着鸟儿唱。

树叶在秋风中飘落时，（引读）鸟儿站在树枝上，天天给树唱歌。树呢，天天听着鸟儿唱。

点评：再次创设情境，反复引读，引导学生体会昔日鸟儿和树的深厚情感。记忆犹新，树已不在。这是典型的阅读本位设计。

师：可是这一切再也回不来了，树再也回不来了，火柴也已经用完了，只有火柴点燃的火，还在灯里亮着。看着眼前的灯火，鸟儿一定有心里话想对朋友说。请用“树啊，树啊”开头写出鸟儿想对树说的话。

（配乐，生写话。）

点评：有的放矢，创设情境，渲染气氛，学生写作。这是写作本位设计。

点评：依据不同文本的不同特点、同一个文本内不同地方的不同特点，灵活运用“阅读本位”或者“写作本位”的教学设计，可达到最佳的阅读教学效果。就此而言，“本位”两字当可拿去。因为，说、写作为言语的输出，听、读作为言语的输入，它们都是学生语文能力的有机成分，两者是相辅相成、缺一不可的，且在学生言语发展的进程中，听说读写也难以“人为”割裂。

2. 体悟阅读，激发写作兴趣

不同的课文，有各自的亮点，有的课文语言生动优美，有的篇章布局独具匠心，有的人物、语言、动作、心理等细节刻画生动……对于具有不同特点的文本，教师应有针对性地进行阐释和教学，使学生能够在阅读文本的时候，悟得写作之法、言语表达之法。

（1）抓住语言亮点，促使学生积累

语文课程是一门学习语言文字运用的综合性、实践性课程，感知、品味与运用语言文字是语文学习的根本任务。教材中有些课文，其思想内容并不新颖，构思也不独特，其最大的特点就在于语言运用，或形象，或优美，或灵活，或幽默，或言简意赅，或曲径通幽，等等。面对这样的课文，教学就可以把语言作为主要的对象。《山雨》是人教版六年级语文上册中的一篇略读课文，内容单一，既不含深奥的哲理，也没有任何隐喻，构思也相当简单，就写雨的来与去。但是语言描写出神入化、惟妙惟肖，对声响、颜色的描写尤为贴切："雨改变了山林的颜色。阳光下，山林的色彩层次多得几乎难以辨认，有墨绿、翠绿，有淡青、金黄，也有火一般的红色。在雨中，所有的色彩都融化在水淋淋的嫩绿之中，绿得耀眼，绿得透明。这清新的绿色仿佛在雨雾中流动，流进我的眼睛，流进我的心胸。"

这段话选词讲究，富有层次。通过前后比较，非常逼真地写出了山林颜色的变化。教学本文，就应利用这些语言，引导学生进行品味与训练。

庆祝香港回归的新诗《最后一分钟》则是另一种语言风格，有激情，有内涵，有节奏，有韵味，有气势。学习这首诗时，就要通过反复诵读来感受它的语言魅力。讲授《麦哨》《小桥流水人家》等课文时，都可以把语言品味与训练作为侧重点。

(2) 抓住结构特点，启发学生感悟写作

问题启发思考，思考启迪智慧。教师要善于利用文本疑难点引导学生思考，从中获取写作营养。以《索溪峪的"野"》为例，课文以"野"字总括索溪峪，那"野"字在课文中究竟表现在哪里呢？通过学习得知，原来山的野、水的野、动物的野和"我们"的野都是围绕"野"进行具体分述的。教师应引导学生透过语言文字了解文章的思想内容，进而揣摩文章的思路及写作方法。学生理解了课文的写作方法，教师顺势将《索溪峪的"野"》一文的写作方法和学生写景作文结合起来，如以"美丽的校园""河滨公园"为题，要求学生写一篇写景小作文。合理的教学延伸，会事半功倍。

课后练习：

管建刚的一组指向写作的阅读课，如《泉域》《春联》等，在小学语文界引发了很多人的思考，《小学语文教师》《小学教学》等多本杂志就围绕他的课开展过专题讨论。有人说他真正颠覆了"阅读独立目的论"，也有人对这样的阅读课不以为然。请看以下教学实录及评价，结合日常教学实践，谈谈你的看法。

写作意识：一种被忽视的阅读思维

——管建刚《泉城》教学实录及评析

执教：特级教师 管建刚

评析：倪建斌

1. 选　材

师：《泉城》读熟了吧？考考你。泉城是哪个城市？

生齐：济南。

师：泉城有名的泉共有几个？

生齐：七十二个。

师：课文写了几个泉？是哪几个？

生齐：四个。珍珠泉、五龙潭、黑虎泉和趵突泉。

师：课文中有一句话，可以回答这个问题。是哪一句？看谁找得快。

生1：其中最著名的要数珍珠泉、五龙潭、黑虎泉和趵突泉了。

（师出示句子，生齐读、背诵。）

师：济南有名的泉还有……

生2：柳絮泉、卧牛泉、无忧泉、金线泉、溪亭泉、芙蓉泉。

师：光听名字，有你想去的吗？

生3：我想去无忧泉。我想知道是不是喝了那里的泉水，就没有忧愁了。

生4：我想去卧牛泉。我猜那个地方像一头"卧牛"，我要去看看是不是这么回事。

生5：我想去柳絮泉。我不明白怎么会有柳絮一样的泉，想去亲眼看看。

师：这些泉很有意思，也很值得写。课文为什么只写四个泉？

生6：因为这四个泉最有名。

师：珍珠泉、五龙潭、黑虎泉和趵突泉最有名，名列七十二泉的第四、第三、第二、第一。你去旅游，会看到很多景点，选哪些写？可以像课文那样，选最有名的，也可以选你最有感触的。对了，七十二泉的第一名是谁？

生齐：趵突泉。

2. 顺序、对应与最优

（1）顺　序

师：课文写了四个泉，它们的出场顺序是怎样的？

生7：珍珠泉、五龙潭、黑虎泉，最后是趵突泉。

师：是的，我们从"其中最著名的要数珍珠泉、五龙潭、黑虎泉和趵突泉了"就能回答。然而，下文是不是按这个顺序写的？我们一起读课文的第二至五自然段。

（生读，师板书：珍珠泉、五龙潭、黑虎泉、趵突泉。）

师：第一自然段的最后一句，是下文的"总起句"。"总起句"中的陈述顺序要和后面的段落顺序一致。

（2）对　应

师：如果将"其中最著名的要数珍珠泉、五龙潭、黑虎泉和趵突泉了"改为"其中最著名的要数趵突泉、黑虎泉、五龙潭和珍珠泉了”，后面的段落在顺序上应该有什么变化？

生 8：第二自然段应该写趵突泉，第三自然段应该写黑虎泉，第四自然段应该写五龙潭，第五自然段应该写珍珠泉。

师：如果改为“其中最著名的要数黑虎泉、趵突泉、五龙潭和珍珠泉了”，后面的段落应该怎样安排？

生 9：第二自然段写黑虎泉，第三自然段写趵突泉，第四自然段写五龙潭，第五自然段写珍珠泉。

师：“总起句”里的陈述顺序，要和后面段落的顺序对应。

(3) 最　优

师：“其中最著名的要数珍珠泉、五龙潭、黑虎泉和趵突泉了。”这句话，能不能改为“其中最著名的要数珍珠泉、黑虎泉、五龙潭和趵突泉了”？

生 10：不能。课文是按照第四名、第三名、第二名、第一名的顺序写的，改了，就不是按顺序写了。

师：那么，这一句有没有按顺序写——“其中最著名的要数趵突泉、黑虎泉、五龙潭和珍珠泉了”？

生 11：有顺序，第一名、第二名、第三名和第四名。

师：可以按这样的顺序写吗？请思考，做出选择。选择可以的，请举右手；选择不可以的，举左手。

（不少同学举起右手，认为可以这样写。）

师：是的，按第一、二、三、四名来写，也是个顺序，然而，这不是最优的。你们看过运动会颁奖吗？先颁奖的是第几名？

生 12：先是第三名，再是第二名，最后是第一名。

师：把第一名放在最后，能吸引人读到最后。作者把排名第一的趵突泉放在最后，就是这个道理。

3. 特　点

师：选好了材料，排好了顺序，能不能就动笔写作文了呢？不能，还有一关——要找出每个泉的特点。只有找到它们各自的特点，才能动笔。不然，写来写去都是“泉水流啊流”。珍珠泉的特点，我是从这句话里找到的：泉水从地下往上涌，好像一串串珍珠。

生 13：是一个“涌”字。

师：其他几个泉，是什么特点？请你默读，边读边圈画出代表它特点的字、词。

（生默读，圈画，交流，形成板书：珍珠泉——涌、五龙潭——汇注、黑虎泉——喷吐、趵突泉——冒。）

师：五龙潭的特点为什么是“汇注”呢？

生14：五龙潭在旧城的西门外，由五处泉水汇注而成，所以人们称它为“五龙潭”，我是从这里看出来的。

师：黑虎泉的特点为什么是“喷吐”？

生15：泉口是用石头雕成的三个老虎头，泉水便从“老虎”的口里不断地喷吐出来。我是从这里读出来的。

师：珍珠泉的特点是“涌”，趵突泉的特点是“冒”。“涌”在字典中的意思是水由下向上冒出来。这么说“冒”和“涌”意思一样。你同意吗？

（无人回答。）

师：不急，我们读一下写“涌”和“冒”的句子，或许能找到答案。

（师出示句子：

泉水从地下往上涌，好像一串串珍珠。在阳光的映照下，那珠串忽聚忽散，忽断忽续，忽急忽缓，仿佛有一只神奇的手把它们拎到了水面上来。

池里的水很清，游鱼水藻都可以看得清清楚楚，泉池正中有三股比吊桶还粗的清泉，“咕嘟咕嘟”地从泉底往上冒，如同三堆白雪。）

生16：“冒”比“涌”更有力。珍珠泉的“涌”，是断断续续地；趵突泉的“冒”，是咕嘟咕嘟地，很有力。

师：是的，趵突泉的“冒”更有力，更有生机，因此，它是天下第一泉！我们读写趵突泉的话时，注意读出它“冒”的力气和生机。

4. 语　言

师：选好了材料，排好了顺序，找好了特点，这下可以写了。写出来的文章，是好还是一般，有一个重要的条件——语言好不好。这篇课文，材料选得好，顺序排得好，特点找得好，语言好不好呢？这一点也好的话，那就一百分了。请你默默地、细致地读课文。课文里，有令你心动的、美的语言吗？有的话，画出来，和大家一起交流。

（生默读，圈画，交流。）

生：“这些泉有的白浪翻滚，好像银花盛开；有的晶莹剔透，好像明珠散落；有的声音洪大，听起来如虎啸狮吼；有的声音低细，听起来如秋雨潇潇。”我认为这句话很美，用了四个“有的”，是个排比句，还用了比喻。

师：一句话里，用了两种修辞手法——排比和比喻，确实不错。一起读。

（生齐读。）

师：这句话，更值得我们欣赏的是，每个“有的”后面都是四字词语。

生17：白浪翻滚、晶莹剔透、声音洪大、声音低细。

师：“好像”后面，也是四字词语。

生18：银花盛开、明珠散落。

师：“听起来如”的后面，也是四字词语。

生19：虎啸狮吼、秋雨潇潇。

师：这么多的四字词语，是作者无意中碰到的吗？

生：不是。

师：这是作者苦心写出来的有节奏、有美感的句子。一起读。

（生齐读。）

师：这样的句子，要背诵。

（生练习背诵。）

生20：“在阳光的映照下，那珠串忽聚忽散，忽断忽续，忽急忽缓，仿佛有一只神奇的手把它们拎到了水面上来。”这句话里的“忽聚忽散”“忽断忽续”“忽急忽缓”，也都是四字词语，很有节奏。

师：这12个字里，还有三组反义词，看出来了吗？

生20：聚和散，断和续，急和缓。

生21：我还很喜欢“拎”这个字。

（生齐读，男女生比赛背诵。）

师：总的来说，你给这篇课文的语言打几分？

生22：100分。

生23：90分，有些地方，写五龙潭、黑虎泉，我觉得不怎么好。

师：的确，我也觉得，有些地方写得不太美。一篇文章，段段都美是很难实现的。同学们，也正因为一篇文章很难做到完美无缺，因此，读书时要有自己的眼光。好了，总结一下，一篇好的写景的文章，要具备四个条件：选好材料，排好顺序，找好特点，写好语言。下课。

评析：

（1）阅读有不同的视角和不同的目的。有的人为了解闷阅读，他们关注文本内容、故事情节；有的人为了获取信息阅读，他们关注文本的内容和知识的准确性；

还有的人为了欣赏文学作品阅读，他们关注作品的艺术性。小学生进行阅读，除了要关注文本的内容，还要关注文本的形式，需要养成一种探究课文写法的阅读思维方式。我们把这种阅读思维称为写作意识。

写作意识是一种重要的语文阅读思维，培养学生写作意识是语文阅读教学中不可忽视的教学任务。从小学生阅读的规律来看，他们善于关注文本的情节和内容，善于走进人物的内心，产生共鸣，获得情感体验。而文本如何表达、文章如何构思，这些都隐藏于文本内容的背后。学生不善于关注且难以理解这些内容，这就要求教师在阅读教学中培养学生的写作意识。

指向内容理解的阅读课，重视朗读、注重感悟，课堂以朗读、对话为主。在课程改革初期，这类课堂对于改变教师烦琐分析、满堂灌的陈旧教法确实起了重要作用。教师通过阅读感悟，促进学生对课文内容、思想情感的深入理解并培养学生语感。这种指向内容理解的教学，强化学生对文本内容和思想感情的理解和领悟。学生能读懂的，教师仍旧反复引领、深入解读，花费时间过多，而课文是怎么写出来的这一学生比较陌生的内容，教师偏偏不去花力气研究怎么教。日积月累，学生的写作意识难以形成，写们意识的发展滞后于内容意识。

指向写作的阅读教学，注重培养学生写作意识，有具体的抓手，是一种可行而有效的教学实践。

例如教学《泉城》一课，许多教师将重点放在"感受四大名泉的特点"上，指导学生反复品读课文，从字词中体会珍珠泉、五龙潭、黑虎泉、趵突泉的特点。这样的教学是为了强化课文内容，增强学生理解的深刻性。管老师在执教本课时重点关注"文章是怎么写的"——课文怎么选材，按什么顺序写作。他让学生思考济南有七十二名泉，为什么作者只写四大名泉，从而让学生明白写游记要选择最有名、最有感触的材料，写文章要选择最典型的内容。管老师还让学生关注文章中"总起句"的陈述顺序与下文段落顺序的一致性。他让学生讨论更改总起句的陈述顺序后，下文四大名泉的写作顺序如何调整。通过比较，学生明白了要精心安排段落顺序，加深了对段落布局的认识，学会了架构文章的基本方法。这就是一种很好的写作意识的培养。

指向写作的阅读教学，抓住了文体特点，指导学生在阅读中领会写作的奥妙，教学内容更契合语文的核心价值。

(2) 写作能力是语文素养的综合体现。阅读是如何为写作能力奠基的呢？阅读为写作提供了什么呢？笔者认为首先阅读为写作提供了精彩的语言和文字表达技巧，这主要体现在写作的初始阶段。许多教师意识到这一点，因此不仅让学生广泛阅读，还要求学生摘抄。一些热爱文学的少年，自觉模仿的就是精彩的语言。对于这类文字技巧，他们能自学并且愿意学。可是，摘抄枯燥、低效，大部分学生厌恶摘抄。

阅读有助于学生形成架构文章的能力——构思能力，这主要体现在写作的构思阶段，直接决定文章的质量。这个作用是隐性的，容易被人忽视，但比积累语言更重要。构思能力是一种“默会知识”，确实存在，但不易言说，加上写作的构思阶段存在隐蔽性，更容易让人忽略。指向写作的阅读教学，恰恰抓住了学生容易忽略的“默会知识”展开教学，让写作成为一种可以言说的快乐，让学生真真切切地感知并理解构思的存在及效果。通过一定量的积累，指向写作的阅读教学必然能促进学生了解谋篇布局的一般规律，认识不同文体的表达方式，发展写作意识。阅读教学中，文章的内容是外显的，而表达的方法是藏在文本背后的，学生不容易发现，教师常常会忽视。指向写作的阅读教学则能促进写作的构思能力的形成。从这个角度说，指向写作的阅读教学真正培养了学生的写作能力。

(3) 与传统阅读教学对字、词、句的品读、感悟不同，指向写作的阅读教学从整篇文章入手，前后关联，有利于学生掌握谋篇布局的方法与技巧。在《泉城》一课的教学中，管老师引导学生从写作文章的过程来阅读课文，指导学生形成“选好材料、排好顺序、找好特点、写好语言”的写作意识。学生从整篇文章入手，对构思文章的过程有了完整而具体的认识，从而有助于提升整体把握的能力。

同是《泉城》一课，从理解内容出发，教师一般让学生思考：从重点段中读懂了什么？是从哪些关键词语中体会到的？“涌”“汇注”“喷吐”“冒”好在哪里？最后横向对比，总结“用词准确、抓住特点”的语言形式。

在从写作角度出发的阅读教学中，管老师让学生在阅读中关注：写作文要找好特点再写，《泉城》的作者是怎样找出泉水的特点的？学生通过辨析“涌”“汇注”“喷吐”“冒”的不同表达效果，领悟到找好特点、用好词语的写作奥秘。

两种设计，一种指向内容理解，品读重点段的关键字词是主要教学目的。理解了内容才能体会用词准确的表达效果，语言形式的教学依附于对内容的理解。对文本是怎么表达的却无法深入研究，阅读与写作实际上是割裂的。另一种指向写作，整个教学设计遵循怎么写好文章的思路，让学生明白找好特点是构思的关键环节，然后以《泉城》为例审视找好特点的方法。其间，同样辨析了“涌”“汇注”“喷吐”“冒”四个关键词，但这不是教学的主要目的，而是为了掌握构思方法。可见，文本内容的感知、关键词的辨析是为写作服务的。这两种设计的阅读目的不同，存在截然不同的阅读思维。指向写作的阅读教学把主要目的放在学生缺失的作文能力的培养上，以课文为范例，从写作角度构建阅读教学内容，相对于传统的读写结合教学来说，搭建了读与写的另一座桥梁，进一步巩固了听说读写之间的有机联系。

第四节　精读、略读、选读课文的阅读教学侧重

人民教育出版社出版的义务教育课程标准实验教科书小学语文课本，在安排精读课文的基础上，从一年级下册开始安排了选读课文，从三年级上册开始安排了略读课文。表 3－3 是一至六年级各类课文的分布。

表 3－3　一至六年级精读、略读、选读课文

年　级	精读课文篇数	略读课文篇数	选读课文篇数	总篇数
一年级	54	0	5	59
二年级	66	0	12	78
三年级	48	16	16	80
四年级	35	29	16	80
五年级	28	28	17	73
六年级	24	25	17	66

翻开课本，首先呈现的是目录，除了精读课文，标注“*”的是略读课文，在最后标有蓝色“△”的就是选读课文。从表 3－3 不难看出，从二年级开始，随着年级的增高，精读课文数量逐渐减少，略读课文数量逐渐增加，三年级以后选读课文虽基本保持同等数量，但所占比例也在增加。面对这样的教材，教师应如何将精读课文教得更“细”，将略读课文教得更“简”，将选读课文教得更“活”？

略读课文一般文字较浅显，便于学生阅读和理解。与精读课文的教学相比，略读课文的教学对学生自学能力的要求有所提高，对学生理解能力的要求不高。略读课文不是简略地读，略读只是一种阅读方式，是为了获取相关的信息。而略读教学是一种教学活动，是让学生在阅读实践中获取信息的同时，学会略读方法，从而培养学生的略读能力。叶圣陶说过：“就教学而言，精读是主体，略读只是补充。但

是就效果而言，精读是准备，略读才是应用；如果只注意精读，而忽略了略读，功夫便只做得一半。”①

选读课文，顾名思义就是选择性教学的课文，意图是增加学生的阅读量，培养学生阅读兴趣，训练学生的朗读、理解和感悟能力，也是学生阅读能力自我检测的好材料。

一、精读课文求“细”，贵在“学”法

精读课文是教材的主体，是进行语文基本功训练的主要载体。精读课文教学的过程，是在教师指导下，学生自主感受、理解、感悟的过程。应在朗读、默读、理解内容、体会情感、领悟方法、积累语言、课外延伸等方面做得更精细、更到位。

（一）朗读、默读要“常用”

朗读是阅读教学中最重要、最常用的练习。用普通话正确、流利、有感情地朗读课文，既是一种重要的能力，也是理解内容、体会思想感情最常用的方法。教材中许多课文提出了朗读的具体要求。阅读教学，一定要让学生多读，教师少讲，把较多的时间留给学生读书，让学生主要通过自主的入境入情地朗读，读懂课文，有所感悟，逐步提高朗读的水平。朗读这种形式常见于精读课文，如人教版四年级语文上册第21课《搭石》课后的第一题“课文写得真好，我要多读几遍”。第22课《跨越海峡的生命桥》课后的第一题“我要有感情地读一读课文”。这里的“读”主要指朗读形式。教学时，朗读的目标要明确，朗读的层次要清楚，要注重朗读的效果。以朗读为主要形式，同时穿插默读，提高阅读效率。

（二）内容、感情要“深入”

根据课文的不同特点，采用多种形式引导学生理解文章主要内容、体会文章表达的思想感情。引导学生理解内容的主要方法有：通过理解重点词句进而理解内容；边读边展开想象，把课文描述的内容在头脑中形成画面；厘清文章的条理，再用自己的话叙述课文的内容；等等。引导学生体会文章表达的思想感情的方法主要是让学生设身处地、入境入情地读书，然后交流各自的阅读感受。

（三）表达方法要“领悟”

通过阅读，学生既要理解内容，体会感情，又要领悟和学习作者表情达意的方法。精读课文中，领悟和学习作者表情达意的方法有许多：一是领悟遣词造句的

① 叶圣陶：《叶圣陶教育文集》，人民教育出版社1994年版。

准确；二是体会语句的具体形象；三是体会文章条理清楚的表达方法；四是体会选材的别具一格。如《搭石》课后就安排了“小练笔”：作者从不起眼的事物中发现了美，对我很有启发。我也想写一写平凡事物中的“美”。题目意在使学生领悟和学习“选材的别具一格”的表达方法。

(四) 优美语言要“积累”

语言的学习是个日积月累的过程。学生在阅读一篇篇文质兼美的课文时，接触了大量各具特色、富有表现力的语句、段篇，只有将其熟记在心，这些才能变成自己的财富，需要运用时才能脱口而出或涌流于笔下。

精读课文中引导学生积累语言的方式主要有两种，一是背诵，二是抄写。除了指定篇目的完整背诵外，还重在引导学生找出其他课文中写得好的语句，让学生多读读，多体会，再抄下来。对于教材中安排的背诵、抄写练习，教师应该通过交流、检查，使之落实，还要重视培养学生积累语言的兴趣和主动积累语言的习惯。教材中比较多地采用让学生背诵自己喜欢的部分、抄写自己感兴趣的语句的形式，其用意很明确，那就是引导学生主动积累，培养兴趣，逐步形成习惯。

(五) 课外延伸要“适度”

为了使学生逐步学会读书，也为了丰富和深化学习的内容与收获，教材在扩展延伸方面也做了适当引导。从具体课文的实际出发，有的引导学生课外阅读、搜集资料，有的引导学生到课外进行观察，有的安排了读写结合的“小练笔”，还有的引导学生联系生活实际和思想实际进行思考。如人教版四年级语文上册第22课《跨越海峡的生命桥》的第三题：“我们来想象一下，如果有一天小钱和那位捐骨髓的台湾青年相遇了，他会对台湾青年说些什么。”意在引导学生联系生活实际进行思考，在情感上提升，在读写中提高。

以上五个方面，体现了精读课文的教学重点。这是对整册教材来讲的，具体到某一篇课文，要根据课文的特点有所侧重。教师可参照教材中的安排，因文而异，并从学生的实际出发，设计和安排教学过程，使精读课文的教学既把握住重点，又具有特色。

二、略读课文求“简”，贵在“用”法

人教版三年级语文上册《教师教学用书》指出略读课文的教学目标是：“从内容上说，理解课文的要求要低于精读课文的教学，能‘粗知文章大意’，有兴趣的地方可以再读一读，特别感兴趣的也可以背一背，在词句的学习上不必多做要

求。从方法上说，教师要更加放手，主要靠学生运用在精读课文中获得的知识与方法，自己把课文读懂，并在读中渐渐习得基本的读书方法，提高阅读能力。”“略读课文教学的大体步骤是：先由学生参照提示独立阅读、思考，发表阅读感受，然后抓住一两个重点的或学生感兴趣的问题，可以是内容的，也可以是写法的，引导全班学生讨论、交流，还可以用指名朗读的方式，检查读书的效果。”在以上指导思想的引导下，需注意下面几点。

（一）“提示”引路，课堂结构“简化”

人教版教材在精读课文与略读课文之间，有一段流畅的文字，它既自然地把学生的学习由精读课文过渡到略读课文，又提示了略读课文的学习要求和方法，使精读课文和略读课文形成一个整体，更好地发挥文本训练阅读、迁移能力和陶情冶趣的功能。如人教版四年级语文上册第 23 课《卡罗纳》前的提示“海峡两岸骨肉同胞的全力救助，挽救了小钱的生命。下面的课文选自《爱的教育》，体现了另一种关爱之情。默读课文，看看面对遭遇不幸的卡罗纳，大家是怎样做的；再说说你从大家的言行中受到什么启发。”“提示”给出了学习方法，铺垫了情感，促使学生迁移能力提升，使精读课文与略读课文形成一个整体。

（二）抓住重点，其他句段“简略”

虽然说略读教学讲究“简”“略”，但也有“精”的部分，否则略读就成了“泛读”，效率就低下了。由于受教学时间的限制，略读课文中需“精”读的点要更突出，更集中。因此教师需要反复斟酌，寻找准确的着力点，从而使力气真正使在“刀刃”上。以点带面，层层推进，节省时间，提高效率，把更多的时间留给学生。

（三）课外拓展，课文内容“简缩”

叶圣陶曾经说过：“就教学而言，精读是主体，略读只是补充；但是就效果而言，精读是准备，略读才是应用。”[①]与精读课文相比，略读课文在引导学生拓展阅读上更开放，这在教材编写中，体现得十分明显。如人教版四年级语文上册第 23 课《卡罗纳》一文，课前提示“下面的课文选自《爱的教育》，体现了另一种关爱之情”。课后又用“小泡泡”的形式出现：“课文写得真感人。我要把《爱的教育》这本书找来读一读。”后面再次用“资料袋”的形式简要介绍了《爱的教育》这本书的内容。教材三次出现《爱的教育》，意图十分明显，就是引导师生通过这一课去阅读这本书，尽可能地、最大限度地增加阅读量。

---

① 叶圣陶：《叶圣陶教育文集》，人民教育出版社 1994 年版。

三、选读课文求“活”，贵在“练”法

选读课文，顾名思义就是可自由选择的课文，教师可以选择，学生可以选择，师生可以共同选择。再则，教学目标可以自由制订，教学重点可以自由确定，教学方法可以自由设计，相对于精读、略读课文，自由度更“大”，更“活”。但有一点是不自由的，那就是：要把精读、略读课文中“习”得的方法运用在选读课文中，使学生得到自主的、充分的“练习”，提高课堂教学效率。

（一）选用课文“自由”

教师可根据教学实际决定是否选用课文。如果选用，可根据课文内容将其分别插入相关单元，也可将其作为综合复习材米，在期末集中安排教学。

（二）教学目标“灵活”

教师可根据学生的实际情况，按精读课文的教学目标设计教程，也可按略读课文的教学目标设计教程。教得“细”，教得“简”，教得“活”，全凭学生的知识能力、情感态度。如人教版四年级语文上册的选读课文《一个苹果》的学习目标可以制订为：

（1）读懂课文内容，从字里行间感受战友间的深情。

（2）初知《倔强的小红军》《丰碑》大意，进一步体会战友情深。

（3）初步树立由相同主题拓展课外阅读的意识。

从以上教学目标不难看出，一方面其紧紧抓住四年级上册的重点：理解课文的主要内容，体会文章的思想感情。另一方面其牢牢扣住选读课文的特点：尽可能地进行课外延伸，拓展相同主题的文章，以点带面，使学生形成对“战友情、战友爱”的整体认识。

（三）教学方法“简单”

在教学方法上，应以学生自己课外阅读、自我检测为主，教师的任务是提出要求和酌情检查，与学生交流，起到激励和引导的作用。如教学《一个苹果》，可以安排三个环节。第一环节：自读自悟，体会情感（教学时教师提示：谁最需要吃、谁最想吃、为什么都不吃?）。第二环节：阅读拓展，升华情感（快速浏览《倔强的小红军》《丰碑》）。第三环节：推荐阅读，课外延伸（推荐《金色的鱼钩》《草地夜行》《七根火柴》《三人行》等文章）。教学由“选读课文阅读—推荐文章浏览—课外文章泛读”三个板块组成，教学方法简单，教程简要。

总之，精读课文要教得“细”，贵在学法，适度课外延伸；略读课文要教得

“简”，重在用法，加强课外延伸；选读课文要教得“活”，重在练法，扩展课外延伸。

课后练习：

(1) 为人教版五年级语文下册选学课文《我们家的男子汉》选择合适的教学内容，制订合理的教学目标，设计科学的教学流程。

(2) 阅读下面这篇文章，谈谈你的收获。

略读课与精读课的区别说略

集美大学　施茂枝

关于略读课，始于2008年冬天的大讨论已历时近两年，但是，无论是各级名师的观摩课、示范课，还是一般教师的公开课，或是刊物上发表的教学设计、教学实录，只要公开展示，就几乎“涛声依旧”——上成“原版”或“缩微版”的精读课。为何？首先，对于略读课的性质、定位存在分歧或模糊认识；其次，即便认识一致将其落实于实践也需要一个过程；再次，惯性的作用——轻车熟路地套用精读课的教学模式。眼下，继续澄清对于略读课的模糊认识有其必要性，而为其构建易于为广大一线教师所掌握的教学模式更需提上日程。构建略读课的教学模式固然应以正确认识其性质、定位为先决条件和起点，但克服惯性作用也至关重要，否则无法摆脱业已驾轻就熟的教学模式的影响，也就不会有真正意义上的略读课。诚然，“教无定法”，略读课不能囿于一式，但不管何种模式，都应在以下诸方面别于精读课。

1. 师生地位

顾名思义，人们往往根据“精读”和“略读”的含义去确定“精读课”和“略读课”的性质、定位，这虽符合一般逻辑，但在这里却是实实在在的望文生义。从20世纪80年代起，语文教材就有一类课文和二类课文，在中学其分别称为“讲读课文”和“自读课文”，在小学其分别称为“讲读课文”和“阅读课文”。进入2000年以后，部分课程标准本实验教材分别将其称为“教读课文”和“自读课文”或者“主体课文”和“拓展阅读课文”，而多数则分别改称为“精读课文”和“略读课文”。二类课文性质为何？1986年版《全日制小学语文教学大纲》指出：“对阅读课文，教师要着重指导学生运用从讲读课中学到的学习方法进行阅读。”明确了二类课文半独立阅读的性质。2000年小学语文修订版教材出版，人民教育出版社小学语文室编著的《教师教学用书》指出：“略读课文具有较明显的独立阅读的性质。安排略读课文，主要是引导学生把从精读课文中学到的语文基本功,用于阅读实践,逐步培养独立阅读能力。"命名虽异,半独立阅读的性质不变。一、二类课文是相对的关系,二类课文的"半独立",意味着一类课文的"不独立"。"不独立"和"半独立"显示教师和学生在教学中的地位和作用有异,表明教师指导和学生参与的程度有别,而这正决定了二者性质和定位的不同。在两类课文所有的名称中,"教读课文"和"自读课文"彰显了师生在其中的不同地位和作用,比较准确地揭示了二者的性质和定位。而"精读"和"略读"是两种粗细不同的阅读方法,以此命名课文,则模糊了它们的性质和定位,若受其误导而从阅读方法上去界定或探寻其性质、定位,便是缘木求鱼!

有人认为,略读课只需粗知课文大意,无须咬文嚼字。这是依据阅读方法"略读"的意义认定略读课的目标取向,认为略读课与精读课完全两样。而事实上,略读课与精读课的目标取向大体一致。精读课的目标取向概括起来有以下三方面:一是得意,即理解思想内容,获得情感意蕴,受到人文熏陶等;二是学言,即学习语言文字,磨炼语言实践能力;三是习法,学会阅读方法,培养独立阅读能力。每篇略读课文用时只有精读课文的一半,教学时教师往往根据具体情况而只抓住或偏重其中的某一方面,但将多篇略读课文的教学目标综合起来看,其也涵盖了以上三个方面。不同的是,精读课中得意、学言、习法是在教师精心设计和安排的流程中,通过教师过细的指导完成的;略读课虽然不能完全离开教师的指导,但主要依靠学生自己独立完成。单就习法而言,精读课是清晰地学得或潜移默化地习得阅读方法,而略读课则是运用在精读课中学会的阅读方法。打个比方,精读课相当于师生共同研究例题,生成、理解、掌握定理、定律或公式;略读课相当于数学课学生在教师指导下运用定理、定律或公式独立完成习题。

2. 流程推进

现阶段,典型的小学语文精读课的教学模式,其流程大都是线性推进,且似乎有被尊为圭臬之势。所谓线性推进,指的是以课文的故事情节、人物形象、景物的时空、课文的中心等,或者以题眼、文眼、其他关键词句等,为教学突破口和教学线索,并以此重组教学内容,安排教学流程。线性推进的流程,很大程度上根源于将"得意"作为教学的优先点,也与现行教材的组元方式有一定关系。几乎所有版本的现行教材,都不约而同地采用主题组元,如按春天、亲情、童年、他们令人感动、异域风情等组元。所谓内容决定形式,这种组元方式呈现的教学内容,更易于引导教师将"得意"置于优先地位,其次才考虑"学言",通常的做法是:引导学生披文悟意,入情入境,与作者灵犀相通,产生情感共鸣,与此同时,相机研究文本的语言形式，学习表情达意的方式、方法，进行积累、运用语言的训练。不能不说，线性推进的流程与这种教学思路存在关联性。而这种流程安排的确有便于打造精致课堂——不但教师教得细，学生悟得深，也利于营造环环相扣、层层推进、流水无痕的教学结构之美。

《小学教育（语文版）》2010 年第 Z1 期有《精略交互　感悟神奇——〈夸父追日〉教学实录》一文，其教学步骤是：第一，以图导入，引发神奇；第二，充分初读，整体感知；第三，指导阅读，感受神奇。第二步虽未冠以“神奇”之名，但整节课以“神奇”作为组织教学内容和推进教学流程的线索还是清晰可见的。不但如此，其核心环节——“指导阅读，感受神奇”环节，也以“神奇”贯穿之：教师先让学生默读课文，画出感到神奇的句子，然后以问题“神奇在哪里”为线，组织交流，进行细致的指导，并穿插朗读训练。若不加说明，单考察其教学模式或实施情况，你能判断出这是精读课还是略读课？从师生在其中的地位来看，教师导得细致，学生并无多少独立学习的空间；从流程的推进看，是典型的线性推进。由此不难判断，教师上的是精读课。若一定要找出它与一般精读课的区别，那就是一篇课文只用一课时，教学容量相应减少罢了。

这种线性推进教学流程的模式是否为精读课唯一正确的模式？有个事实是，阅读课到底应该“教课文”还是应该凭借课文“教语文”的问题已经开始引起讨论。而上述的线性推进教学流程的模式至少更适合于“教课文”。换言之，这种模式一统天下的局面并非不可改变。现阶段，改变完全可以先从略读课开始。略读课既以培养学生独立阅读能力为最主要的目标取向，课堂的核心环节就理应是学生的独立阅读。教师备课时，一般应将“得意”“学言”等目标具化为简明的学习任务，上课的初始阶段就应该将其全部或分两三个阶段呈现给学生，然后放手让学生围绕任务独立阅读。因此，课堂实施过程中，教师需要将学习活动的安排和组织置于优先地位。不同阶段、不同形式的活动构成一个个板块，以板块的连接推进教学进程，即板块推进。板块推进，让课堂呈现出“粗放”的形态，少了主线鲜明、流水无痕的结构之美，却留给学生充分的独立学习的时空。

《夸父追日》是人教版三年级语文下册“神话故事和民间传说”单元的第四篇课文，也是一篇略读课文。为文体特点所决定，本单元除古诗以外的课文都文字浅显，表达方式以叙述为主，特别适合进行讲故事即详细复述的训练。在教学《夸父追日》前，可以结合前一篇课文《女娲补天》的教学，让学生掌握讲述故事的要领，教本文时，可以这样安排流程。

(1) 谈话导入,回顾方法

①谈话:上节课我们学习了一篇充满神奇色彩的神话故事《女娲补天》,同学们还练讲了这个故事。今天这节课,我们要来学讲《夸父追日》,这也是个神话故事,希望同学们能讲好它,回家以后,还要把它讲给爷爷、奶奶、外公、外婆、爸爸、妈妈和其他小朋友听。那么,应该怎样讲这个故事呢?谁还记得我们是用什么方法讲《女娲补天》的?

②回顾后出示:根据课文内容写成提纲;在提纲的各个部分,把体现这部分主要内容的重要词语,按顺序排列出来;将这些词语进行扩充,把课文的内容串联起来。

(2) 独立学文,厘清文脉

①读一遍课文,自学新词。

②再读课文,拟写提纲,摘抄重要词语并有序排列。

③组织交流评价后,呈现——

夸父希望太阳固定在天上:升起、落下、漫长的黑夜、追赶、抓住、固定、永远。

夸父追赶太阳:拿着、提起、迈开、奔跑、追到、又红又亮的火球、举起手臂。

夸父口渴喝水:喉咙冒烟、俯身喝水、喝干、没有止住口渴。

夸父倒下长眠:向北方跑、颓然倒下、把手杖向前一抛、长眠。

夸父化为大山,让人奋勇前行:阳光普照、大山、桃林、桃子解渴、奋勇前行。

(3) 独立与合作,尝试演练

①根据提纲和重要词语,自己试着把内容串联起来。

②同桌之间,或者自己寻找的伙伴之间,轮流试讲。听的同学要注意讲的同学是不是把故事讲完整了。

(4) 全班试讲,组织评价

在全班同学面前试讲,相互评价。

(5) 布置作业,延伸课外

①把《夸父追日》讲给家人或其他小朋友听。

②课外搜集民间故事或神话故事,讲给同学听。

以上设计以由浅入深学讲故事而不是以理解文本内容为线来安排教学流程,是典型的板块推进。教学此文或许可以采用不同的教学模式,但要使之成为真正的略读课,一般宜板块推进其流程,唯如此,才能凸显独立阅读能力的培养。

3. 活动形式

教是为了不教。半独立阅读的略读课，终极目标就是不教而学生自能阅读。换言之，略读课也就是课内教师教读通向课外学生自读的一道“桥梁”。与此相应，略读课流程推进有别于精读课，师生的教与学活动都应服从于最终自能独立阅读的需要，体现“桥梁”的本色。

精读课中的课堂活动以师生、生生互动性活动为主，尤其是师生之间的互动性活动。教师方面，精心设问、与学生的互动、即时调控，必不可少；学生方面，默读、朗读、讨论、交流、动笔、圈画等，交替进行。

半独立阅读的略读课，教与学活动则必须体现以下几个特点：师生、生生互动性活动与学生独立性活动相结合，但应更突出学生的独立性活动；教师指导下的活动与学生自主性活动相结合，但更应重视学生的自主性活动。热烈和外显的活动与静默和内部的活动相结合，但宜更多采用静默的活动，特别是不能忽视内部的思维活动。只有这样，才有助于培养学生独立阅读的能力，实现自能读书的终极目标。

在略读课中，教师的活动主要有打造和呈现学习任务、适当进行方法指导或点拨、组织评价等，应大幅度减少精读课中常见的精心设问、与学生互动、即时调控等，谈话法不宜大量运用，否则就挤占了学生独立阅读的时间。

略读课可适当进行朗读，但大量的课文应采用默读。比起朗读，默读省去发音动作，直接用眼睛扫视，速度快于朗读。默读时，不必像朗读那样辨认字音、斟酌语调、考虑停顿等，便于将注意力聚焦于学习的内容。少了发音，便于静思默想。不易理解处，可慢读、重读、多读，直至理解。迅速、大量地阅读，必须借助默读，所以默读成为课外阅读的主要手段。略读课只有多用默读，才能发挥“桥梁”的作用。当然，多用默读，也要依据不同学段而有所区别，小学中年级学生刚刚学会默读，可以朗读和默读相结合；已经学会默读的小学高年级学生，就应该主要运用默读。

动笔是个体的独立行为，伴随动笔的是独立思考。精读课固然也应有让学生动笔的机会，但略读课，教师则给予学生更多时空，通过适当指导，让学生动笔，以充分彰显学生的独立性，体现略读课的半独立阅读性质。同时，“不动笔墨不读书”是一种良好的阅读习惯，作为课内外阅读“桥梁”的略读课，培养这种习惯，对于学生课外完全独立阅读意义重大。

4. 课堂面貌

所谓课堂面貌指的是课堂呈现出的样子、氛围等。著名特级教师孙双金老师曾说:“我梦中的课堂,学生小脸通红、眼睛炯炯有神;学生小手直举、小嘴常开;学生兴趣盎然、兴致勃勃;学生思接千载、浮想联翩;学生如沐春风、如痴如醉。学生沉浸在美的画面、诗的境界、爱的怀抱之中。”在此基础上,他提炼出十六字好课标准:“小脸通红,小眼发光,小手直举,小嘴常开。”笔者认为,用此形容精读课应呈现出的课堂面貌,也十分贴切。

为此,精读课往往追求精妙的教学设计——主线鲜明、层次清晰、前后照应、细节丰满,也追求教师精彩的现场表现——提问精当、点拨巧妙、语言生动、随机应变、挥洒自如。一句话,精读课不仅追求实效性,也致力于打造观赏性,至少现阶段大都这样,尤其是公开课、观摩课等。以下是王崧舟老师《慈母情深》的教学片段。

出示:“母亲却已将钱塞在我手心里了,大声对那个女人说:‘我挺高兴他爱看书的!’”(生齐读)

师:老师相信其中有一个细节会让你特别有感触?

生1:塞。

师:圈出这个“塞”字。

师:自由读一读这句话,把目光聚焦到这个“塞”字,你有怎样的体会?

生1:迅速。

师:请你加上“迅速”读这句话。

(生1读。)

师:这还是怎样的一塞?

生2:充满期盼。

师:请将“充满期盼”加到“塞”字前读。

师:这还是怎样的一塞?

生3:慈爱。

师:请加上“慈爱”读。

师:这还是怎样的一塞?

生4:毫不犹豫。

生5:迅速。

师:这是毫不犹豫的一塞,这是迅速的一塞,一起读。

(生齐读。)

师:母亲塞到我手里的只是钱吗?

生6:还是母亲对我的爱和期待。

生7：包含着母亲对我的希望。

生8：母亲辛勤劳动的汗水。

师：课文学到这儿，回忆母亲劳作的画面、给钱的细节，你感受到了——慈母情深。

就一个"塞"字，王老师的教学分三个步骤：第一步，通过读书让学生初步模糊地感受"塞"字遣用的精妙。第二步，通过"你有怎样的体会"和"这是怎样的一塞"等问题，引导学生领会"塞"具体隐含的意味。第三步，通过"母亲塞到我手里的只是钱吗"的追问，引导学生深入领悟字里行间表达的情感。三个步骤，由浅入深，精心安排，绝不可任意调换。显而易见，王老师对怎样设问和设问几次，都精心规划，与学生的回答构成了言语的复沓和排比，充满了诗意和美感。

但是，《慈母情深》在人教版教材中是一篇略读课文。王崧舟老师有权将其上成精读课，但老师们却不可将之作为典范的略读课来仿效，因为这样的课堂并无学生独立学习的空间。略读课更应致力于指导学生尝试运用学会的阅读方法独立阅读，主要心思应倾注于培养学生独立阅读的能力，不必绞尽脑汁打造课堂的观赏性，无须刻意追求让人如沐春风的感染力。就以《慈母情深》而言，若把品词析句作为教学的重点，教学过程可以这样安排：先让学生回忆品词析句常用的追问、比较等方法，接着放手让学生自己读书，在书中圈画关键词句，运用追问、比较等方法写下批注，然后交流评价。这样一来，就难有无痕的流程、精心的设问和诗意的语言，有的只是学生的动手动脑、独立阅读的历练和独立阅读能力提高的期待，似乎没有教学艺术的精彩展示，似乎没有让人陶醉的"观赏性"，殊异于我们常见的课堂面貌。

课能上成这样吗？不少老师难免对此不放心、不踏实，顾虑重重。这可以理解，但大可不必。只要牢记略读课的半独立阅读性质和培养独立阅读能力的终极目标，就会释然、坦然、坚定方向。注重培养学生自学能力的课堂，即使是精读课也往往没有太多的"观赏性"。语文教育家魏书生老师既当教育局局长又当校长，还兼任两个班的班主任和语文课老师，一年之中有半年时间在外讲学，而学生的成绩总是遥遥领先，其法宝就是培养了学生自能读书的能力。他创造了"六步教学法"，步骤是：①定向。就是确定这一课的学习重点。②自学。③讨论。把自学中不懂的地方提出来，互相讨论；讨论也不能解决的问题，留待答题去解决。④答题。也是立足于由学生自己去解答疑难问题，最后由教师解决剩下的疑难问题。⑤自测。根据定向指出的重点、难点以及学习后的自我理解，由学生拟出一组用时十分钟的自测题，由全班学生回答。⑥日结。每个学生口头总结学习过程和主要收获。在45分钟的课上，教师面向全体学生讲授所用的时间一般不超过20分钟，大部分时间都由学生进行独立活动。听过魏书生老师公开课、观摩课的老师的共同感受是，他的课没有多少老师精彩表现的空间，究其实，他根本就不考虑给观课者多少感官上的享受，他追求的是实效，是学生的发展。在他的课堂上，学生成为真正的主人。魏书生老师的"六步教学法"主要针对当时的"讲读课"，当然不能原封不动地照搬进略读课，但其精髓是培养学生自能读书的能力，笔者深信，值得略读课借鉴。

略读课与精读课的区别还有许多，以上四点应是主要区别。在认识略读课基本属性的基础上，把握它与精读课的区别，才能彻底摆脱精读课的影响，构建符合略读课性质和定位的教学模式，从而也才能更高效地实现培养学生独立阅读能力的终极目标。

第四章 语用意识观照下的阅读教学设计例释

我国语文教学范式百年来历经变革，虽然教学主体、核心、内容等多有不同，但是语义和语法教学却成为语文教学的基本形态。21 世纪的教育进入了新课程改革阶段，但是内容的理解和知识的识记依然是语文教学的课程目标和价值追求。

平时，很多教师会关注“这句话写了什么”“这段话表达了什么感情”之类的内容意义，讲授语文知识时注重系统化且偏于静态化。现实中，很多教师遇到过这样的情况：一个学生可能因病、因事请假，几天不听语文课，考试成绩并不会因此而受多大影响，越到高年级越是如此；但是，换作数学课就不行，别说几天不来听课，一天不听，都得在家好好自学才能跟上。这是为什么呢？那是因为在很多的语文课堂教学中，教师没有“语用”意识，一节课下来，根本不知道学生到底收获了什么、收获了多少！

只有“运用”，才能突出语文内在的质的规定性，使语文课程中的阅读和其他课程中的阅读真正区别开来；也只有不断地“运用”，才能让学生逐渐合理、妥帖、熟练甚至有创意地“使用语言”，能用这种语言讲话或作文。

《义务教育语文课程标准》(2011 年版)明确指出：

“语文课程致力于培养学生的语言文字运用能力，提升学生的综合素养，为学好其他课程打下基础。

“语文课程是一门学习语言文字运用的综合性、实践性课程。义务教育阶段的语文课程，应使学生初步学会运用祖国语言文字进行交流沟通，吸收古今中外优秀文化，提高思想文化修养，促进自身精神成长。工具性与人文性的统一，是语文课程的基本特点。

“语文课程应注重引导学生多读书、多积累，重视语言文字运用的实践，在实践中领悟文化内涵和语文应用规律。”

“运用”一词，在《义务教育语文课程标准》(2011 年版)中出现了近 50 次！如此高频，可见“语用意识”于每一位语文教师的重要意义。

本章我们将依托鲜活的教例，重点阐释语用意识观照下的阅读教学形态。

第一节　语用教学概述

一、语用教学的内涵界定

所谓“语用”，主要包含以下三层意思。

(1) 凭借以教材课文为主的文本和母语环境，获得言语技能；

(2) 运用语言技能，在一定的语境中正确、合理地进行表达，并将已经学过的字词句篇章等根据语境进行规范、恰当、个性化的运用；

(3) 运用阅读技能，自主阅读新的文本，从中获得信息、学得知识、增长见识、丰富精神、滋养心灵、提升能力。

语用教学，是指教师通过对文本语言的精准把握和学习活动的精心策划，以“语用”为核心，引导学生感受语言魅力、习得读写经验、生长言语智慧、提高语用技能，促进学生语文素养的形成和发展。

二、语用教学的特点

(一) 教学价值指向言语活动

语言是由词汇和语法构成的系统，而从本质属性和构成来看，语言由语音、词汇、语法构成，它是一种静态的知识体系；言语则是说话(或写作)和所说的话(包括写下来的话)，它由语言运用者、语言运用环境与语言运用作品构成，是一个动态的实践过程。语言是“有限手段”，存在于各种各样的言语当中；言语是“无限使用”，它凭借语言构造出无数意义世界。

语用意识观照下的阅读教学，是指向言语活动的，它以语言运用为学习语言的起点与终点，让学生在学习语言运用中运用语言，从而形成言语能力。

（二）主要着眼于学生基本言语能力的提高

语言学习大致分为三个层次：第一是语言的基础，主要学习系统的基础语言，从写字、用词、造句、组段到成篇，并学习简单的实用语法。这个层次，要求学生学习语言表达通顺，用词准确，句子完整，句意明确，句子与句子在结构、语意和语气上连贯，段落层次清楚，思路清晰。第二是语言的应用，主要是学习文章的各种表达方式，包括记叙性语言、说明性语言、抒情性语言和议论性语言，并学习一些简易的实用语法和实用逻辑。这个层次继续要求学生学会语言表达通顺，并在通顺的基础上逐步简洁。第三是语言的提高，主要学习文学语言，包括散文语言、小说语言、戏剧语言和诗歌语言，并学习实用修辞。这个层次进一步要求学生学会语言表达流畅、生动。就小学阶段而言，应侧重语言的基础和语言的应用两个方面。

而在语言的实际运用中，语用能力又可分为两个层次，一个层次是规范地运用语言文字，一个层次是创造性地运用语言文字。规范地运用语言文字是指在运用语言文字时遵守已有的、共同的语言和言语规则。而创造性运用是在规范运用的基础上更高的一个层次，是对规范运用的超越，是对既有语言和言语规则的突破。真正语文能力高的人，无不是同时具备了规范运用和创造性运用能力的人。

（三）基本教学策略是让学生“亲历”和“历练”

语言是人们交流思想的工具，实践性是它的本质属性。人类语言能力的获得、发展，始终伴随着语言训练——实践活动；离开这种活动，语言能力就根本无法形成。这就决定了小学语文教学不是要教学生许多关于语言的知识，让他们去研究和谈论语言，而是要帮助他们形成实际运用语言的能力。能力不可能是讲会的、听会的，它必须通过反复实践和练习，这就不能离开多读多写。清朝的颜元说得好：“讲之功有限，习之功无已。”“……垂意于‘习’之一字，使为学为教，用力于讲读者一二，加工于习行者八九，则生民幸甚，吾道幸甚！”[①]因此，成功的语文教学，一定要创设条件，让学生在听说中学会听说，在阅读中学会阅读，在写作中学会写作等。语文教师的讲解、传授，无论如何也不能取代训练和学生的各种形式的自我语言实践活动。

语用意识观照下的阅读教学应当突出两个环节：一是感受的实践，即学生借助文本，通过感悟、欣赏言语现象，感受语言使用的精妙和特点；二是旨在将所感受的言语现象转化为语用的实践，即教师创设具体的语用情境，学生迁移从文本感受

① 颜元：《颜元集(全二册)》，中华书局 1987 年版。

到的言语现象，提高言语表达能力。这一过程，必须强调“两历”：一是“亲历”，二是“历练”。

所谓“亲历”，就是亲自经历、亲身体验。一个人言语能力的提高，肯定是自己的事，其他任何人都是无法代替的，必须强化自身的亲力亲为和切实体验。洪堡特曾说：“没有人能真正传授一种语言，只能提供条件让语言在学习者的头脑中自然地发展起来。”①

在实际的学习活动中，“亲历”是指学生不仅要独立思考，而且要用自己的眼睛看，用自己的耳朵听，用自己的嘴说话，用自己的手操作，即用自己的身体去经历，用自己的心灵去感悟。这不仅是理解知识的需要，更是激发学生活力、促进学生成长的需要。“亲历”重视直接经验。从课程角度来说，就是要把学生的个人知识、直接经验、生活世界看成重要的课程资源。从学习角度来说，就是要把直接经验的改造、发展作为学习的重要目的。这样，学生一旦从文本或生活中获得了言语经验，就能够直接作用于言语实践，使直接经验不断丰富、发展、升华，从而实现知识与能力的统一。

所谓“历练”，就是学生参与言语实践的过程不是一次两次，而是反复地练。因为，语用是一种驾驭语言的技能，凡属技能都需反复练习，多写才能笔顺，勤练方可文畅。所以，语文能力的提高，必须以一定数量的语言材料积累和反复多次的语言实践为基础。早在 70 多年前，叶圣陶先生在《略谈学习国文》中就曾说过：“国文教本为了要供学生试去理解，试去揣摩，分量就不能太多，篇幅也不能太长……但是要养成一种习惯，必须经过反复的历练。单凭一部国文教本，是够不上说反复的历练的。所以必须在国文教本以外再看其他的书，越多越好。”“学校里的定期作文，因为须估计教师批改的时间和精力，不能把次数规定得太多。每星期作文一次算是最多了；就学生历练方面说，还嫌不够。为养成写作的习惯，非多作不可；同时为适应生活的需要，也非多作不可。”虽然讲的是阅读与作文，但对言语实践活动也一样具有指导意义。

（四）凸显“以语言带动内容”

任何一篇课文都是通过具体可感的语言表达一定的思想，是特定的内容和特定的形式的统一体。语言学习过程应该是一个理解语言文字和理解内容相统一的过程。这个过程是由两个相互联系的阶段构成的：第一阶段是借助语言理解课文

① 威廉·冯·洪堡特：《洪堡特语言哲学文集》，商务印书馆 2011 年版。

的思想内容，第二阶段是在理解内容的基础上，体会课文内容的语言表达特点和规律。可见，理解课文内容是语言学习的前提，忽视或放弃课文内容（特别是难点、疑点、重点、突破点）的分析是不可取的。但是，上述过程的出发点是语言，落脚点仍是语言。也就是说，课堂教学以语言应用为主线，带动对课文内容、情节和思想的理解，即教师强化学生对语言的表达特点及语言对思想内容的表现力的认识，引导他们学习语言表达的方式。这种"以语言带动内容"的总体策略是语用意识观照下的阅读教学所凸显的，也是区别于以内容学习为主的教学的显著特点。

正因如此，理解和感悟课文的内容和语言，成了语言应用的基础和前提，换言之，语言应用必须建立在熟知、掌握语言和言语的各种规则的基础上，只有这样，正确、规范、有创意的表达才不会成为镜中花、水中月。因为，语言见之于声音，有共同的语音规则；语言见之于文字，有共同的书写规范；语言表达意义，有共同的组合法则；等等。读错音、写错字、违反了遣词造句的一般规则等都不可能达到对语言文字的正确理解和运用。因此，语言运用不可能绕过语言的理解和感悟，必须将其纳入自身体系之中。所以，"语用型"教学的首要任务就是借助文本，感受语言特点，领悟语言规律，进而在熟练掌握语言规则的前提下掌握根据语境使用语言的规则，即言语规则。关于这一点，李海林先生在《言语教学论》中用非常概括的语言提出了四个指标，即"语言与言语内容、语言与言语主体、言语主体与言语客体之间的高度和谐关系以及这三者高度和谐的美学效果，即所谓'风格'"。以上这些约定俗成的语言规律以及言语在特定语境中的运用规则是正确运用语言的前提。而言语规则的获得，没有理解、感悟是不可想象的。所以，"理解""感悟"和"运用"是密切联系、有机统一的概念，不能把它们割裂开来。"运用"不能离开"理解""感悟"这个基础，"运用"才是最好的理解和感悟。

（五）融"工具性"与"人文性"于一体

语用意识观照下的阅读教学远远不是以往的纯技术性的语言训练，而是融工具性与人文性于一体的"言""意"互转、"言""意"融合的过程。这是由文本特点与教学目标决定的。大家知道，一篇文章无非是要描述一个客观的人物、事件、景物或自己的某些想法，抒发自己的感情。所写的人物、事件、景物等是具有客观性的，这个客观性是不以人的意志为转移的。但是，这种客观存在的人物、事件、景物等，不会自动跑到你的言语作品中成为你作品中的言语内容，它之所以成为你言语的内容，是由于你去说、你去写。而作者去说、去写的过程就是人文精神生成的过程。优秀的文本就有人文精神——那个时代的人文精神——渗透其中。人文精神不仅主要表现在内容中，还表现在形式中，也就是说，我们应当把关注的重点由言语的内容转移到言语的形式上，由“说什么”转移到“怎么说”上面。俄国曾经有一个学派叫形式主义文论学派，有两位著名的代表人物，一位叫托马舍夫斯基，他讲过一句很有名的话，“表达在一定程度上具有本体价值”；另外一位是什克洛夫斯基，他说：“形式为自己创造内容。”我们认为，一种言语形式有两种内容，一种是形式所表达的内容，一种是形式为自己所创造的内容。如人教版五年级语文下册《人物描写一组》中的《“凤辣子”初见林黛玉》一课，其中有这样一段：“（熙凤）又忙携黛玉之手，问：‘妹妹几岁了？可也上过学？现吃什么药？在这里不要想家。要什么吃的，什么玩的，只管告诉我。丫头老婆们不好了，也只管告诉我。’”初读此语段，觉得熙凤怜爱、关心黛玉，可细细一琢磨“妹妹几岁了？可也上过学？现吃什么药？”这几句话，一个讨好贾母、投机取巧、虚情假意的伪君子形象就跃上纸面。试想，熙凤若是真关心黛玉，就应该等黛玉回答一个问题后，再接着问下一个问题。可作者却把三个问题连在一起，就是告诉读者熙凤不需要黛玉回答，她的一番话本就是说给贾母听的。

言语形式为自己所创造的内容，是形式本身所具有的本体价值，称为隐性的内容。隐性的内容正是文本或作者人文精神渗透之所在，结晶之所在。这就告诉我们，语用意识观照下的阅读教学虽然是以训练学生言语能力为重点，但并不是摒弃人文，将工具与人文割裂开，而是在说、写过程中，自然而然地将学生的思想认识、情感态度融入言语表达，从而达到工具性与人文性的统一。在教师正确指导下的言语教学不但不会削弱语文课程的人文因素，反而会使人文性与工具性相辅相成，相得益彰。当然，人文教育如果脱离了对语言的学习和品味，必然空洞。

三、语用教学的整体架构

（一）细读文本，精准定位

文本解读，直接关系到教学内容的选择和教学目标的制订。那么，语用意识观照下的文本解读要“怎么读”“读什么”呢？

首先，教师要以“素读”的心态获得阅读初感。素读，即作家阿城所说的“你不带你的意见去读”。虽然教师在文本解读时有多重角色，但是最初应该是一个真实而普通的读者。教师在“素读”中读懂文本，读懂作者，再将自己积累的东西与文本对接，读出丰富意蕴。

其次，教师要以“语文”的眼光聚焦语言，发现教学价值。此时，教师要把课文当作教学文本去读，从专业角度，以“语文”的视角，去审视、发现、挖掘其中的语文元素。

比如人教版二年级语文下册中的《找春天》，当我们聚焦语言时，必定会发现这组句子：

小草从地下探出头来，那是春天的眉毛吧？

早开的野花一朵两朵，那是春天的眼睛吧？

树木吐出点点嫩芽，那是春天的音符吧？

解冻的小溪叮叮咚咚，那是春天的琴声吧？

这组句子语气相同、结构类似，读起来朗朗上口，极富音乐美。这样的语言，应该让学生品味、积累与运用。

（二）精选内容，制订目标

叶圣陶曾经说过：“文章是多方面的东西，一篇文章可以从种种视角来看，也可以用在种种目标上。例如朱自清的《背影》可以作‘随笔’的例，可以作‘抒情’的例，可以作‘叙事’的例，也可以作‘第一人称的立脚点’的例。此外如果和别篇对照比较起来，还可以定出各种各样的目标来处理这篇文章。”[①]所以，一篇课文可教的东西那么多，教师应该根据学段要求、学生实际，选择最有价值的教学内容。

如苏教版四年级语文上册《九色鹿》第二课时，以下三位教师制订的教学目标截然不同。

教师 a：精读重点片段，认清调达背信弃义的丑恶嘴脸，愤怒谴责调达、国王的卑鄙行径，明白做人要善良守信。

教师 b：能正确、流利、有感情地朗读课文、复述课文；学会本课生字新词；理解课文内容，明白做人要恪守信用的道理。

教师 c：有感情地朗读课文，体会人物形象；自读感悟，采取对话形式交流，小组合作学习；课本剧表演，内化文本语言。

上述三则教学目标的确立都有不当之处，教师 a 虽然紧扣了中年级的训练目标，但将国王的形象混同于卑鄙无耻的调达，显然是不恰当的，而且目标偏向于品德教育，忽视语文本位。教师 b 制订的显然是两个课时的总目标，不是第二课时的课堂教学目标。而且教学目标空泛，没有突出学段训练重点和这篇童话的特点。而教师 c 的教学目标又成了教学组织形式和教学策略，况且把课文改成课本剧进

① 叶圣陶：《叶圣陶教育文集》，人民教育出版社 1994 年版。

行表演，需要一定的时间，非第二课时当堂能够完成。

这是一篇民间故事，教师可以围绕“义”字确立《九色鹿》第二课时的教学目标。

(1) 从想象情境、体会人物内心想法入手，有感情地朗读课文；

(2) 通过九色鹿勇救落水人和调达前后变化的有关重点段落，感受九色鹿救助他人、不图回报的义举之美，调达违背誓言、恩将仇报的不义之耻，进而在对比中领悟“义”的深刻内涵；

(3) 理解并积累“背信弃义”等词语，体会“竟然”与反问句式所反映出的九色鹿的愤怒心情，并学习运用它们(加上带“义”的成语)写一段国王“斥责”调达的话语；

(4) 明白做人要恪守信用的道理及为人要心地善良、乐于助人，接受中国“义”的文化熏陶，把“义”大写于心头。

精选教学内容，制订教学目标，体现了语文教学的总体培养目标：培养学生对语言文字的感受、理解、积累和初步的运用能力。又突出了中年级的训练目标：抓住重点段落培养学生感悟语言的能力。于永正老师说过：“要一课一得，得得相连，学生就会了不起。”[①]若教师在选择教学内容时“面面俱到”，那么对于每一个“点”就只能“蜻蜓点水”了。

(三) 巧妙设计，真实运用

语用意识观照下的阅读教学设计，首先教师要引导学生通过语言文字读懂课文意思，用心感受其中蕴含的情感，实现“语言文字”向“形象、意义和思想”的转化。

其次，教师要通过句子比较、重点强化等方法，使学生发现课文的语言现象，品味语言表达的精妙，实现对本文语言形式的挖掘和把握。

最后，当学生体悟到语言形式所蕴含的丰富内容以及如此表达的精妙所在后，教师还要创设新的语言环境，引导学生迁移运用；借助朗读、吟诵等手段，使学生在身体、心理、情感的多方位体验中，感受语言情趣，享受语言之美与学习之乐。

课后练习：

人教版五年级语文下册中的《祖父的园子》是著名作家萧红写的。下面这则教学实录，执教者是否具有语用意识？为什么？请以细节例谈。

---

① 于永正：《于永正：我怎样教语文》，教育科学出版社 2014 年版。

研读"自由之景"

师：老师觉得还有一个自然段，也能让我们感受到园子是自由的，是哪个自然段？

生1：第十六自然段。

师：你们认为呢？

生齐：是的。

师：请关注第十六自然段。（课件呈现）这一段不是写景的吗？你看这一段写到了花儿，写到了鸟儿，写到了倭瓜，写到了玉米，怎么让你感受到园子的自由呢？

生1：她说要怎么样，就怎么样，都是自由的。

师：这段话里面有一个句式反复出现，哪个句式？

生1：要怎么样，就怎么样。

师：对。要怎么样，就——

生齐：怎么样。

师：所以我们就感受到了自由，是吧？

生齐：是。

师：关于倭瓜，关于玉米，虞老师也写了这样一段话，请看。（课件呈现：倭瓜长蔓了，沿着花架往上攀，一直爬到了房顶，再挂下来，随风摇摆，甚是婀娜。黄瓜也开花了，这儿一朵，那儿一朵，怎么开，都很美，她们仰着黄色的小脸，向着和风点头。一群群蝴蝶在花间翩翩起舞，分享着这场花的盛宴。玉米苗也伸展着腰肢，向着天空微笑。一切都是美的！）快速浏览，你读出了什么？相信你读了这段话，你就会由衷地发出感叹，哇——这景色——

生齐：好美啊！

师：你看，同样描写的是这些景物，但是写法不同，我们的感受也不同。从这段话里面，我们读出了景物的什么？

生齐：美。

师：萧红的这段文字，让我们感受到园子的——

生齐：自由。

师：一切景语皆情语。作者难道仅仅在诉说景物的自由吗？作者实际上是在表达——

生齐：自己的自由。

师：萧红借景物的自由来表达她自由的心境。这样的写法就叫作——

生齐：借景抒情。

师：透过这段文字，萧红她一定在诉说——

[课件出示(生在配乐中补读)：我愿意(摘黄瓜)，就(　　)；我愿意(捉蚂蚱)，就(　　)；我愿意(　　)，就(　　)。]

师：这样的例子举得完吗？

生齐：举不完。

师：所以我们可以用这样的话来概述——在这样的园子里，我——

生2：想做什么，就做什么。要怎么样，就怎么样。

师：学到这儿，你们一定明白了，这份快乐的源头就是——

生齐：自由。

师：也就是说，因为自由，所以快乐。那么，为什么题目不叫自由的园子呢？

生3：因为园子是祖父创造的。

生4：是祖父的爱和宽容给了萧红自由和快乐。

师：说得好！所以，萧红就把这篇文章的题目定为——

生齐：祖父的园子。

师：这也表达了萧红对祖父的——

生齐：怀念。

第二节　语用教学的实施策略

在很多一线教师的心目中，好课的标准是：文本解读独到，教学设计精巧，课堂展示精彩。粗看貌似不错，但是细品发现，每一个标准的主语其实都是“教师”。基于这样的标准，我们常常可以看到这样的课堂：课始，教师以一段抒情导语激情导入，然后学生初读；教师又讲一段激情的话语，然后提问；几个学生发言，教师小结，又讲一段抒情的话语；最后，教师又是大段抒情甚至煽情地总结。这样的课，如果抽去教师的话语，课堂还剩下什么？

一堂语文课，不只是“教的活动”，更应该有“学的活动”。学生要真实经历学习的过程，一堂课要实现学生言语知识、语用经验、表达技能的提升；要使学生掌握一定的阅读方法，形成阅读能力，提高言语表达能力，达到既学课文、又学语文的双重目的。

一、关注本源，选取语用材料

（一）依据学习需求，选取语用教学点

很多时候，教师对文本的解读非常深入，但课堂上学生能得到的东西却很少，那是因为教师未能立足于学情，没有依据学生的学习需求设计语用方案。教师只是一味站在教的角度上给予、展示，没有站在学生角度想学生到底想要什么，学生的学习起点是什么，没有激发学生的学习欲望与需求。没有立足于学情的语用是失败的，因为没有站在学生角度，没有准确估计学生的学习基础，可能会揠苗助长，也可能原地踏步。因此，教师切记，"学"是"教"的基础和目的，"教"是"学"的关键和核心。

低年级小学生需要养成识字能力，根据这一需求，教师可从识字中选取语用点。如《我要的是葫芦》一课中"挂"字的教学，教师可根据这个字编识字儿歌"有手能挂上"，然后让学生给形近字"佳、哇、娃、蛙、洼"等字编识字儿歌。这就是符合学生需求的语言点。

请看特级教师王玲湘执教的人教版三年级语文上册中的《灰雀》。

【实录片段】

师：生词读准了，还记得第二个要求吗？（出示自读要求）全文共有多少个自然段？

生齐：十三个自然段。

师：课文讲了一件什么事？不急，这篇课文中好几个自然段的开头，都是表示时间的词语，我们一起来找一找、圈一圈。

（学生找的词语有"有一年冬天""一天""第二天"。）

师：这三个时间把课文分成了三个部分。老师请三名同学分别来读这三部分。其他同学仔细听，认真想，在每一个时间里，发生了什么事？

［出示填空：

有一年冬天，列宁看见（　　　）。

一天，（　　　）一只的灰雀，列宁遇见了（　　　），并与他交流。

第二天，列宁又看到（　　）。］

（生每读完一个部分，概括一层意思。）

（课件逐条出示答案。）

师：这篇课文说的是什么事呢？

（同桌互说，指名说。）

师：我们根据时间把课文分成了三部分，读懂了每部分的意思，再把三部分的意思连起来，就是课文的主要内容。

【教学点评】

王老师了解学生的实际需求，着力培养学生自主学习的能力，指导方法匠心独运。学生按要求读课文后，教师需要指导学生初步概括课文主要内容。对于刚跨进三年级的学生来说，这是一个难点，但是“能初步把握文章的主要内容，体会文章表达的思想感情”，又是第二学段的阅读教学目标之一。教师精心设计了“方法引路，扶放结合”的步骤，循序渐进，效果良好：第一步，以“这篇课文中几个自然段的开头，都是表示时间的词语，我们一起来找一找、圈一圈”引导学生关注表示时间的词语；第二步，依据时间把课文分成三个部分，指名读每一个部分，以填空为拐杖，启发学生思考“在每一个时间里，发生了什么事”；第三步，鼓励学生尝试把三部分的意思连起来，说出课文的主要内容。

学生在“三步”引领下学会了抓关键词连句归纳课文主要内容的方法。

（二）根据学段任务，选取语用教学点

语文课程的核心任务是语言文字运用。同时我们还应看到，不同学段学生的语言学习运用具有不同的特征。低年级要着重引导学生练习用词的准确和句式的运用，中年级要引导学生关注段落的结构和修辞方法的运用，高年级则要引导学生从作者的表达方式、篇章的结构等方面展开学习。

《穷人》是人教版六年级语文上册中的一篇课文，作者列夫·托尔斯泰为表达人物桑娜的忐忑不安，运用省略号，既给读者留下想象的空间，又将人物的内心活动和特征表现得淋漓尽致。省略号的运用是这篇课文很好的语用点，将此设为语用教学点符合高年级教学要求，因为高年级学生学习特色表达方式是学段学习的重要任务。

《四季》是人教版一年级语文上册中的课文，根据低年级学习任务，教师不能将语用点放在模仿写话上，引领学生将课文读得有滋有味才是符合一年级学习任务的语用教学；而《听听，秋的声音》是人教版三年级语文上册中的课文，在教学时就可以设计模仿写话环节。

由此可见,选取语用教学点极为重要的一点是依据学段任务,语文课程标准中的年段学习目标是选取语用教学点的重要依据。

(三)分析文章特点,选取语用教学点

都说教材无非是个例子,但用好教材这个例子,使学生在学习语言的过程中学会运用语言文字,能让学生一课一得,非常重要。想要用好教材,教师就需要认真解读文本,结合文本特点和学生的学习需求,开展有效的语言训练。

我们在第三章曾经讲过,不同的文本有不同的特点,每一篇课文都有独特的教学侧重,挖掘文本资源要依托文本特点。王荣生教授对各种教材进行了专题研究,为一线教师把握教材的定位提供了依据。他提出教材选文一般可以分为"定篇、例文、样本、用件"四类,每类选文有不同的功能。以人教版五年级语文下册教材部分单元为例,对教材选文略做分类。

第五组选入《将相和》《草船借箭》《景阳冈》和《猴王出世》四篇文章。这四篇课文或根据古代名著改编,或为古代名著节选,让学生又一次享受到了古典文化大餐,将其作为"定篇",应该是合适的。既是"定篇",教学的重心当然应放在"彻底、清晰、明确地领会"课文本身上。学生通过学习,真切地理解古代文学作品的艺术成就,感受中华文化经典的独特魅力,从而受到文化熏陶,提高文学素养。

第二组和第七组可看作是"例文",但这两组文章又有所不同。前者的目的是学习阅读方面的知识,后者则重在学习写作方面的知识。第二组的五篇课文有一个共同特点:作者写的都是生活中的真人真事,表达的都是真情实感。教师要让学生明白,阅读这类文章,就要入情入境地读,体会作者表达的思想感情,然后有感情地朗读。第七组的三篇课文中,第一篇是一组人物描写,它以片段形式出现,后两篇以整篇选入。不论是片段还是整篇,目标都指向刻画人物的描写方法。所以,这一组课文的重点应放在刻画人物描写方法的学习上。

第六组是综合性学习"走进信息世界",共有两组阅读材料,分别安排在"信息传递改变着我们的生活"和"利用信息,写简单的研究报告"两个板块中。这两组阅读材料有着明显的差别。在学习任务方面,第一组阅读材料要求:①"了解现代社会信息传递有哪些方式,和以前信息传递的方式有什么不同,然后和同学交流"。②"做一次调查,记录全家人在一天中都从哪些渠道获得了哪些信息。再根据记录做一些分析,看看从中能发现什么"。③"请就怎样正确利用电视、网络等媒体的问题,展开讨论或辩论……"第二组阅读材料则要求"选择感兴趣的话题,搜集和处理相关信息，学写简单的研究报告”。这里其实就暗含了“怎样写研究报告”的方法指导，而这正是这一组阅读材料的功能和价值。在材料组成方面，第一组阅读材料文体多样，有故事、说明文、演讲稿。这组阅读材料的内容比较集中，都反映了信息传递方式的变化及其对人们生活的影响。第二组阅读材料是两篇简单的研究报告，《奇怪的东南风》记录了一次问题研究的过程，学生可以从中学到怎样做简单的科学研究；《关于李姓的历史和现状的研究报告》是一篇比较正规的研究报告，以这篇研究报告为范本，学生比较容易学写简单的研究报告。基于以上分析，我们可以这样认定：第一组阅读材料，其实不是让学生去“学”文，而主要是“用”文章里的内容，或者是借该选文学习文章里所讲的内容，或者是受到文章里所讲内容的启发，去开展一些与文章相关的学习活动，应当作“用件”来处理。第二组阅读材料是具有代表性的两篇不同类型的研究报告，其目的在于通过给学生提供研究报告的样本，使学生了解研究报告的基本特点，并尝试着自己写研究报告。

确定选文类型，明确选文功能之后，就必须以此为导向，对各类型选文采取相应的教学方法和策略。

1. 对于“定篇”，可重组材料，设计练习

一是重组内容。重组时，尽量利用学生手头现有的文章或推荐经典作品，让学生有机会接近大师的作品，为学生与语言大师进行精神对话、心灵沟通提供条件。比如教学《将相和》，就把这篇课文与《史记》中的另外一些人物故事（如大禹治水三过家门而不入）、伟大诗人屈原的传记作品或现代人物传记片段，组合在一起进行集中阅读，这样可以使学生更全面地了解传记的基本写法和特点，达到“了解和欣赏”的目的。指导学生品味同题材文章的不同写法，激发学生的阅读兴趣；要求学生阅读并讲述文章是怎么表现人物的形象和性格特征的。

二是设计练习。由于对选文的阐释、对选文类型的把握关键在于教材的练习题设计，因此教师需要重新设置课后练习，例如：①《将相和》与《晏子使楚》都是写古代历史人物的，试做比较，说说两篇文章在写法上有什么异同点。②讨论人物传记与一般的写人记事文章有什么不同。③比较《半截蜡烛》（第三组）、《将相和》两篇课文，说说这两篇课文在推动情节发展和刻画人物形象上有什么区别。④开展“传记大搜寻”活动，让学生分小组去搜集古代、现代、中国、外国的传记作品片段或评析文章，编一本选集。这样就分别从传记的基本写法，比较传记与历史故事、一般写人记事文章的异同，动手搜索等多方面，引导学生彻底、清晰、明确地领会传记作品的特点，并切实感受到古代文学经典的魅力。

2. 对于"例文",可做局部聚焦

将本来可以多角度理解的选文,限制在一个特定的侧面、特定的点来作为例子,是"例文"的实质。这就是说,选中的这一篇"例文",教师用的其实并不一定是整篇的"文",多数情况下,派上用场的只是选文的某一侧面的某一点或某几点。所以,在教学中就没有必要对选文做面面俱到的分析,应该把注意力集中到"例"的局部,引导学生扎扎实实地学会听说读写的知识、技能、策略。如第七组的第一篇课文重在使学生学会刻画人物的方法。这一组课文刻画的人物形象有古代的,有现代的,有中国的,有外国的,有正面的,有反面的。刻画的方法也丰富多样,如《人物描写一组》中《"凤辣子"初见林黛玉》,通过王熙凤语言、动作、外貌的描写,淋漓尽致地表现出王熙凤泼辣、圆滑的性格特点。《临死前的严监生》主要通过严监生动作和神情的描写,塑造了一个吝啬贪财、惜财如命的守财奴形象。教学这组课文时,要让学生在整体感知的基础上,明白小嘎子、严监生、王熙凤各自不同的性格特点,再让其找出表现人物性格特点的语句,通过讨论、感悟、对比等方法体会作者对人物性格的不同描写方法。

片段教学如此,篇的教学亦然。比如第二组的《冬阳·童年·骆驼队》一课,写作者看骆驼吃草料的那段文字,以及在骆驼脖子上系铃铛的那段对话,突出表现了人物的内心情感和作者的真情实感。教学时,就不必面面俱到地读书、感悟,而应以这两处为重点,抓住重点语句,引导学会换位体验,品味语言,并通过有感情地朗读把情感表达出来,使学生从中领会这类文章的学习方法。

3. 对于"样本",重在解决学习疑难问题,培养读写能力

把选文处理成"样本",重心就应该放在对学生听说读写实际情况的了解上,并在教学后检验学生建构的读写知识和掌握的技能,提高学生现场解决问题或现实困难的能力。如第六组综合性学习中"利用信息,写简单的研究性报告"这一板块,阅读材料的功能在于使学生学会"怎样写",它关注的重心是文章的"形式",而不是"内容"。

4. 对于"用件",必须强化活动设计

在听说读写活动中让学生去感受一定的新知识、新技能,在"活动"的同时,进行相关的、有意识的语文学习。比如第六组的综合性学习的第一板块,学习的目的是了解从古至今信息传递的方式发生了明显的变化,当今世界,信息传递的速度越来越快,人们获取信息的途径也越来越广。教学时,可将《古人传递信息的故事》与《因特网将世界连成一家》《神奇的电脑魔术师》《网上呼救》三篇文章对比阅读,让学生在对比中了解和领悟古代传递信息的形式和特点，以及现代社会以网络为主的信息传递方式，体会到信息传输的速度、效果都已日新月异。与此同时，还可以开展一些相关的阅读活动，强化学生对已了解的知识的体验。《把握自己》的教学重点不是学习《把握自己》这篇演讲稿的行文格式，了解演讲稿与其他文体的区别，而应该以此为话题，讨论现代信息传递方式在造福于人类的同时，也会带来负面影响，再从网络问题引出一系列如何对待媒体的问题。如，电视对青少年的影响、出版物对青少年的影响，引导学生举一反三，开展讨论，提高其认识，促其正确使用媒体。

根据这种思路，对于每一篇课文，教师都要去鉴定它的类型，思考它在教材中的定位，并以此为"起始点"确定语用点。

（四）立足表达特色，选取语用教学点

1. 解读精彩句式

语文书中的课文文质优美，语言表达精彩纷呈，其中一些精彩的句式可以作为语用教学内容。

如人教版三年级语文上册中的《花钟》描写各种花开放的句子：凌晨四点，牵牛花吹起了紫色的小喇叭；五点左右，艳丽的蔷薇绽开了笑脸，七点，睡莲从梦中醒来；中午十二点左右，午时花开放了；下午三点，万寿菊欣然怒放；傍晚六点，烟草花在暮色中苏醒；月光花在七点左右舒展开自己的花瓣；夜来香在晚上八点开花；昙花却在九点左右含笑一现……这些句子采用拟人的手法恰到好处地写出花的绽开，教师可以将其作为一个语用教学点。

2. 解读典型结构

在小学语文教材中，有多种小学生必须学习、掌握和运用的文章结构和布局方法，如"总—分—总"、首尾呼应等，这些典型结构也是语用教学点。

《富饶的西沙群岛》和《美丽的小兴安岭》都是按"总—分—总"结构写的，一篇在分述中按地点写，一篇在分述中按时间写。这样典型的结构，教师要认真解读，将其作为语用教学点，引导学生尝试运用。

3. 解读表达特色

都说一千个读者就有一千个哈姆雷特，不同的人从不同的角度解读，文章就有不同的语用教学点。那哪一个教学点才是最合适的呢？这就要考虑文章的表达特色。

请看特级教师刘仁增执教的人教版三年级语文上册中的《狮子和鹿》片段。

【实录片段】

师：接下来，请默读第二、三、四自然段，这三个自然段中都有一句写鹿心理活动的句子，把它找出来，画上横线。

（生默读，找、画。）

生1：第一个句子是“咦，这是我吗”。

生2：第二个句子是“啊！我的身段多么匀称，我的角多么精美别致，好像两束美丽的珊瑚”。

生3：第三个句子是“唉，这四条腿太细了，怎么配得上这两只美丽的角呢”。

（投影出示这三个句子，生齐读。）

师：下面要集中注意力了，看谁的眼睛最尖。你发现这三句话哪里相同了？

生4：三句话都是鹿心里想的。

师：第一个相同。

生5：它们都有前引号、后引号。

师：第二个相同。

生6：句子里有的有感叹号，有的有问号。

师：这是不同的地方。

生7：三句话的开头“咦”“啊”“唉”都是口字旁。

师：第三个相同。不简单，这是到现在为止最为重要的发现，（众笑）鼓掌鼓励一下（生鼓掌）。

师：这是什么词？

生8：象声词。

师：错了，这叫语气词。

生9：我知道，这是表达心情的。

师：厉害！连为什么用这个字都讲出来了，这是更重要的发现！（众笑）掌声！那你能说说“唉”表现了鹿的什么心情的？

生9：不相信是自己。有点儿怀疑，迷惑不解……

师：能读出这种心情吗？

（指名读。）

师：那“啊”呢？不急，自己先读读看。

（生自由读。）

生10：表示非常高兴。

生11：很惊喜，很兴奋，原来自己长得这么美丽！

师：还有不同的吗？

生12：鹿因为自己美丽而有些得意。

生13：我觉得还有一些骄傲和激动。

师：是啊，谁让我长得这么美呢？读出这样的感觉来。

（一生读，“啊”读得低沉。）

师：（两根手指拉开距离）他读到“30厘米”了。谁比他读得好？

（一生读，情感不够。）

师：（缩短两根手指的距离）缩短了“10厘米”（众大笑）。

（一生又读，“啊”读得声大音高，但绘声绘色。）

师：老师听出了她的惊喜。一个“啊”字，有的同学读得低沉，有的读得高昂，这样读可以吗？

（生迟疑不决。）

师：吓傻了？（众笑）我告诉你，不管是读得低沉还是高昂，只要能读出惊喜、兴奋、得意的味道来，怎么读都可以。根据自己的理解，自由读一读这句话。

（生自由读。）

师：“哎”呢？

生14：失望，很不高兴，有点失落……

师：“失落”这词用得好。刚才还是“啊”，转眼间就“哎”，不失落才怪呢。

生15：“哎”还表示很伤心。

师：真好，能读出不一样的情绪来。把它读出来。

（生读。）

师：接下来发生了什么事呢？大家默读第六自然段。

（生默读。）

师：充满紧张、刺激的事情发生了。狮子发现了鹿，向它悄悄逼近，鹿一看，糟糕，快跑！它不敢犹豫，撒开长腿就跑，不一会儿，就把凶猛的狮子远远地甩在了后面。眼看到手的猎物跑了，狮子好不失望，它会说什么呢？

[出示：（　　），狮子灰心丧气，不想追了。]

生16：哎，鹿怎么跑得这么快呀！呀，我的运气太不好了……

师：哎，煮熟的鸭子——

生 17：飞走了。

生 18：哎，我是不是老了，怎么连鹿都追不上了？（众笑）

师：看着狮子失落的样子，鹿暗自得意。

[出示：（ ），鹿暗暗得意。]

生 19：哼，想抓我，没门！哼，看把你给笨的……

师：小样（众笑）！就在狮子灰心丧气不想再追的时候，不好！鹿的角却被树枝挂住了。狮子一看，心里乐开了花。

[出示：狮子乐坏了：（ ）。]

生 20：啊，飞走的鸭子又回来了。呀，老天开眼啦！哈，看你还能逃得了我的手掌！

师：还手掌呢，是魔掌！

师：狮子乐死了，鹿当然就吓坏了。

[出示：鹿吓坏了：（ ）。]

生 21：唉，完了完了，我这下没命了。唉，我怎么这么倒霉呀，都是这可恶的角给害的！唉，角啊，你害死我了……

师：就在狮子向鹿猛扑过去的紧要关头，鹿用尽全身力气，使劲一扯，才把两只角从树枝中挣脱出来，拼命向前奔去。这次，狮子再也没有追上。鹿不停地喘着粗气，心还怦怦直跳。这次死里逃生让鹿恍然大悟——

[出示：原来（ ）。]

生 22：唉，原来还是难看的腿救了我。

生 23：哦，原来美丽的角只是好看，好看的东西，也会有害人的时候。

生 24：哦，原来，我们不能光看事物好看还是难看。人不能只看表面，应该看全面。

师：有点像哲学家，总结得好！

生 25：哟，原来好看的东西不一定有用，难看的东西不一定没用！

师：是啊，世上万物总是有长有短，我们不能片面地看问题、看事物、看人，应该客观而全面。这就是这则寓言告诉我们的道理。最后送大家几个字，不管做事还是做人，都要——

生齐：扬长避短，取长补短。

【教学点评】

刘老师让学生找出文中描写鹿的心理活动的句子，进行对比分析，从中揣摩鹿的心情，并有机地结合了朗读指导。这样，学生对于这些语气词的用法有了一定的感性认识，对于文章内在的感情线索也有了较为清晰的把握。接着，刘老师根据故事发展脉络而想象的情节，出示五道填空题，让学生想象故事发展中鹿与狮子的不同心理，并尝试用上恰当的语气词。这样，从“初步感知—寻找规律—感悟用法—迁移运用”，形成了富有结构化的、环环相扣、层层深入的言语活动。学生在运用语气词，也是在练习说话，更是在理解文章的内涵。这样的训练有别于“为练而练”的题目，也避免了将文章内容与形式割裂开的做法，充分体现了“用课文教语文”的新理念，真正使语用学习落到实处！

一篇文章的语用点有多个方面，教师要根据学生、文本情况，懂得取舍，选取最合适的一个，将其做实。

二、多元体验，发现言语奥妙

选取了语用点，还只是教师对文本的解读，如教师何引导学生发现言语奥妙呢？在平时的教学中，比较、圈画、重组是经常用到的方法。

（一）采用比较方式，发现语言特点

我们先来看人教版二年级语文上册《清澈的湖水》一课中的一个教学设计片段。

（出示：看，那边的山石像一只正要跳起的青蛙，这边的山石像一只展翅欲飞的雄鹰，半山腰的石兔、石龟，好像正在赛跑呢。）

教师引领学生完成以下学习任务。

（1）读正确。

（2）说话：山石像________、________、________和________。

（3）比较：这两个句子都是写山石像什么，你更喜欢哪一句？为什么？

这个教学环节中，教师就是采用比较的方式，在学生读正确、读懂的基础上比较两句话，引导学生发现言语表达的奥妙——加上描写动作的词语就把石头写活了。

（二）采用圈画方式，发现语言特点

在教学人教版二年级语文上册中的《假如》时，采用圈画的方式，也可以引导学

生发现言语特点。

(1) 小女孩给谁画？用“____”画出来，画了什么？用“～～～”画出来。学生画出后，教师利用多媒体示范。

(2) 学习其余两节时，独立完成并校对。

(3) 读读，这里还有什么秘密？

(4) 每一节诗的开头都是“假如我有一枝马良的神笔”，而且每一节都是想象用神笔给别人画画。

从上述课堂教学片段中可以看到，学生在圈画之后，朗读水平马上有了明显的提升，理解了内容，发现了“为别人画”这一内涵，还发现了诗歌反复的表达特色。圈画的方式不仅是发现语言表达特点的有效途径，也是平时学习的有较方式，学生要学习并运用。

(三) 重组结构，发现语言特点

文本中的很多语言虽然出自记叙文，却如诗歌般曼妙，可由于受到文章排版的影响，学生较难发现其曼妙之处，这就需要教师对文本的语言进行重新排列，从而有助于学生发现语言规律，并快速积累语言知识。

如前面提到的《假如》，每节诗歌的前半节表达方式相同：“假如我有一枝马良的神笔，我要给____画____。”教师在教学时可以将三节诗歌的前半部分出示在一张 PPT 上，学生就能发现这一特点。又如人教版四年级语文下册中的《麦哨》里有这样的句子：“白竹布衬衫小凉帽，绣花兜肚彩头巾。”教师在教学中将句子重新排列：

白竹布衬衫小凉帽，

绣花兜肚彩头巾。

学生看着这样的排列，一读，马上就会发现句子中言语表达的奥妙，体会到语言节奏上的美感。

三、迁移运用，学习言语表达

语文课程的核心目标和内容是“学习语言文字运用”。前文所提到的言语发现是为了言语表达，语文教师要努力让学生将发现的言语奥妙转化为自己言语表达的内容。在实践中，可以采用以下策略。

(一) 促进言意融合，达到感悟升华

阅读者发现言语规律对于促进语言感悟是最有力的。教师要选取具有鲜明特点与规律的语言之本，让学生发现语言表达之美，从而促进学生在阅读中理解和运用文字，实现言和意的融合。

一位教师在教学人教版六年级语文上册中的《穷人》时抓住桑娜的心理变化进行重点品读。

(1) 在抱回西蒙的两个孩子之后，桑娜的内心是复杂的，你从哪里看出来？

(2) 在学生发现的基础上出示描写桑娜心理活动的话。

(3) 桑娜这些忐忑不安的、复杂的内心活动作者并没有全部写出来，而是通过什么表现的？（“……”“？”“！”）

(4) 渔夫回家了，看着床上的四个孩子，他会想什么呢？巧妙运用“……”“？”“！”描写渔夫的心理活动：

渔夫掀开蚊帐，看着熟睡的孩子，陷入了沉思：________________。

在这个教学环节中，教师紧抓桑娜的心理活动，紧抓作者的表达特色——“……”“？”“！”的运用。学生通过运用“……”，体会桑娜复杂的心理活动，感受桑娜高尚的品格，达到言意融合。

（二）设计类似语境，促成迁移运用

阅读是学生对阅读材料的内化吸收过程，教师要设计类似语境，让学生通过迁移运用，实现对阅读材料的迁移运用。

人教版三年级语文上册《科利亚的木匣》一课中，作者对科利亚埋木匣进行详细的描述，但对妈妈的埋木箱却只字未提，这是一个可以迁移运用的空白处。一位教师设计的教学环节如下。

(1) 科利亚是如何埋木匣的？请标出描写科利亚埋木匣的动作的词。

(2) 教师打乱词语顺序，学生排列，引导学生发现隐藏的动词奥妙。

(3) 从这些动作中你发现科利亚是个怎样的孩子？

(4) 妈妈是怎样埋木箱的？像作者这样抓住妈妈的动作写一写。

从这个教学环节看，教师就是抓住阅读材料中的空白，创设运用语境，促使学生迁移运用，达到对言语特色的内化。

（三）环节层层递进，实现言语习得

学生阅读的习得不是一蹴而就的，需要教师设计层层递进的环节，实现言语习得。这层层递进的环节设计，不仅降低了言语习得的难度，也达到了言语习得的层层深入。

语文是学生学习语言文字运用的综合性、实践性课程。学生在学习语言文字的运用中，需要教师关注本源，精心选取语用材料；设计教学策略，引领学生多元体验，发现言语奥妙；关注言语生成构建，引领学生学习言语表达。只有这样，开展有效的语用型阅读教学，才能达到事半功倍的效果。

课后练习：

请认真阅读人教版四年级语文下册选学课文《可爱的草塘》，并结合语文课程标准的要求与学段特点等，就本课的语用点做深入分析。

第三节 语用教学范式与教学例释

一、目标指向的教学范式与教学例释

（一）指向语言习得的理解运用

虽然我们说向内容分析式的阅读教学说再见，但不是说阅读教学不需要“理解”。因为，语言的积累与内化，言语经验的获取，缺失了“理解”都是无法实现的。

理解，帮助学生获取语言负载的情感、意义、主旨等信息，领会作者是如何运用语言文字的，以及这样的运用在表情达意上的独特作用和效果。这是指向语言习得的“理解”，应该让学生在触摸语言文字、亲历阅读过程的语言体验中去实现。

请看北京市东城区教育研修学院王文丽老师执教的人教版三年级语文上册中的《风筝》。

【实录片段】

师：你觉得作者在做风筝和放风筝的过程中是一种怎样的心情？你从哪儿可以体会到他的心情？请你再一次默读课文，把你能够体会到作者情感的句子画下来，读一读。

（学生默读，标画，练习朗读，反馈交流。）

师：谁来给大家读一读你体会到作者情感的句子。

生1：我们精心做着，心中充满了憧憬和希望。风筝做好了，却什么也不像了。我们依然快活，把它叫做“幸福鸟”，还把我们的名字写在上面。

师：（出示相关文字）你能够结合自己的理解，用一个词语替换“精心”吗？

生1：用心。

生2：认真。

生3：专心。

生4：一心一意。

师：我们用心、认真、专心、一心一意做着的是一只怎样的风筝呢？

生5：我认为是一只原本想做成像蝴蝶，而实际上却什么都不像的风筝。

师：你读书真细心。

生6：我认为是一只被作者及其伙伴们称为“幸福鸟”的风筝。

师：不是什么都不像吗？怎么又被称作“幸福鸟”呢？

生7：因为在孩子们的眼里，像什么并不重要，重要的是那种快乐的心情。

师：看来，我们很容易被这样的一份纯真所感染。那么为什么孩子们还要把自己的名字写在上面呢？

生8：因为风筝寄托着他们的憧憬和希望。

师：看来你已经真正理解了“憧憬”这个词语的意思，用在这里很准确。

生9：因为他们想让自己也跟着风筝飞上蓝天。

生10：我们知道人是没有翅膀的，根本不可能飞上天空。但是风筝可以，这也就是说，风筝可以完成孩子们的愿望。

师：是呀，当我们脚踏大地的时候，我们的心灵却可以像风筝一样飞翔在天空。对于每个人来说，能体会到这种心灵的自由与快乐都是最幸福的事情。我注意到这一段当中还有这样一句话“做个蝴蝶样的吧”，你觉得这句话可能是谁说的？

生11：可能是作者说的。

生12：可能是作者的小伙伴说的。

师：为什么作者没有注明是谁说的呢？

生13：可能是过去的时间太久了，作者已经记不清了。

生14：我觉得这不是重点，写不写都无所谓。

师：我觉得这句话应该这样说：“是谁说的不是最重要的，重要的是童年做风筝那美好的一幕已经清晰地定格在我们的脑海中。”请同学们带着这样的一份美好与甜蜜再来读这一段。

（学生感情朗读，教师相机指导。）

师：请同学们继续汇报。

生16：（读文）风筝越飞越高，在空中翩翩飞舞着，我们快活地叫喊着，在田野里拼命地奔跑。村里人看见了，说："放得这么高！"

师：大家看文中的这个"翩"字，左边是个"扁"，右边是个羽毛的"羽"字，又扁又薄的羽毛飞起来会怎么样呢？

生17：飞得高。

生18：飞得快。

师：你们通常用"翩翩起舞"这个词语形容什么？

生19：形容蝴蝶。

生20：形容像孔雀那样的鸟。

师：在作者的眼中，那只什么也不像的风筝就像你们眼中的色彩斑斓的蝴蝶、孔雀一样翩翩起舞。请你再来读一读，感受风筝的飘逸和作者的情怀。

（学生练习读，指名汇报。）

师：村里人看见了，说："放得这么高！"他们究竟是怎样说的呢？你能想象得到吗？

生21：村里人惊奇地说："放得这么高！"

师：这是说村里人感觉到不可思议。还有其他的说法吗？

生22：村里人羡慕地说："放得这么高！"

师：村里人在羡慕什么呢？

生22：羡慕我们把风筝放得高。

师：仅仅是因为把风筝放得高吗？你能否尝试着去理解一下它背后的意思。

生22：羡慕我们无忧无虑的生活。

师：还记得我们刚才读过的诗句吗？（出示文字）村里人羡慕我们的原因就是——

生22：儿童散学归来早，忙趁东风放纸鸢。

师：是呀，我们拥有着无忧无虑的生活，拥有着那个年龄段独有的天真和快乐，这怎能不让人羡慕呢？请你带着孩子们的快乐和村里人的羡慕再来读读这一段。

（学生练习读。）

【教学点评】

王老师以"你觉得作者在做风筝和放风筝的过程中是一种怎样的心情？你从哪儿可以体会到他的心情？"作为阅读话题，引导学生潜心阅读，通过与文本的深入对话，体察作者及其伙伴们的心情，进而领悟放风筝蕴含的自由、快乐、幸福的情感。王老师不仅仅将教学指向对文章的理解，还在理解的同时，引导学生品析语言。从实录片段中不难发现，王老师深谙语感教学的策略，“翩翩”的语像，“憧憬”的语义，“羡慕”的语境，被王老师演绎得淋漓尽致。长期进行这样高品位的语感训练，学生必能获得较强的语言感悟能力。

（二）指向语言形式的迁移式运用

语文教学不能满足于学生获得经典、规范的语言，更要让学生把学到的语言纳入自己的话语系统，并加以模仿迁移甚至创造性运用，真正实现语言的增值，促进学生能力的提升。

请看山东的周丽萍老师执教的人教版六年级语文上册中的《月光曲》。

【实录片段】

（教师已经通过多形式、多层次的读，让学生感受了《月光曲》优美的意境。）

师：现在，让我们轻轻地从《月光曲》中走出来。大家想，如果去掉了这些想象的句子（出示并删除了写想象部分的第九自然段的课文内容），你们感觉怎么样？

（生默读、思考。）

生1：读不出那种令人陶醉的感觉了。

生2：不能体现出《月光曲》的优美了。

生3：也感受不到《月光曲》变化的旋律了。

师：是的，删除了这段文字，文章就黯然失色，内容也不够丰富充实了。所以，借助想象来丰富文章内容、增强表达力，这也正是这篇文章在写作方面的一大特色（板书：想象）。

师：这是一位同学习作中的一个小片段（出示：草地上，小哥哥手牵长长的风筝线，边跑边喊。小妹妹开心地在后面追赶着）。事情交代得还算清楚，但如果同学们运用本节课学到的方法，展开想象，进行补充拓展的话，会使这段话的内容更丰富，表达更生动。给大家几分钟的时间试一试。

（生补充拓展。师巡视点拨、提示。）

师：谁来把你修改的片段读给大家听一听？

（学生交流。）

师：同学们，这节课上我们读懂了贝多芬的心，也感受到了德国人对音乐的热爱，同时懂得了运用合理的想象，使文章内容更丰富，表达更生动。相信以后你们再听这首曲子、再读这个故事，一定会有更多的感悟。这就是名曲的魅力！

【教学点评】

体会文章的写作方法并学以致用，是本课教学的一大特色。教师紧扣本单元的习作训练重点，让学生在读中体会到想象的精妙后，选取适合学生的习作案例，让学生展开想象补充拓展，进行习作练笔，实现了读写结合，教学相当扎实有效。

（三）指向言语转换的创生式运用

教材无非是个例子，而“例子”的价值不在于获得多少“例子”中的知识，积累多少“例子”中的语言，而要以这个“例子”为平台和支点，对其进行加工、改造，以丰富感受、深化理解、满足内心表现欲望，培养学生自主阅读、写作的能力。

学生可以根据自身对课文的理解以及自身独特的生活经验，对课文进行创造性改编。如对于《晏子使楚》，可以“选择其中的一个小故事，运用你在《半截蜡烛》中了解的剧本写作方法，把它改写成一幕戏”。学生喜欢这样富有创意的活动，内化文本语言，实现语文材料的重组、运用。

有时，也可以通过改换人称、变换角色等进行表达方法的转换，这样学生既体会了文本的语言特色，也习得了表达技巧。

（四）指向读写策略的学习型运用

教学时，教师要把语言内涵的感受与阅读策略的迁移融为一体，在范例的使用中教给学生便于具体操作的学习方法，日积月累，学生的独立阅读能力就能得到提高。

请看特级教师倪鸣执教的苏教版三年级语文上册中的《石榴》。

【实录片段】

师：这滋味独特的石榴，究竟是怎么长成的呢？让我们再去读读课文，听清了，这遍读课文，倪老师要求大家把字音读正确，把句子读流利。用自己的速度去读吧。

（学生自由读课文。）

师：同学们，通过刚才再次读课文，倪老师相信你们一定都发现了，课文的第二、第三个小节就是在写石榴的——

生1：生长过程。

师：你能用自己的话来说说这个过程吗？别着急，这次倪老师还要比一比，看看谁能说得最简洁。给点提示，只要你说清，这是在什么季节，石榴怎么样了，就可以了。同桌之间赶快讨论讨论，看看谁的速度最快。

（学生讨论。）

师：谁来说说？请你上来好吗？你一边说呀，倪老师一边配合你，把你的想法写在黑板上。

生2：先是春天，石榴抽出了新的枝条。

师：（指导书写“抽”字）她刚刚说抽出了新的枝条，倪老师可以说得更简洁，那就是抽枝。春天，仅仅是抽枝吗？有补充吗？

生2：还长出了新的嫩绿的叶子。

师：看看老师黑板上这样的规律，能说得更简洁吗？

生2：长出了叶子。

生2：长出了嫩叶。

生2：长叶。

师：现在，你能连起来说说石榴生长的过程吗？

生2：石榴在春天抽枝、长叶，在夏天开花，秋天的时候果实成熟了。

【教学点评】

如何教给学生“把握文章主要内容”的方法，这是小学第二学段语文教师需要探讨并在教学中落实的问题。本环节教学，倪老师在这方面给我们做了引领。她就石榴的“生长过程”，引导学生先理清要点——“在什么季节，石榴怎么样了”；再让学生学会概括，提要出春天“抽枝”“长叶”，夏天“开花”，秋天“成熟”。通过这样的训练，学生已经初步学到了提取信息、概括大意的阅读方法，为今后的学习积累了有益的经验。

（五）指向读写知识的积累型运用

知识是能力的根基和支撑，学习语言文字运用不能没有必要的知识储备。其流程一般为运用知识导读—感受知识意义—强化知识认识。

请看全国第九届阅读教学特等奖获得者余晓娟老师执教的人教版二年级语文下册中的《雷雨》。

【教学片段】

师：今天这节课，我们一起学习《雷雨》这篇课文。请同学们自由读课文，注意读准生字的字音。

（生读。）

师：生字的字音读正确了吗？请拿出生字卡片，同桌互相抽一抽。哪个字音不正确，就教教他。

（生互动抽读、教读。）

师：同学们，咱们来玩个游戏，给拼音小帽找朋友，看谁找得又快又准。（出示拼音小帽）它的朋友在哪里？

生：（找到对应的汉字，举起来回答）它的朋友在这里。

师：（打开生字卡片）自己看看对不对，对了你就读三遍。"压"——第一声要读得很准确。"垂"——要读准翘舌音。

师：让生字回到词语里，咱们来"开火车"读词语，读对了大家就跟着读。（生练读）"来"在这里读轻声，要读得又轻又短，再读一次。

生1：垂下来。

师：真好！向他学习，全班读。这两个带有轻声的词语咱们再读读。

（生看着课件反复练读——压下来，垂下来。）

师：让词语回到句子里，同学们自己读一读（课件出示句子）。

生齐：满天的乌云，黑沉沉地压下来。

师：读得真好，带着这样的感觉，谁来读读第二句？

生2：一只蜘蛛从网上垂下来，逃走了。

师：小蜘蛛，雷雨要来了，可要逃得快一些啊！谁再来读？（抽读）你把这两个轻声读得又轻又短，让我们好像看到了小蜘蛛悄悄地、快速地逃走了！像他那样读好轻声，一起读。

（生齐读。）

师：这两个词语什么意思呢？谁能做做压下来这个动作？（生3做压下来的动作）是的，像这样，从上往下用力，就叫——压下来。（课件出示）雷雨前，这么多的乌云，重重地压下来，假如你就是图画中的小朋友，抬头看着这样的乌云，有什么感觉？

生4：我的心里很紧张。

生5：我感到很压抑。

生6：我觉得很害怕。

师：孩子们，带着自己的感受，自由读读句子（生有感情地练读）。垂下来，又是什么意思呢？咱们请蜘蛛来做做动作。（出示课件：蜘蛛垂下来的动画）谁来说说垂下来的意思？

生7：我知道，因为蜘蛛垂下来时，有蜘蛛的丝连着。

师：你在生活中看到过吗？

生7：我在农村老家看到过。

师：你真了不起，联系着生活就理解了这个词语的意思。其实在生活中，我们真的经常用到这两个词。（出示图）看图，想一想，哪些时候咱们习惯用垂下来？哪些时候习惯用掉下来？同桌小伙伴，看着图互相说一说。

生8：苹果从树上掉下来，树叶从树上飘下来、掉下来。

生9：小兔子的耳朵垂下来，向日葵的头垂下来。

师：看来，在生活中，我们会正确运用这两个词。对比一下，我们会发现，这两个词都有从上往下落的意思，如果一头向下，另一头还连着，就用——（生：垂下来），如果另一头完全分开了，就用——（生：掉下来）

师：现在明白，课文里为什么说蜘蛛从网上垂下来，而不用掉下来了吧。

生10：因为蜘蛛垂下来时是有蜘蛛丝连着的，不会摔下来，这样就更安全了。

师：说得太好了。瞧，课文用词多准确呀，咱们一起读（生齐读）。我们一边读句子，一边理解了"压"和"垂"的意思，咱们试着来用一用。看图，想着意思，选生字，补充诗句。第一句，你觉得该用哪个生字，就高高地举起哪个生字卡片。

（生举卡片。）

师：生活中，我们也常常把柳树叫作垂柳。春天到了，绿绿的枝条垂下来，多美啊，这就是"万条垂下绿丝绦"。一起读诗句。

生齐：万条垂下绿丝绦。

师：第二句，选什么呢？

（生举"压"的卡片。）

师：那么多的花，沉甸甸地压着枝条，所以诗人写了——千朵万朵压枝低。一起读。

生齐：千朵万朵压枝低。

师：理解了词语，读好了句子，我们再次走进《雷雨》这篇课文，一边读一边想象雷雨前、雷雨中、雷雨后的景象。

（生自由读课文。）

师：（一边贴图，一边说）孩子们，想象着雷雨前、雷雨中、雷雨后的景象，谁能把这几幅图，按课文写的顺序，重新摆一摆？（生 11 上台摆图）大家同意他的摆法吗？

生齐：同意。

师：看来，你读书很用心，看图也很仔细。把掌声送给他。咱们的课文就是按雷雨前、雷雨中、雷雨后这样的顺序来写的。

【教学点评】

轻其所轻，重其所重。该教学板块的任务有识记理解生字新词、整体感知课文内容等，余老师把教学重心铆定在提升低年级学生语用能力上。

(1) 积淀和内化“轻声”的知识和朗读技能。

(2) 在理解词句中培养准确遣词造句的能力。在教学过程中，“垂下来”的教学策略值得玩味：先观察蜘蛛垂下来的动画表演，初步感知“垂”的意思；接着比较“掉下来”和“垂下来”的异同；再创设生活图景迁移运用（苹果“掉下来”、兔子耳朵“垂下来”）；然后返回文本体会作者遣词造句的准确；最后创设语境（诗句填空），体会表达效果。“摄取—消化—运用—积累”融为一体，这才是词语教学的本真，这种“涵泳”过的词语积累才是“活”的语言积累，用时方可信手拈来。学生经历过这种切入肌肤的理解和感悟，方能提高阅读品位和文化品位。

二、彰显设计特色的教学范式与教学例释

(一) “主问题”串联式

提问过多是教学大忌，教师应该以精、少、实、活的提问激活课堂。“主问题”的设计要着眼于带动学生对课文整体的理解，着眼于引导学生长时间、深层次的课堂学习活动。

请看施茂枝教授的《开国大典》教学设计。他就是围绕一个主要问题“处处无大，处处有大”来展开教学的。

【教学设计】

1. 聚焦题眼，教师示范

(1) 复习旧课

按照开国大典进行的顺序，课文为我们展现了几个让人难以忘记的场面。课文都写了哪些场面？（出示：群众进场、大会、阅兵式、群众游行。）

看到了会场的布置，尤其是这四个场面，开国大典给你留下了什么印象？（板书：盛大、隆重。）

（2）引出"大"字

从同学们的初步感受说明，开国大典是名副其实的"大"哪！同学们，你们发现了吗？题目是"开国大典"，但课文中出现"大"字的只有三处。"大红宫灯""大江南北"，大红是颜色，大江是长江，这两个"大"字都不是直接写典礼的，形容典礼的只有开头的"参加开国大典"的"大"字。除此之外，没有一处直接用"大"来形容开国大典。可是，老师读后却感受到虽处处无"大"，但处处有"大"，意思是字面上虽没有直言其大，但所有文字背后都藏着一个"大"字。

（3）示范批注

那么，老师是怎么读出"大"字来的呢？我读了会场布置和群众进场后，做了这样的批注。

①"丁字形一横的北面是一道河，河上并排架着五座白石桥。……丁字形的一竖向南直伸到中华门。"

（批注：会场无比"巨大"。）

②"主席台设在天安门城楼上。城楼檐下，八盏大红宫灯分挂两边。靠着城楼左右两边的石栏，八面红旗迎风招展。"

（批注：主席台的布置"大气磅礴"。）

③"早上六点钟起，就有群众的队伍入场了……步行四五十里[①]路赶来的。"

（批注：人群浩大，是需要提前入场的原因之一。）

④"到了正午，天安门广场已经成了人的海洋，红旗翻动，像海上的波浪。"

（批注：用比喻再次强调人群的浩大无比。）

为何这样批注？指名答，体会写法。

教师板书几个"大"字。

2. 学生批注，领悟场面宏大

（1）出示要求

从开会、阅兵式和游行三个场面中，选择一个场面默读，在没有"大"字的地方找到"大"，并批注"大"的不同含义（学生默读、思考、批注，教师巡视）。

---

① 一里相当于五百米。

(2) 交流批注

重点体会：

① 开会场面(预设：巨大)；

② 阅兵式场面(预设：场面宏大，气势浩大、巨大)；

③ 游行的场面(预设：声势巨大、浩大)。

小结：同学们，大家的批注说明我们已经从游行场面中读出了"大"。它的含义就是游行场面的声势浩大、场面盛大，现在请大家把游行场面的这个部分自由地读一读，再次体会体会。

3. 引领品读，深悟意义重大

同学们刚才我们在没有"大"的地方读出了"大"。特别是还读出了"大"的具体含义——巨大、盛大、宏大、强大、浩大、壮大等，这些含义比较容易读出来。因为他们形容的事物看得到或听得见。同学们知道吗？开国大典的"大"还有一种更深刻的含义，它形容的事物看不到、听不见，深藏不露，这个含义需要我们用心体会才能发现。让我们聚焦这两段。

(出示段落：

接着，毛泽东主席宣布……成立了！

这庄严的宣告……一齐欢跃起来。)

4. 总结与迁移

(1) 总结写法

我们跟随作者走进了开国大典，目睹了让人永远难以忘怀的几个场面。作者在场面描写上让你印象深刻的技巧是什么？

① 处处围绕"大"字来写。

② 开头交代时间、地点、人物、事件。

③ 按照开国大典进行的顺序写。

④ 以一个人物为中心，这是点，还要写其他人物，这是面，点面结合，点面交替。

(2) 过　渡

正因为作者运用了这些写作技巧，把宏大的开国大典场面写得清清楚楚，有条理，让人印象深刻，难以忘怀。

开国大典三年后，有一次，毛主席又来到了人民的中间，这是一个感人的场面，看——(出示图片)

(3) 启发指导

① 指导叙述开头。请同学们仔细观察图片,阅读边上的文字说明,能像开国大典的开头那样简要叙述一下图片的内容吗(指名说)?

② 开国大典围绕“大”字来写。根据图片反映的内容,请你们再看看图片中人物的表情,你们准备围绕什么来写这个场面?根据图片和文字说明想一想,可以按照什么顺序写。

③ 指导点面结合。这幅照片中,哪个人物是中心人物?(毛主席)是的,他就是这个场面中最主要的人物。有一个次中心人物,他是谁?(卖煎豆腐的小贩)他也是一个点。那么其他群众就是面。点面结合起来,点和面可以交替着写。

学生动笔,教师组织交流和评价。

(二)“中心点”聚焦式

“聚焦一个点,拉出一条线”,即抓住课文最敏感、最关键的部位,逐步扩展、延伸、突破,语用目标明确,课堂节奏不拖沓。

请看特级教师林莘执教的人教版六年级语文下册中的《为人民服务》。

【实录片段】

师:翻开书生第12课。同学们预习过课文,有没有发现这篇课文很特别?它到底是一篇什么样的文章?

生1:这篇课文没有事例,只讲道理。

师:你说得很对。我们以前学的很多课文都是写人、记事的,比如《一夜的工作》《凡卡》是写人的,《草船借箭》《钓鱼的启示》是记事的。可今天我们学的这篇课文,既不是写人,也不是记事,它很特殊,这种文体就是议论文(板书:议论文)。它没有精彩的故事情节,没有细致的描写,没有华丽的辞藻。它跟你讲道理、分析问题,它有的是深刻的思想。你们知道吗?这是咱们小学阶段遇到的第一篇议论文,所以得好好珍惜这样的学习机会哦!因为是第一次嘛,所以有点难。但是我相信,大家一定能学好。有信心吗?

生齐:有!

师:说这篇课文很特别,是因为它还特别在它也是主席参加张思德同志追悼会的演讲词(板书:演讲词)。(图片展示主席演讲的各种姿态)在半个小时的演讲中,主席没有看稿,却字字珠玑、慷慨激昂、一气呵成。而且,丰富的肢体语言更增添了演讲的感染力。

师：怎样才能学好这篇议论文呢？这里要特别跟大家介绍一个规律，议论文、演讲词的每一段话都有重点、要点，这些重点、要点呢，大多在每一段话的开头或者结尾。只要你掌握了这个规律，再难的议论文也能学好。我现在抽其中的三段请你们来读一读，既想了解你们预习的情况，还想和大家一起寻找每段的要点。

【教学点评】

课始就开门见山、旗帜鲜明地将阅读焦点指向了"文体"，应该说，这是需要见地，更是需要胆魄的。说有见地，是因为"文体意识"是沟通学生语感和境感的唯一枢纽，所谓"学诗读诗，学文读文，此古今一定之法"①。只可惜，这"一定之法"在当前的阅读教学中是被弃若敝屣的。说有胆魄，是因为面对《为人民服务》这样一篇立论高远、光芒四射的经典政论文，将阅读期待首先聚焦到"文体意识"上，而将其人文精神暂时悬置起来，是冒了"矫枉过正"的风险的。但我坚信，林老师的"勇气是智慧和一定程度教养的必然结果"②。

（三）"板块"层进式

教师将课文按照各个不同部分分成几个"板块"，每一板块注重解决教学目标中的某一角度、某一侧面问题，教学内容相对集中，板块之间既相对独立，又互相融通。

请看特级教师俞国平执教的人教版六年级语文上册中的《蒙娜丽莎之约》。

【教学实录与评析】

课前谈论《清明上河图》。

板块一：讨论《清明上河图》的表达手法

师：说到《清明上河图》，我们在三年级的时候，就学过一篇介绍它的课文叫——

生齐：《一幅名扬中外的画》。

师：所以前两天老师让同学们回去再自习一下，请同学把课文纸拿出来。好，我看到很多同学都已经做好了，是吧？课文的每一段都向我们介绍了什么？又是

① 叶燮、薛雪、沈德潜：《原诗 一瓢诗话 说诗晬语》，人民文学出版社 2006 年版。

② 列夫·托尔斯泰语。

怎样介绍的呢？没做的同学不要紧，我们先听听其他同学的。好吗？大胆地跟大家交流。谁来说说？孩子，你能说说吗？你来，说第一段。

生1：第一段总的介绍了清明上河图的作者、画长和画高、主要情景及存在历史。

师：嗯，掌声在哪里？

（生鼓掌。）

师：同意他的看法吗？

生齐：同意。

师：孩子们，实际上这些内容都是这幅画的一些情况。所以，“我们简单地来说说”就是这幅画的什么？

生齐：概况。

师：第二段谁来？第二段，我看我们同学都做了。你来。

生2：分别介绍了画上的人物。

师：嗯，你看，一句话说得又清楚又明白，真厉害！第一段向我们介绍了这幅画的什么？

生齐：人物。

师：人物有多少啊？

生齐：三百六十行。

师：对啊。因为人物是这幅画的重点之一。你看，同学们多用心、多认真啊！接下去写的是什么？聪明的孩子肯定知道。你来。

生3：介绍了街市上各种人在做的事情。

师：用课文上的句子来说，那就是街市非常——

生3：热闹。

师：孩子们，你看。它整体写了街市的热闹。课文第一句就告诉我们了，我们读一读，起。

生齐：画上的街市可热闹了。

师：如果说画上的街市，它是一个扫过去的镜头。那桥北头的这个情景就是什么？你能说说吗？

生4：是一个具体的小镜头。

师：具体的小镜头，我们称它为特写。所以，后面一段话介绍了桥北头那个特写的镜头，非常的动感、传神，是吧？我们来读一读。

生齐：最有意思的是……

师：多富有动感，是吧？非常传神地向我们介绍了桥北头的情景。孩子们，如果说第三段是整体的写，那实际也在向我们介绍整个的什么？

生齐：画面。

师：那就是属于什么的介绍呢？孩子们，那是什么？

生齐：面上的概括描写。

师：那下面这个就是——

师：你说。

生5：句点上的。

师：谁说？你说。

生6：点明中心。

师：点明中心，这个还不算。

生7：一个具体的点。

师：同意他的看法吗？听说过吧？孩子们，这就是——

生齐：点上的细致刻画。

师：所以这样的写法，我们称它为点面结合。课文最后向我们介绍了什么？谁来？

生8：向我们介绍了《清明上河图》的价值。

师：嗯。说得多好啊！掌声送给她！

（生鼓掌。）

师：介绍了《清明上河图》的艺术价值。孩子们，我们再看看课文，它向我们介绍了一幅画，我们可以介绍画的——（生：概况），还可以进行——（生：点面结合的介绍），最后，可以介绍——（生：艺术价值）。老师建议大家，用一点点时间再整理一下自己做的课文单。没做的同学，也可以从老师这里摘录一下，好吗？看谁整理得又快又好。

师：我真喜欢我们六年级的同学。孩子们，没做完不要紧，课外的时候咱们再做一做。

评析：语文课堂更应该追求平实。教师要实实在在地教语文，学生也要实实在在地学语文，不浮于表层，杜绝“走马观花”“蜻蜓点水”。俞老师的教学就非常注重其实效性，不搞花架子，不做表面文章。他能紧紧扣住文章的主体，引导学生一步一步读，一步一步发现，并着力突出《清明上河图》点面结合的写作方法。从而为下文的精彩做铺垫。

板块二：对比阅读，从理解走向表达

师：把眼睛看到老师这里来，亮亮的。孩子们，我们说《清明上河图》是一幅世界名画。（出示）这一幅图，也是世界名画。它的题目叫——

生齐：蒙娜丽莎的微笑。

师：外国人的名字，我们可以这样读，我们也可以把它读成——

生齐：蒙娜丽莎。

师：蒙娜丽莎。谁来试试？

生9：蒙娜丽莎。

师：怎么读都可以。画的名称也叫蒙娜丽莎的微笑。今天，我们就来学习作家王克难的——

生齐：蒙娜丽莎之约。

师：还可以读成——

生齐：蒙娜丽莎之约。

师：很好。同学们都预习了课文吗？

生齐：预习了。

师：读了很多遍了，是吧？接下去啊，我们要完成这样的任务。看清楚哦！

（生看任务。）

师：然后，我们还要进行比较。看看这两篇文章在写法上有什么相同与不同。好不好？

生10：好。

师：开始吧！

（生自由读课文，完成任务。）

师：孩子们。俞老师真不忍心打断你们。学得多好啊，把你的智慧成果和同桌分享一下。你看看，特别是哪些描写写出了名画的魅力？写法上有相同与不同的地方，都可以交流，好吗？开始吧。

（学生同桌交流。）

师：把你的手高高举起来。哪些地方让你读出了画的艺术魅力？谁来？俞老师期待更多的手高高地举起来。真好！我们请这位同学先来说说。

生11：我是从文章的第五自然段读出来的。

师：把目光聚焦到第五自然段。

生11：她的脸颊泛着红光，一头黑发轻松地垂落双肩。她的眼神是那样柔和与明亮，嘴唇看来不像是涂抹的色彩，而是真的血肉。仔细看她的颈项，你会怀疑血液真的在里面流动。

师：能和大家聊聊吗？你读的句子当中哪些地方让你感受到了魅力？

生 12：我觉得“脸颊泛着红光”很好。

师：大家圈出这个词，怎么样？

（生圈词语。）

生 12：一头黑发轻松地垂落双肩。她的眼神是那样柔和与明亮。

师：特别是——

生 12：特别是“柔和”与“明亮”。

师：听到了吗？

生 13：嘴唇看来不像是涂抹的色彩，是真的血肉。你会怀疑血液真的在里面流动。我是从这些方面看出来画得像真人。

师：他说，他从这些地方读出画得像真人。如果我们用一个词来形容，那就是——

生 13：栩栩如生。

师：能再给出一个吗？

生 14：惟妙惟肖。

师：说得多好啊。孩子们，我们来读一读，好吗？特别关注这位同学刚才提到的，泛着——（生：红光），柔和——（生：与明亮），真的——（生：血肉）。齐读。

生齐：她的脸颊泛着红光，一头黑发轻松地垂落双肩。她的眼神是那样柔和与明亮，嘴唇看来不像是涂抹的色彩，而是真的血肉。仔细看她的颈项，你会怀疑血液真的在里面流动。

师：孩子们，除了上面这一段我们感受到了艺术的魅力，谁还有补充？下面的这部分内容，谁能聊聊吗？你有话说是吗？

生 15：第六自然段主要写的是蒙娜丽莎的神秘微笑。作者说蒙娜丽莎的微笑，有时让人觉得舒畅温柔，有时让人觉得略含哀伤，有时让人觉得十分亲切，有时又让人觉得有几分矜持，蒙娜丽莎那“神秘的微笑”是那样耐人寻味、难以捉摸。

师：这位同学刚才说到了几个很关键的信息，孩子们，听到没有？一个是达·芬奇花很大的——功夫，第二个是他说到了作者用了排比的——手法。孩子们，这就叫会读书啊！我们把目光聚焦到这微笑上来，谁再来读一读？哪位孩子勇敢地站起来，你试试好不好？

生 16：那微笑，有时让人觉得舒畅温柔，有时让人觉得略含哀伤，有时让人觉得十分亲切，有时又让人觉得有几分矜持。

师：孩子们，这就是作家王克难看到蒙娜丽莎那个微笑所产生的什么呀？

生齐：联想。

师：说得好。我再请同学来读一读，把那种丰富的联想读出来，哀伤、温柔、亲切。好，里面那个男孩你来。

生 17：那微笑，有时让人觉得舒畅温柔，有时让人觉得略含哀伤，有时让人觉得十分亲切，有时又让人觉得有几分矜持。

师：看到微笑有那么多联想，难怪作者说那微笑是神秘，是那样——

生齐：耐人寻味，难以捉摸。

师：同学们，这是作家王克难先生看到微笑时所产生的联想，来，让我们来看一次，也定定地看着她的微笑，看一会儿，你又仿佛觉得她在——她的微笑让你有种什么样的感觉？定定地看着她。那微笑让你——

生 18：感觉这是一个真真实实的活人，而不是一幅画像。

师：你看着她，那微笑仿佛让你觉得——

生 18：那微笑，有时让人觉得舒畅温柔，有时让人觉得略含哀伤，有时让人觉得十分亲切，有时又让人觉得有几分矜持。

师：孩子们，有人说啊，这微笑特别的甜美、慈祥，你们觉得呢？所以不同的人看这微笑都有自己不同的感受，这就是微笑的神秘之处。孩子们，这让我们感觉到这名画的艺术魅力。我们连起来把它读一读，再和《清明上河图》比一比，它们有什么相同的地方吗？想一想，读好，特别是后面那神秘的微笑。

（生齐读"微笑"部分。）

评析：羡慕俞老师的学生。在俞老师的课堂中，师生是平等的对话者，教师好比学生，他们共同用心去交流，去激活对方，彼此真诚。他们还是身心自由者，能说自己想说的话，能表达自己的思想与见解。这里没有思想的桎梏，没有条条框框的束缚，有的只是自由、直率和坦诚，有的只是碰撞、和谐与幽默。他们更是精神的快乐者，他们没有紧张、恐惧感，没有担心和不安，在这里，教师时刻为学生取得点滴进步而由衷高兴，他们快乐着彼此的快乐。

师：读得真好！掌声送给自己。仔细看看，你有没有发现在它们写法上的相同点？真厉害，我们班同学！女孩你说。

生 19：第二段和《清明上河图》的第二段都用了排比的手法。

师：这是你的看法是吗？还有吗？仔细看上面和下面（出示第五、六段）。

生20：这两段与《一幅名扬中外的画》其中两段用的都是点面结合。

师：有发现吗？看上面这一段是对她的肖像、头像进行面上的描写，后面重点抓她的——微笑，这是一个——点。

生20：点面结合。

师：那老师问你，为什么要对这个点——微笑进行这么详细的描写？特写？

生20：因为这幅画的名字就叫作蒙娜丽莎的微笑，所以要把重点放在这微笑上。

师：对啊，所以说这个微笑是最让人——捉摸不定，也最有艺术的——魅力，因此作者将其作为一个点展开特写。你看，王克难多厉害呀，他采用——点面结合，跟《一幅名扬中外的画》写得特别的像。课文还有什么地方让你感受到这幅画的艺术魅力？我们继续聊聊。好哇，里面的女孩。

生21：不知过了多久，我终于走到了陈列室门口，终于看到了她。作者用两个“终于”写出了队伍之长，也从侧面反衬出了这幅名画的魅力无穷。

师：她的学习智慧、学习成果很重要，我们要吸收，所以我们要把两个“终于”怎么样？（生：圈出来）你听到了吗？她刚才说这是从什么？（生：侧面描写）我看这样的句子还不少哦！是吧？谁来聊聊。

生22：请大家跟我看第一自然段。作者通过描写观看队伍的长，从侧面写出了名画的魅力大。

师：掌声在哪里啊，队伍长得像什么？长龙。我会把一条长龙给——（生：圈出来）。继续交流，还有吗？我要请一个后面的孩子，你来。

生23：请看第三自然段，世界上最杰出的肖像画点明了《蒙娜丽莎》的艺术价值极高，反问句强调了能亲睹它的风采是一种幸运，也是一种享受。

师：多好啊，你不光关注了这个句子，还关注了这个句子的写法。最后一个机会哦，争取哦。你来。

生24：请大家跟我看第五自然段。近了，更近了，蒙娜丽莎就像真人一样慢慢走近你。这等待终于变成了现实，近了，更近了，作者迫不及待的心情跃然纸上，虽然经过了那么多年，蒙娜丽莎仍然是那么淡雅，蒙娜丽莎仿佛带着磁性吸引着每一位参观者，衬托出了她的魅力之大。

师：给她鼓掌，她从两个“近了”，能有这么丰富的体会。她说到了蒙娜丽莎就仿佛一块磁铁在吸引参观者，你看，她多会学习啊！老师祝贺你啊，好孩子们，我们把这些句子放在上面(出示句子)仔仔细细看,你有没有发现这部分写的都是作者在干吗?

生25:在排队等候。

师:我们同学刚才说了很多,但是,这蒙娜丽莎到底是什么样子的?作者有没有告诉我们?作者干吗不告诉我们,而要这样来写呢?跟你的同桌讨论,找出理由,理由找得越多越好。

(生同桌讨论。)

师:这回老师要请你继续说说作者是怎么设置悬念的?向大家介绍介绍。

生25:作者等待去看那幅画,排队的时候并没有告诉我们蒙娜丽莎是什么样子的?

师:仔细看看第一段话有没有告诉我们蒙娜丽莎什么样?

生25:没有。

师:像一条长龙、静静等待,到底是谁有这么大魅力呢?设置悬念。第二段呢,谁来说说?

生26:第二段把灰鸽拟人化,更增加了蒙娜丽莎的神秘。

师:对,他就是不告诉你蒙娜丽莎到底是——(生:怎样的)?他只是跟你说这是一个著名的美丽——(生:女子)。蒙娜丽莎到底是什么样子的,下面谁继续说?

生27:下面说的是《蒙娜丽莎》是世界上最杰出的肖像画,而且还用反问句说世界上有多少人能亲睹她的风采,这里体现出了蒙娜丽莎的魅力。

师:但他就是不告诉你蒙娜丽莎到底是什么样子。大家请看,参观的人多啊,但是蒙娜丽莎到底是什么样的呢?还是不知道。你来说说看。

生28:我觉得最后一段,那里虽然说不知过了多久,我终于走到了陈列室门口,终于看到了她,虽然看到了她,但就是不告诉你她到底是怎样?这里还是设置悬念。

生28:还是不知道,仍然是设置悬念。

师:这样一来就把我们读者的——

生齐:胃口。

师:给吊足了是吧?让我们读者真的很想很想去看看蒙娜丽莎到底是——

生齐:什么样子。

师:孩子们真厉害,为自己鼓掌。作家王克难就这样设置——悬念,让我们感受到这幅名画确实有艺术魅力。

评析：香港散文大家董桥说，人心是肉做的，文字也是肉做的，是有呼吸、有脉搏、有翅膀的。语文教师的一个重要职责，就是带领学生沉入词语的感性世界。俞老师洞察关键词句在文中的丰富意旨，巧妙地引导学生对其加以利用，使学生的灵性和智慧在品读中得到挖掘。语言变得温润起来，蒙娜丽莎这一人物形象也越来越明晰，学生也领悟到了设置悬念这一写法的好处。

师：刚才我们有同学说到了，这是怎么写的啊？

生齐：侧面描写。

师：如果说这个是侧面描写，那上面的这个就是——

生齐：正面描写。

师：孩子们，这就是《蒙娜丽莎之约》带给我们的艺术魅力。

师：刚才，我们都说了这是什么地方？（出示图片）

生齐：上海世博会中国馆。

师：中国馆里面有什么？

生齐：《清明上河图》。

师：你看，它吸引着多少人前来参观啊！我们同学有没有去参观过啊？有，你说说。

生 29：看到的时候感觉画上面的一树、一瓦、一人都是真实的，它并不是一幅简简单单的画。

师：孩子们，他说得真好。你当时排队了吗？

生 29：排了，而且是长龙队。

师：孩子们，尽管我们好多同学都没有去参观，不过不要紧，我们设计一个虚拟的情境，假如你来到了上海世博会中国馆，你在外面排队，你可能很早很早就——起来了，你来做什么呢？你等了很久很久是为了什么呢？

生齐：看《清明上河图》。

师：你可能等了 5 个——

生齐：小时。

师：为了什么呢？

生齐：看《清明上河图》。

师：你可能到它边上了，但还是没有——

生齐：看到。

师：你心情是多么——

生齐：激动。

师：这样吧，孩子们，接下来，我们做一个练习（出示要求：请你用《蒙娜丽莎之约》的开头重写《一幅名扬中外的画》的开头），我们也来设置悬念，好吗？有困难的同学可以写1个、2个悬念，有能力的孩子可以写3个、4个，把读者的胃口给——

生齐：吊起来。

（学生练笔。）

师：好，孩子们先把笔放一放，我看我们班大部分同学都写出了两三个悬念，谁愿意和大家交流？把你的手高高地举起来。

生30：我在中国馆的门口排着队，队伍像一条很长很长的龙，每一个人都在静静地等待着，都急切地想看到那幅名扬中外的画。

师：这是她设置的第一个悬念，孩子们把目光聚焦到这，她有没有告诉你这幅画什么样？

生齐：没有。

师：写出了队伍之长，是吧？

生31：一群鸽子在天上飞着，不时会在路边看着我们，可能在猜我们在干什么。它们猜得到吗？那可是有900多年历史的画呀！

师：听到了吗？她也用课文当中的鸽子来设置悬念，但是告诉我们这幅画有——

生齐：900多年历史。

师：可是有没有告诉我们这幅画的样子？

生齐：没有。

师：厉害。

生32：那幅画是名扬中外的，长龙似的队伍慢慢前进着，我终于踏进了中国馆的台阶。进了大门，我终于看到了那幅画，那幅名扬中外的画——《清明上河图》。

师：掌声在哪里啊，她用了几个悬念？

生齐：3个。

师：3个悬念，让我们感受到了《清明上河图》的艺术魅力。真好，活学活用，老师表扬你。你也很想说，你说。

生33：我们在上海世博会中国馆前排着队，队伍像一条看不见尾的长龙，大家都在静静地等待着。

师：这是第一个设置悬念的方法，还是写队伍的——

生齐：长。

生33：汗水从额头流了下来，这已经是第499颗汗珠了。

师：停停停，你们听到什么？

生齐：499颗。

生33：它越来越近了，大家越来越激动了，知道我们在等什么吗？大家都在等刚从北京首都“飞”过来的《清明上河图》，听说是经过两地多次约定，它才能暂时地来上海。

（师呈现下水文，生读教师范文。）

师：你看，你们写得也不差，课外的时候我们去补充一下、修改一下，还可以从老师这借用一下。

评析：要实现“读写融合”，特别需要教师拥有解读教材和课堂教学的“双重功夫”。整节课集理解、感悟、想象、朗读、习作练笔为一体，内容丰富。俞老师对读写融合点的选择和设计让我们眼前一亮，真有一种拨云见日的豁然开朗之感。

板块三：整理本课学习，再次回顾表达方法

师：孩子们，今天我们学习了《蒙娜丽莎之约》，咱们知道介绍一件艺术品、一幅画，可以用——

生齐：点面结合。

师：当然还可以用——

生齐：设置悬念。

师：设置悬念的方法。以后我们都可以用这样的方法来介绍艺术品，好不好？今天这节课我们就讨论到这，好不好？孩子们再见。

生齐：老师再见。

板块四：布置兴趣作业

《蒙娜丽莎之约》记叙的是一件事，课外请同学们将《一幅名扬中外的画》改写成一件事的形式，用上今天写的开头。题目可以改成《清明上河图之约》。

评析：语文课堂是学生走进语文天地的一扇窗。课堂教学就是要让学生通过这扇窗，感受语文学习的乐趣，获得学习语文的方法和智慧，为学生语文学习的可持续发展打下基础。这一席地需要师生共同耕耘，耕耘的质量直接影响收获的多少。

（四）“明暗线”交织式

小学部分课文有明暗两条线索，明暗两线互为动力，推动情节发展。教师教学时，一般可以从明线入手，带动暗线，使学生真切感受文章的精巧构思和丰富叙述，习得技法。

课后练习：

人教版六年级语文下册中的《凡卡》，在表达上主要有两个特点。第一，讲凡卡的悲惨遭遇时，穿插写作者的叙述、凡卡的信和他在写信过程中的回忆三部分内容，互相映衬。第二，采用了对比、反衬、暗示的表达方法。文中以引用写信的内容为主，凡卡向爷爷倾诉当学徒时所受的虐待、欺凌，基调是“苦”；文中插叙回忆的内容，主要讲凡卡在乡下生活的快乐，基调是“乐”。诉苦为主，以“乐”相衬，形成内容、情感上的对比，再加上作者对凡卡写信环境、动作、神态的描写，使读者更加深刻地感受到凡卡内心的“痛”。最后，课文以凡卡的梦结尾，暗示了他愿望的破灭，给人留下深刻的思考，激起人们对凡卡的深切同情和对黑暗社会的愤怒。

请你仔细阅读课文，进行第一课时的教学设计，要凸显语用。

第五章 阅读：多重视角下的研究

现代人的阅读受到新媒体的强烈冲击，越来越疏离于人们的日常生活。所谓“读图时代”的来临，让纸媒介的文字阅读变得越来越需要一种沉静的心境，这样才能够去翻开书本，进行阅读。因此，如何让语文教学中的阅读课更具魅力，让小学生从小就沉浸在文字的海洋，显得尤为迫切和重要。事实上，让学生养成良好的阅读习惯，对他们心灵的成长是非常重要的。如果只是听任“网络空间”占据学生的全部时间，就会使他们丧失阅读的兴趣、阅读的习惯和阅读的能力，那么这些学生的成长经历就是不完整的。接下来我们将以多元视角审视阅读能够呈现给我们的多姿多彩的世界，看看在多重关系中，还可以怎样去认知阅读多样化的魅力。

第一节　课程的阅读：语文课程标准的阅读教学阐释

教学改革中不可漠视的一个现状是，《义务教育语文课程标准》(2011 年版)出台以后的语文阅读课，出现许多新的形态、新的特点，因此，我们有必要比较系统地梳理一下语文课程标准对阅读课的深远影响，以便于我们更加清醒地认识作为课程存在的“阅读”，在整个语文教学中处于怎样的位置，具有怎样的特性，应该发挥怎样的作用。

一、建立了阅读教学的目标体系

《义务教育语文课程标准》(2011 年版)指出，阅读教学的直接目标是培养学生的阅读能力，间接目标是发展学生的思维能力，潜在目标是陶冶学生的思想情操。把“阅读能力结构”视为学术焦点和教学纲要，认为阅读智能是阅读能力的主干，阅读知识是阅读能力的基础，阅读情志是阅读能力的动力。《义务教育语文课程标准》(2011 年版)“总目标”的第 7 项，对阅读教学的表述有 6 句话，突出了“自读能力”(特别是“良好语感”)的培养，体现了阅读智能、阅读知识、阅读情志的多元目标，强调了多种阅读方法的综合运用。阅读教学的阶段目标中，第一学段(一、二年级)有 7 个，第二学段(三、四年级)有 9 个，第三学段(五、六年级)有 8 个，第四学段(七、八、九年级)有 12 个。这 36 个目标对阅读能力做了横向分解和纵向分段，哲理性和操作性都很强。它告诉师生：阅读的综合能力是靠阅读技能的分项训练逐步形成的。

二、提高了阅读教学的科技含量

阅读教学本身属于阅读原理、阅读技法在阅读教育中的应用。《义务教育语文课程标准》(2011 年版)给师生提供了较为系统的阅读学原理和阅读技法。

(一) 更新了阅读教学的理念

“教学建议”指出：“阅读教学是学生、教师、教科书编者、文本之间对话的过程。”这句话启示我们，阅读不但是因文得义的心智技能，而且是缘文会友的对话行为。在阅读课中，学生和教师都是文本的读者，都要与文本背后的作者对话，那是与古今中外的智者进行心灵交流的一场跨时空的对话。正是这种阅读主体和写作主体之间的对话使语言文化世代传承。

“教学建议”还指出，“阅读是学生的个性化行为”，“教师应加强对学生的指导、引领和点拨，但不应以教师的分析来代替学生的阅读实践，不应以模式化的讲读来代替学生的体验和思考”。这是针对“讲读”模式的流弊提醒我们，阅读课虽然是在教师指导下的学生群体阅读，但是群体阅读必须以个体阅读为基础，以发展读者个性为依归，应该把课堂还给学习的主人——学生，把阅读还给阅读主体，应让学生“在主动积极的思维和情感活动中，加深理解和体验，有所感悟和思考”。所以，“要珍视学生独特的感受、体验和理解”，让学生独立发挥，读出个性。

(二) 展示了阅读技法的系统性

掌握基本的阅读技法是阅读教学过程中训练的重点。《义务教育语文课程标准》(2011 年版)在阅读技法系统建构上的确有了长足的进步。“总目标”中提出要“学会运用多种阅读方法”，“实施建议”中做了明确的阐释：“各个学段的阅读教学都要重视朗读和默读。应加强对阅读方法的指导，让学生逐步学会精读、略读和浏览。有些诗文应要求学生诵读，以利于丰富积累，增强体验，培养语感。”这里从阅读声音的明暗、信息摄取的详略、阅读速度的快慢三个维度展示了朗读、诵读、默读、精读、略读、浏览等6种阅读技法，并指明其训练程序和好处。

例如朗读，作为精读方法的常用方式，是语感训练的最佳手段。在阅读教学阶段目标第一学段第2条、第二学段第1条、第三学段第1条、第四学段第1条，都对朗读有所表述。为了强化朗读的记忆效能，“附录”特意推荐了优秀诗文背诵篇目。又如诵读，《义务教育语文课程标准》(2011年版)要求小学低年级“诵读儿歌、儿童诗和浅近的古诗，展开想象，获得初步的情感体验，感觉语言的优美”；中年级“诵读优秀诗文，注意在诵读过程中体验情感，展开想象，领悟诗文大意”；高年级“诵读优秀诗文，注意通过语调、韵律、节奏等体味作品的内容和情感。背诵优秀诗文60篇(段)”；初中“诵读古代诗词，阅读浅易文言文，能借助注释和工具书理解基本内容。注重积累、感悟和运用，提高自己的欣赏品位”。这表明朗读和诵读在感悟文本情意中的重要性和取得这种阅读技能的艰难性。《义务教育语文课程标准》(2011年版)既继承了中华民族“诵读”的优良传统，又落实了叶圣陶倡导的“历练”策略。

（三）推出了阅读教学的评价方略

评价就是检验对课程标准的达成度。阅读心得的内潜性和信息储用的长期性使阅读评价比写作评价更加艰难。《义务教育语文课程标准》(2011年版)关于阅读教学评价的8条建议，在攻破阅读测试这个难题上有了新的突破。

(1)注重阅读能力的测试。着重抓两方面：一是读者的阅读技法，即学生对朗读、诵读、默读、精读、略读和浏览等方法的掌握程度；二是读者对不同文体、语体的读物的适应能力，即学生对文章、文学作品和白话、文言文的阅读能力。

(2)强调综合考查学生阅读过程中的感受、体验、理解和价值取向，考查其阅读的兴趣、方法、习惯以及对阅读材料的选择和阅读量。

(3)排除标准化测试的负面影响，降低客观性试题的比重，以主观性试题为主，重视对学生进行多角度的评价，发挥学生的主观能动性，鼓励见仁见智。

三、弘扬了阅读教学的人文精神

阅读是一种人文性很突出的语文学习活动。《义务教育语文课程标准》(2011年版)根据知识和能力、过程和方法、情感态度价值观三个维度来设计，特别重视情感态度价值观的正确导向。

阅读教学的“总目标”提到要求在阅读中“注重情感体验”。阅读教学的“阶段目标”提到，第一学段要求学生“喜欢阅读，感受阅读的乐趣。养成爱护图书的习惯”。阅读教学的“实施建议”提到，要求“重视培养学生广泛的阅读兴趣”，“评价建议”提出“考察其阅读的兴趣、习惯、品位、方法和能力”。这里有意将情感、态度置于阅读训练的首位，把喜爱、兴趣等阅读情志的修养当作阅读的入门向导，首先调动阅读主体的积极性，激发其阅读的心理动力，这就张扬了阅读教学的人文精神。

总之，从语文独立设科的百年历史来考察，可以说，《义务教育语文课程标准》(2011年版)中的36个阅读教学目标和9条阅读教学评价总结了我国阅读教学的经验教训，吸收了国内外特别是20世纪汉文阅读学研究的最新成果，体现了“用阅读科学指导阅读教学”的改革精神。

无论是已经站在语文讲坛上的你，还是不久之后将从事语文教学的你，能够吃透语文课程标准关于阅读、阅读教学的相关提示，领会其精神要义，对你提升阅读课堂的魅力，让学生享受阅读、享受语文，都是一件非常要紧的“大事”！

第二节　教师的课程：教学视线里的语文阅读

我们发现一个很奇怪但又很司空见惯的语文教学现象，即不同的教师讲同一篇课文，在教学目标、教学内容、教学方法及教学风格等方面都有较大的区别，当然，所产生的教学效果自然也会大不相同。在某种程度上，与其说现在的语文是“课程的语文”，倒不如说它是“教师的语文”，语文课程在一定程度上也成了“教师的课程”。这个现象提醒我们，语文教师的学养直接影响着语文教学的质量，学生的语文水平很大程度上由他的语文老师决定。

下面我们引入几位教师的“同课异构”，去观察、分析他们教学目标、教学方法、教学风格、教学授课等方面的不同。

【案例1】　著名特级教师于永正、窦桂梅、王崧舟分别在不同的时期上过《圆明园的毁灭》一课

以下为三位名师的教学实录片段。

1. 于永正：在导读中眷注生命

师：请告诉我，为什么英法联军毁了一座圆明园，就激起我们那么大的恨、那么大的怒？读课文第二、三、四自然段，用一句话回答问题，边读边做记号。会读书的同学能把三段话读成一句。这三个自然段，总起来写了什么？

（生默读。）

师：为什么英法联军毁了一座圆明园，就激起我们那么大的恨？

生1：因为它是当时世界上最大的博物馆、艺术馆。

师：书读了一半。

生2：因为圆明园不但建筑宏伟，而且收藏着最珍贵的历史文物。

（板书：不但……而且……）

师：看黑板，这就是第二、三、四自然段告诉我们的。圆明园不但建筑宏伟，而且是当时世界上最大的博物馆、艺术馆，收藏着最珍贵的历史文物。所以它的毁灭，使每一个中国人痛心，使每一个中国人都会痛恨英法联军和当时腐败无能的清政府。读一读，告诉我，课文哪几个部分写的是建筑宏伟？谁来读？请你读。

（生3读。）

师：停，大家想象一下，它由三个大园组成。大家一起读，它由哪三个大园组成？

（生齐读。）

师：停，想象这三个大园周围有许多小园，这就叫什么？

生4：众星拱月。

师：这一段主要写圆明园的什么？

生5：圆明园的地理位置。

师：还可以怎么说？

生5：圆明园由三个大园和三个小园组成。

师：继续读。

（生读。）

师：这两段重点介绍了圆明园的建筑宏伟，里面用了两个"有……也有……"，谁站起来把第三自然段读一读。

（生6起立读。）

师：同学们，如果圆明园现在还完好地保存着，你会以一种怎样的心情去读第二、三自然段。

生7：我会以十分自豪、十分高兴的语气去读。

师：请你以自豪的语气读一读第三自然段，注意把自豪的语气读出来。开始读。

（生7读。）

师：我发现这位同学的表情特别好，他真的是非常自豪。请你站起来读，表现得跟他一样。

（生8读。）

师：真好。可惜圆明园被英法联军毁灭了，让我们记住这一天——1860年10月6日。把书拿起来，再次读这一段，把我们的恨、怒读出来，读——

师：我发现每位同学的表情都在告诉我，你们的心中燃烧着恨。如果圆明园的文物还完好无损地放在那儿，我们应该以怎样的心情读第四自然段？

（生集体读。）

师：最后一句再读一遍。

（生读。）

师：很好。齐读，“所以……”，读——

师：如果它完好无损地保存着，我们每个中国人现在看了该是多么自豪。可惜，它被英法联军掠走了、搬走了、毁掉了。让我们记住这一天，1860年10月6日，这是中国人民的国耻日，拿好书读。1860年，读——

师：让我们永远记住中华民族的奇耻大辱。

2. 窦桂梅：在超越中丰富文本

师：昔日的圆明园究竟有些什么，才使我们说它有不可估量的价值？让我们结合课文第二、三、四自然段去看一看。

生1：读了二至四自然段，我体会到圆明园当时的辉煌。圆明园中有金碧辉煌的殿堂，也有雕梁画栋的亭台楼阁；有象征着热闹街市的“买卖街”，也有象征着田园风光的山乡村野。

（教师表扬该生汇报时会用连接词表达，并板书：有……也有……）

生2：还有根据古代诗人的诗情画意建造的，如蓬莱瑶台、武陵春色。

（板书：有……也有……还有……）

生2：园中不仅有民族建筑，还有西洋景观。

（板书：不仅有……还有……）

生4：圆明园不但建筑宏伟，还收藏着最珍贵的历史文物。上自先秦时代的青铜礼器，下至唐、宋、元、明、清历代的名人书画和各种奇珍异宝。

（教师及时表扬该同学会用“上自……下至”“不但……还”介绍。）

师：从先秦到清朝大约有多久？

生5：怎么也得有2000多年吧。

师：你很会说话，“2000多年”的“多”就表示多出好几百年，经历秦、汉、隋、唐、宋、元、明、清，大约是2400年的时间。同学们，就应该这样，当你对所估计的时间拿不准的时候，就用上“左右”“多一点”等词，这样可以使你的语言更准确。

生6：2000多年的时间啊，想想这里会有多少名人字画和奇珍异宝？!

（学生交流搜集的材料。）

师：有谁查过资料，知道圆明园面积有多大吗？

生7：好像5200多亩，应该是500多公顷吧。

师：据老师了解，圆明园占地面积有458.9公顷。一公顷有多少平方米，大家会算，那么我们就来估算一下，我们的教室大约是120平方米，圆明园相当于多少个这么大的教室？

（学生七嘴八舌猜测。）

生8：起码有800个。

生：我看得有9000个这么大的教室呢。

师：是的，圆明园的面积相当于3万多个这么大的教室（学生发出感叹），可见圆明园有多大。你想，这些大园和小园环绕在圆明园周围，是怎样的景观？

师：圆明园里所拥有的文物用一个词来概括那就是——

生：应有尽有、不计其数、成千上万、数不胜数……（学生依次说出）

生9：所以我们说“圆明园不愧是举世闻名的最大的博物馆、艺术馆”。

（全体学生读这句话。）

师：那好，请回过头来再读课文。让我们感受到通过你的介绍，它的确是当时世界上最大的博物馆、艺术馆。

（指导学生用介绍的语气来读，教师适时示范。学生用自豪、骄傲的语气读，读出了自己的感受。）

师：好啊，那让我们再走进去欣赏。

生10：圆明园中有“观澜堂”，有“君子轩”，还有“关帝庙”。不仅有“映水兰香”，还有“南屏晚钟”。

师：下面我们只选21处景观，请大家读一读：正大光明、天然图画、上下天光、杏花春馆、坦坦荡荡、长春仙馆、万方安和、武陵春色、山高水长、月地云居、汇芳书院、映水兰香、北远山村、西峰秀色、四宜书屋、平湖秋月、蓬莱瑶台、别有洞天、坐石临流、曲院风荷……

师：同学们想一想，光读这21处景观就用了这么长时间，如果一景一景参观需要多少天啊！

师：下面，我们就到三处风景名胜参观参观。你可以选择一处说说感受。

（出示“蓬莱瑶台”“雷峰夕照”“平湖秋月”三幅图画。）

生11：“蓬莱瑶台”在云端若隐若现，我住上去就成了神仙，真是人间仙境。

生12：“平湖秋月”在夜晚的灯火映衬下很朦胧，住在那里一定会做美梦。

生：“雷峰夕照”中的雷峰塔真高，直冲晚霞，真壮观啊。

师：这美丽迷人的景色只是圆明园的冰山一角！法国大作家雨果眼中的圆明园是怎样的呢？拿出雨果写的文章，有选择地读一读。（略）

师：难怪书中概括道——

生齐：圆明园是园林艺术的瑰宝、建筑艺术的精华。

师：现在，回过头来再读课文，让我和你们一起陶醉在这恍若月宫的圆明园中。

（师生朗读第二至四段。）

师：面对人间奇迹，你心中一定升腾起一种情感，正如雨果形容的那样，“虽然是皇家园林，可是岁月创造的一切最终都属于人类的”。所以，此刻在你心中，圆明园拥有的是什么？

生13：我想是结晶。

（学生也有说“智慧”“创造”等。）

生14：是文化（在互相讨论中，再经老师的引导，学生脱口而出）。

师：对，是文化！而且是不可估量的祖国文化！（回扣“不可估量”）请理直气壮地告诉自己以及天下所有人——圆明园的价值是祖国文化史上不可估量的，也是世界文化史上不可估量的！

3. 王崧舟：在开放引导中享受文本

师：快速读中间部分，你对咱们的圆明园又知道些什么呢？

生1：我知道圆明园本来是一个金碧辉煌的园林。

师：你找到了“金碧辉煌”，还有没有别的词来形容圆明园？

生2：举世闻名。

生3：万园之园。

师：全世界都知道在中国有一个万园之园——圆明园。再找一找，圆明园凭什么成为万园之园呢？

生4：凭宏伟的建筑。

生5：还凭奇珍异宝。

师：找到写宏伟建筑的那一段话，边读边看边找，这一段写圆明园的建筑景观一共用了几个“有”？

生6：7个“有”。

师：写圆内景观，作者用了7个“有”，你体会到了什么？

生7：景物多，价值连城。

生8：全国各地有特点的景物都集中在这里了，这儿好似个聚宝盆。

师：王老师要问，要写尽圆明园的全部建筑和景观，还要用上多少个“有”？依据在哪里？

生9：无数个。

生10：从“不仅……还有……”体会到要用多个“有”。

生：我从“各地名胜”这里体会到要用无数个“有”。

生11：还有一个“等”字。

师：一方小小的天地，容纳了世界上无数的美景，这就是圆明园，这就是万园之园的圆明园。

师：（出示）漫步园内，宛如漫游在天南海北，饱览中外风景名胜；流连其间，仿佛置身在幻想的境界里。

师：谁愿意来读一读，把大家带到圆明园里去，（生12读）在这样的圆明园里漫步，你还想出来吗？我估计也不会有人想出来了，因为它的确太迷人了。请你带着这样的感觉再读一读（生12读）。

师：听着他的朗读，你仿佛看到了什么？

生13：里面的奇珍异宝。

生14：我仿佛看到了世界。祖国太伟大了！

师：（连续出示图片）请你带着这种感觉读一读，再让我们一起走进这一座万园之园。（生读）陶醉了吗？好，让我们一起来读这一段话。

（生读。）

师：同学们，你们读到、看到的一切早已不复存在，早已化为灰烬、烟消云散了。请你再自由快速地默读课文，想一想，关于咱们的圆明园你还想知道些什么？

（生读）。

生 15：谁设计的？这么大的一个圆明园要造多少年呀？

生 16：英法联军为什么要如此破坏？怎么没有一点同情心呢？

师：什么是强盗？强盗会有同情心吗？

生 17：老师，强盗来了，我们的政府在干什么？我们的军队在干什么？都到哪里去了呢？

师：我搜集了一份资料——《圆明园之最》，读了以后，你心中的一部分疑惑便有了答案，我相信你也一定会被它深深地震撼。

（生默读。）

师：读完这则短短的材料，你的心震撼了吗？你震撼了吗？是什么让你震撼？

生 18：我被圆明园的“大”震撼了。640 个足球场，这是多么巨大的园林呀！

生 19：园内藏着不计其数的珍宝，每一样都价值连城。我被这个震撼了。

……

课堂观察：我们观摩语文课堂，走的是一条同教师“备课—上课”相逆的，由课堂呈现的教学现象“反推”教学设计理念的路。借助名师课堂，我们不仅可以学习他们怎样上课，而且可以领悟他们这样上课的意图及理据。透视名师课堂背后的先进教学理念，可以让我们举一反三地去取得名师“真经”。

思考：(1) 三位老师各自侧重运用了怎样的教学方法，各具什么特点，各具怎样的长短处？

(2) 可以反思得出哪些关于语文课程，阅读教学，师生定位、互动，教学目标、路径及其相互统一等问题的有益启发？

(3) 查询更多的相关资料，提出你自己的教学设计方案。

【案例 2】 闫学、王晓春两位老师关于“工具性和人文性如何同构共生”的争鸣

1.《冬阳·童年·骆驼队》教学流程设计

(1) 闫学老师

①走进童年的记忆(作者心头又浮现出哪些童年的往事呢)。

②体味童年的往事(童年的往事很有意思，你觉得哪些事很有意思)。

③感受氤氲在文字中的思绪(淡淡的伤感与怀念)。

④走进心灵的故乡(学生朗读课题，教师朗读小诗)。

(2) 王晓春老师

①作者为什么要写这篇文章？她的写作冲动与写作目的是什么？

②为了使自己怀念的东西永存，你会写什么？怎样写？

③你现在写作文的目的是什么？

④你们能像林海音一样把自己怀念的东西永存下来吗？

2. 关于语文与阅读的观点

（1）闫学老师

①语文是母语教学，学生就生活在这个语言环境中，完全为了“教知识”或首先为了“教知识”而教语文是没有必要的。

②当语文有了文化的滋养与浸润，这样的语文，是大语文，是有着厚实的文化内蕴与积淀的语文，是扎根于文化土壤的具有无限生长可能性的语文。

③我执教的《冬阳·童年·骆驼队》一课便引发了一场激烈的辩论：这堂语文课教什么？是一味教给学生描写童年生活的写作“知识”，还是帮助学生感受文本所蕴含的情感的内涵？是单纯进行“扎扎实实”的写作训练，还是让学生走进童年、走进心灵的故乡？我选择了后者。

（2）王晓春老师

①语文教师的本职工作是将课文作为一种教育资源，帮助学生掌握必要的语文知识，同时使学生受到人文熏陶；语文教师之所以为语文教师，标志就是他的工作是语文知识的教育。

②这是一堂以林海音的文章为例子的“写作目的和写作方法辅导课”，我有明确的语文知识教育目的。

教学点评：王松泉老师在《语文教学原则新论》一文中说：“就学习一篇课文来说，必须从形式入手把握内容，再就内容来领悟形式。”这即如古人所言：“因文悟道，因道解文。”这是语文教学的基本规律，同时，“站在儿童的立场来开发课程内容”也应该成为执教小学语文的一条重要原则。因此，我们认为，闫学、王晓春两位老师的《冬阳·童年·骆驼队》教学设计都不够完美。前者人文熏陶有余，而语文学习的“阅读和写作”“语言”这些核心教学元素体现得不够充分，且将一个中年女人的怀乡之情硬“熏陶”给十来岁的孩子，在两者人生经验的“穿越”与“对接”上似乎也有些勉强；后者，完全把很有人文情愫的文本“知识化”了，仅仅片面强调写作知识及写作方法的“知性”传授，儿童有无学习兴趣另说，其教学效果就值得怀疑。

我们是否可以“中庸”一下，在人文与工具之间，通过“语言”架起一座桥梁，这是完全可以做得到的，因为，语言形式与人文精神就是一张纸不可人为割裂的两面，让我们摆脱非此即彼的思维惰性，在培养学生由“自然人”成长为“语言人”的过程中，紧扣“语用”这把标尺，既给学生以丰富的人文素养教育，又扎实提升其言语接受与言语表达能力。

下面是按“中庸”原则拟定的《冬阳·童年·骆驼队》的教学设计。

1. 读课文，完成以下三项学习任务

(1) 作者为什么要写这样一篇文章？(体会作者写作本文的目的是怀念童年的生活，体味氤氲在文章字里行间的淡淡伤感，这也是捕捉文中关键句、加深对文章结尾写法理解和了解写作动机和写作价值的需要。)

(2) 文章写了童年的哪些事？在你觉得最有趣的事上画一画，想一想，为什么感觉有趣，是哪些文字、哪些句子写出了这份有趣？(了解写作的材料选择，体会文章写法的妙处。)

(3) 作者写出了怎样的童年？(读本文重点不在于理解中年作者此时此地的感情，而在于理解人记忆中的童年往事所呈现出来的色彩：幼稚中透露着纯真、幻想、好奇、执着、童趣。)

2. 说童年

播放歌曲《童年》，多媒体课件呈现儿童生活的一些趣味图片，以强化阅读课文得来的童年感受——好奇、幻想、幼稚、童真。

分四人一组，每人说一说“童年的××事”。

3. 写童年

由读到说，由人及己，以“童年的味道”为题，写一写自己的童年印象。

思考：比较“同题异构”的三则教学设计，评一评其长短，说一说理由。

反思：在“教师语文”大有盖过“课程语文”的现状下，一个语文教师的素养(包括教育教学素养和语文学科素养)决定性地影响着语文课面貌及学生语文学习质量，你认为一个优秀的语文教师应当做好哪些关键的专业准备？

第三节　语文作为“教师的课程”之边界与反思

语文课程教学相较于其他课程的教学，其教学内容选择、教学方法设计以及教学目标认定，似乎都是易引起争论的话题。换言之，相对来说，语文课的教学目标、教学内容、教学方法都存在“模糊地带”。如前所述，面对同一篇课文，不同的教师在教学设计环节就会有诸多不同，教学目标、教学内容、教学方法这三个最为关键的教学设计项目会呈现出极大差异。这真的是一个值得我们正视和反思的问题。这一现象归结为两个核心疑问：以教师为主体的语文课程，到底有无边界？一条相对科学合理的语文教学边界到底包含哪些不可或缺的要素？

就算承认“教师语文”在当下语文课程和教学处于“模糊”状态的现实中，具有一定的合法性，但也绝非意味着“教师语文”没有规则、没有边界，语文教学的目标、内容、方法全由语文教师个人掌握，因为这缺乏课程与教学的科学性和规范性，是背离现代教育的课程意识与教学认知的。问题的关键不是要不要规则和边界，而是“教师语文”的边界到底在哪里？结合上述几位名师的“同课异构”案例，我们展开以下若干基点式的纲领性思考，供大家参考。

首先，语文课程必须姓“语”，语文教师必须要清醒地认识语文课程的“独当之任”是什么。语文课程的设置完全是为了帮助学生集中高效地提升母语运用的能力，这种母语运用能力包括对他人语言作品的理解和对自己语言作品的表达，也就是既有语言信息的输入（听、读），又有语言信息的输出（说、写）。始终围绕着“语言”，或者更确切地说，围绕着每一次对语言的具体的个性化的使用而产生的“言语”进行教学，让学生沉浸、徜徉在“言语”的海洋，是所有语文课的核心要义，舍此，语文课有可能“被异化”为别的课，如政治课、思想品德课、历史课、社会课、地理课、科学课、艺术课等。

三位名师讲《圆明园的毁灭》，各有风采，但其间又有一些共同点。我们仔细研读教学片段，梳理出以下五个相同点。

（1）注意发挥学生的主体性，教师绝对不做“越俎代庖”的事情，教师只需提问、引导，让学生在阅读文字、遴选信息、思考问题的过程中独立完成学习任务。

（2）注重言语形式的教学，从词语的提炼与概括、关联词的运用、句式的理解与仿说、段意的归纳、言语表达的准确和生动等方面，来进行扎实的语文学习，学生学到的是运用母语的真本领。

（3）注意“学法”的指导，注意“授人以渔”。

（4）注意拓展与延伸，引入课外阅读资料作为课堂教学的补充。

（5）注重语文课程学习的人文性挖掘，但不生硬、不勉强，而是在语文的学习方式中自然地融入了人文思想、人文情怀（如角色体验后有感情地朗读）。

上述五点分别对应师生角色的科学定位、教学内容的语文性凸显、“教是为了不教”的教学观念、突破课堂的“大语文”意识、语文课程的人文性特质等涉及学生观、教学观、课程观、学习观等方面的教育教学理念。不难推断，只有教师具备了科学先进的教育教学理念和能力，才会有真正科学有效的教和学的过程，自然也才会实现令人满意的教学效果。而这些教学理念、能力当中，我们以为十分关键重要的有两项：第一，文本解读的理念及能力；第二，将文本解读的成果应用于语文课堂的教学设计和实施的能力。因此，语文教师应不断提升自身的语文素养，尤其是提高文本研读、细读、解读的素养和能力以及语文教学设计、施教的能力。

其次，小学语文课程必须名“小”。所谓名“小”，有三重含义。第一，小学语文教学的目标是帮助 6～12 岁的小学生基本养成母语运用能力。第二，小学语文教学必须符合小学生的学习认知规律，能够满足小学生的阅读期待与语言发展要求。在内容的选择上，要着眼于儿童的“最近发展区”，既不能难度过大，也不能过于简单、重复而错失儿童语言发展的绝佳窗口期。第三，小学语文教学的路径和方法选择必须适合小学生的语言认知特点，符合儿童学习的心理需要、兴趣、习惯、爱好等。总之，强调小学语文课程名“小”的目的只有一个，即使小学语文教学的目标、内容、方法均能够为学生所接受，使语文课程和语文教学真正帮助小学生快乐、高效地运用母语。

在学理上认同小学语文的名“小”，并不是一件困难的事。难就难在具体的教学过程中，如何将其贯穿于每个教学环节，真正地实现小学语文的名“小”。上文提到的闫学、王晓春老师对《冬阳·童年·骆驼队》教学流程的设计，对照小学语文姓“语”名“小”的要求，应该说，其都存在着需要进一步完善的地方。

闫学老师的设计，偏重于人文性，而少了工具性、语言性的语文课程本色，其人文性教学内容的选择，也有待进步讨论。试想让一群十一二岁的孩子去感受一位中年女性的情感，是不是有些勉为其难？小学语文阅读课堂经常会有这样的尴尬时候，老师讲读得十分投入、感动，而学生却一脸茫然，何以如此？或许症结就在于小学语文教学的“成人化”。语文老师经常高估了小学生的接受能力、智商和情商，以为自己感动的东西也一定可以让小学生感动，认为只有把小学生的认识提升到成人的水平，才算是教育。我们认为，这些都是误见、陋见。而王晓春老师的设计，是把知识、技能“硬塞”给小学生，能将写作的知识、技能，用如此简单甚至粗糙的方式传授给小学生吗？不顾学生的学习要求，肯定会导致其消极学习。

《冬阳·童年·骆驼队》的第三则教学设计，试图弥补闫学、王晓春两位老师教学设计的短板，主要突出以下三点：①文本的阅读主要解决三个问题。明了作者为什么要写这篇回忆文章，在了解文本的情感基调、主旨的同时，也需懂得写作是由表达愿望驱使的；明白写哪些童年趣事以及怎样写，以理解写作时的选材组材问题；不要求学生体验一个中年女性的怀乡情感，而只是引导小学生知道作者写出了一段怎样的童年时光。②由人及己，由读到说，以“童年的××事”为话题，让学生说一说自己的童年，半命题方式的口头作文给了学生个性化表达的自由空间，训练了学生的口语表达能力，激活了学生的童年经验，由文本自然延伸到鲜活的生活本身。③引导学生将学到的写作知识与技能迁移、运用到自己的“以童年为题的”写作中。当然，这则教学设计还有完善的空间，但相对而言，它更凸显了小学语文课程姓“语”名“小”的特点。

“教师语文”是目前语文教学界的普遍现象，就课程与教学的科学性而言，它实属无奈，但每一个语文教师的课堂都有可能散发出源自教师个人的独特的味道。从语文课堂的多彩风格角度言之，“教师语文”是否也构成了语文教学的独特魅力？此说或许可以成立，但切为重要的一条“铁律”不能忘记，那就是“教师语文”是有规则的，其规则就是姓“语”名“小”。

第四节　新型阅读教学例释

现在小学生的语文学习环境，已经发生了巨大的变化，语文课程框架也在不断变大。语文教材是“文选型”的，除了单篇课文的阅读教学，很多教师也在尝试其他新型阅读教学。

本节将介绍三种课型，即非连续性文本阅读课、绘本阅读课、群文阅读课，希望可以给教师们以启发。

一、非连续性文本阅读课

（一）概念界定

非连续性文本，缘自以国际学生评价项目（PISA）为代表的素养测评，是相对于以句子和段落组成的“连续性文本”而言的阅读材料，多以统计图表、图画等形式呈现。它的特点是直观、简明、概括性强、易于比较，在现代社会被广泛运用。学会从非连续性文本中获取我们所需要的信息，得出有意义的结论，是我们应具有的阅读能力。

《义务教育语文课程标准》(2011 年版)中出现了一个新名词“非连续性文本阅读”,并在第三、四学段分别制订如下目标:“阅读简单的非连续性文本,能从图文等组合材料中找出有价值的信息。”“阅读由多种材料组合、较为复杂的非连续性文本,能领会文本的意思,得出有意义的结论。”非连续性文本阅读弥补了连续性文本阅读的不足,把连续的线性思维和零散的点状、碎片思维有机结合起来,有利于学生在众多跳跃的信息中提取关键、有效的信息,有利于锻炼他们的逻辑思维、发散思维和创新能力。

(二) 非连续性文本阅读技法

非连续性文本阅读教学时,应该遵循它独有的表达规律,使学生在阅读过程中习得相应的阅读技法。“授人以鱼,不如授人以渔。”学会了正确的阅读技法,学生便能触类旁通,为今后非连续性文本的阅读打下坚实的基础。

1. 图文对照,提取信息

历年 PISA 测评重点考查学生提取信息、解决生活实际问题的能力。提高学生提取信息、解决生活实际问题的能力也是非连续性文本阅读教学的首要任务。因此,在教学中,教师应引导学生通过图文对照、抓住关键词,提取读懂文本所需要的信息。

2. 学会梳理,整合信息

在阅读非连续性文本时,学生会发现文本一般不可能把所有的内容都写出来,往往留有空白,让读者去推断、想象和联想,这是读者阅读兴趣激发的主要诱因之一。在学会抓关键词、提取信息的基础上,教师应引导学生梳理信息,整合信息,进行简单的推论,做出正确的判断,使学生不仅“知其然”,更“知其所以然”。

3. 对比阅读,尝试归纳

非连续性文本往往是多个独立文本的组合,有时还需要读者在阅读时自发去寻找相似的内容。教师应引导学生对搜集到的信息进行比较,找到其间的联系,帮助学生正确运用信息进行分析。如教师进行说明书阅读指导时,可以将同类的三种说明书放在一起让学生对比阅读,创设生活情境,引导学生归纳信息。

(三) 非连续性文本阅读的基本课型

1. 基于习惯养成的非连续性文本教学

基于教材上的几篇非连续性文本的教学,引导学生养成良好的阅读习惯。这类课型,对于初次接触非连续性文本阅读的第三学段学生意义尤为重大。

2. 基于文本变换的非连续性文本教学

在日常的语文教学和阅读活动中连续性文本更为常见，连续性文本在教材中所占比例也较大。教师在教学中，可以有意识地将连续性文本阅读教学与非连续性文本阅读教学有机结合，发挥非连续性文本的优势，让连续性文本教学更加直观、有序。如教学说明文时，可以指导学生通过列表格等方法，清晰了解作者所介绍的事物的特点和说明方法；教学游记时，可以引导学生画出作者的游览示意图，进一步明确作者的写作方法和写作顺序；教学人物传记时，可以采用列图表的方式，概括出主人公一生的主要经历……

如苏教版五年级语文下册中的《秦兵马俑》，教师在教学时可以借助“微信”这一载体。微信名片采用图文结合的表达方式，可作为非连续性文本教学的素材。课始，教师让学生读景点简介，再从兵马俑的景区图片中获取对兵马俑的初步印象，再引导学生联想，从兵马俑的身材、衣着、姿势等多方面入手，制作兵马俑微信名片。把生活中的流行元素“微信名片”带入课堂，这样的课堂丰富而有趣。

3. 基于读写结合的非连续性文本教学

如人教版五年级语文上册第三单元习作，要求写一种熟悉的动物或水果。课前，教师让学生搜集自己最喜欢的动物的资料，包含文字资料和图片资料。因为学生虽然可以大致描述出动物的感性形象，但要做到科学、准确地介绍某种动物，则必须借助数据等相关资料。课始，教师要引导学生研读单元例文，重点关注作者的写作方法和内容，并且体会课文插图的作用。然后，引导学生尝试运用单元例文中的一些方法介绍自己熟悉的动物。为了使学生介绍得更加科学、准确，教师也可以鼓励学生为自己的习作配上合适的“原创插图”，这样的习作教学，会更有实效。这样的教学，会使习作教学更加具有实效。

4. 基于学科融合的非连续性文本教学

非连续性文本中的图表、符号在数学、科学等理科学科中出现较多，阅读非连续性文本所需的统计方法等是理科学习的范畴。教师可以在语文课堂上打破学科界限，引入数学、科学等学科知识，指导学生阅读；同时也通过对学生理解和表达能力的训练，促进其数学、科学学科的学习，实现学科间的相互促进和融合。

5. 基于综合运用的非连续性文本教学

人教版教材中的综合性学习，选取了和学生生活密切有关的问题，让学生在阅读和实践中，积累生活经验，提高知识综合运用能力。教师还可以引导学生读景点导览图、零食包装等，激发学生阅读兴趣。

(四) 案例分析

请看以下非连续性文本读写结合教学实录及评析——特别的说明书。

设计执教：何捷。

指导评析：陈曦。

【教学目标】

(1) 看懂药品说明书。

(2) 模仿写"关于我的说明书"。

(3) 在练习中逐渐形成阅读、写作要面向生活、服务生活的务实读写意识。

【适用学段】

第三学段。

【课时安排】

2 课时。

【教学实录】

1. 谈话导入

师：平常大家生病吃药时，是怎么吃的呢？

生 1：爸爸妈妈让我怎么吃就怎么吃(众笑)。

生 2：我听医生的，医生让我怎么吃就怎么吃(众笑)。

师：我明白了，这叫"遵医嘱"。确实应该这样。不过，有时候会偶发一些常见病，例如肚子疼、牙疼、拉肚子……一时找不到医生，也到不了找医生的程度，可以在家长的指导下，服用一些常用药。服药前，你觉得要做些什么？

生 1：还是听爸爸妈妈的话(众笑)。

师：确实够听话的。不过，爸爸妈妈该听谁的话呢？这时候，大人会看一份神秘的东西——药品说明书。大家见过吗？

生 3：没见过。

师：所以说它是神秘的东西嘛。其实它一点儿也不神秘，每一种药品的包装盒里都配有药品说明书，看懂它，倘若今后有些小毛病就可以自己来解决啦。这也证明了你的成长。所以，可以说今天这节课是人生中的重要一课哦。

评析：谈话导入，活跃了课堂气氛。所谈的话题与学生的生活息息相关，既能有效勾起学生的回忆，又形象点明“药品说明书”的作用，为接下来的教学主体环节做好铺垫。

2. 看懂药品说明书

（1）通读，摄取完整信息

师：药品说明书没那么神秘。请看我为大家带来的一份药品说明书（幻灯片展示）。请大家阅读这份药品说明书，看看你都读到了哪些信息。

生 4：我发现这里写着药品的成分、功能、原料等。

生 5：还有生产日期、批准文件、贮藏方法等。

（其余补充发言略，师生共同归纳此说明书上的 10 个项目。）

师：看药品说明书，首先要注意一个“全”字，看得完整（板书：全）。也许一个的缺漏将会引起巨大的反应。所以，建议大家按照说明书各项的顺序读，从头到尾连贯地读。

评析：通读，让学生注意一个“全”字，看得完整，了解整体信息。教师注意放手让学生阅读，获取信息，并在阅读方法上予以点拨、引导。

（2）速读，提取有效信息

师：不同的人看同一份材料，会有不同的体会。那是因为每个人阅读的需要不同。让我们做个游戏，以不同的身份再次快速阅读这份说明书，看看你都提取了哪些和你身份相关的有效信息（幻灯片展示）。“我”是一个需要服药的孩子的父亲；“我”是一个药品检测人员；“我”是一个患病的小孩；“我”是偶然间发现这瓶药的人（也可以自定义身份）。

开胃消食片说明书

主要原料：山楂、麦芽、陈皮、鸡内金、白扁豆、白糖等。

主要功能：改善肠道功能，促进消化，保健肠胃。

成分含量：每片含黄酮 0.39 毫克；钙 45 毫克。

适宜人群：消化不良者。

服用量：每天三次，每次六片。

服用方法：饭后温开水送服。

保质期：18 个月。

生产日期：2011 年 10 月 15 日。

批准文件：卫食健字（2002）第 0592 号。

贮藏方法：阴凉干燥处。

生6：如果我是一个需要服药的孩子的父亲，我主要看说明书中的“主要功能”“适宜人群”“服用量”“服用方法”“保质期”信息。因为我要让我的孩子服药，不能让他吃错药、乱吃药。

师：很好，这是一个称职的父亲。

生7：我要是一个药品检测员，就看看药品的“批准文号”“保质期”。我不吃药，我只检查药是不是假药，有没有过期，所以只需要看这两个部分。

生8：我现在就是一个患病的小孩，我要看的和那个父亲看的一样(众笑)。不过，我最好把其他项目也看看，这样自己放心(众笑)。

师：真难得，比当爸爸的还细心。

生9：我是偶然发现这瓶药的人，我只要看看“保质期”就好啦。一是因为现在我不需要吃药，其他不需要看，二来看看有没有过期，过期就处理掉。

生10：我是制药的人，我主要看看药品的成分。

……

师：真不错。不同身份的人可能有不同的阅读目的。快速阅读后提取最为有效的信息，这是一种能力，也是一种素养(板书：各取所需)。希望大家在日常生活中留心这些看似不起眼的说明书，让它成为你的生活好助手。

评析：针对药品说明书的特点，教者巧妙地采用了两种阅读策略：一是引导学生快速阅读，这有利于提高阅读效率，同时也有利于提高学生提取信息的能力；二是设置情境，采用“定位—分析”方法，即让学生做游戏，以不同的身份快速阅读这份说明书，提取相关的有效信息。

(3) 解读，综合运用信息

师：接下来请大家练笔。请根据幻灯片中的要求，再次细读这份药品说明书，可以把要求当作问答题，逐题回答，也可以像平常写作文一样，将这些内容串联成一段话。

(学生习作略。)

师：很好，能将阅读的信息变为这段话，说明你不是个书呆子，懂得活学活用(板书：活学活用)。

评析：用小练笔的形式，检测学生对药品说明书的理解与掌握情况，也训练了学生的书面表达能力，一箭双雕！

3. 仿写“另类说明书”

(1) 了解语言风格

师：请你谈谈，类似说明书这样的文本，其语言有什么特点呢？

生 11：我觉得很简单、很简洁，该说的就说，没有一句废话(板书：简洁)。

生 12：没有用比喻、排比等修辞手法。

师：为什么不用呢？

生 12：用了反而说不清楚了。

师：我明白了，就是表达清楚这个特点吧(板书：清楚)。其实，只要是清楚的表达，用上这些修辞手法也无妨。还有吗？

生 13：它还很实用，每一篇都教会我们一些东西。

师：(板书：实用)很好，这样的文章和大家平时写的作文不太一样，讲究的是语言的简洁、表达意思的清楚、写的内容要实用。这就是说明书这一类文本的语言风格。

评析：通过讨论，引导学生认识非连续性文本的语言风格，为下面的模仿写作打下基础。

(2) 尝试新写法

师：平时大家都写过自我介绍一类的文章，接下来我们来写一种另类的自我介绍，将其写成说明书的风格。你会发现，形式的变化将带来特别的写作感受哦(幻灯展示下面的内容)。

(师简述"'我'的说明书"填写要点。)

(3) 讲评习作

(学生习作片段略)。

师：请你来介绍一下，这样幽默的说明书是怎样写成的？和大家分享你的经验吧。

生 14：我是一边写一边笑的，这种形式太有趣了，说明的居然是自己，感觉很特别、很新奇。所以，写起来就不累了。

师：看来写作的兴趣很重要，有兴趣就不累。还有其他秘诀吗？

生 15：我觉得只要简单改变一下作文的形式，就会让文章个性十足，能在众多同题作文中脱颖而出。

师：这句话简直可以说是写作宝典啦。在写作前，要做哪些准备呢？

生 16：在写作之前，可以多找一些真的产品说明书来看一看，对说明书有更多的了解，也许写起来会更顺手；填写完之后，自己还可以尝试着增添一些项目，让自己的"产品说明书"更与众不同，内容更加完整，精彩。当然，要对自己比较了解，有一些细节写得好会更吸引人。

师：模仿就是重要的一步，向生活学习、向生活要素材就是一种有效的学习方法。你真善于学习！

【教学总评】

纵观全课教学，有以下三个突出的优点。

其一，教学理念新颖。《义务教育语文课程标准》(2011 年版)颁布以来，非连续性文本成为大家关注的焦点，但关乎于此的教学设计还是比较鲜见。本节课，选择了比较常见、浅显易懂的开胃消食片说明书，根据非连续性文本的特点展开教学，理念新颖，扎实有效，值得借鉴。而融入写作教学，实现了读与写的有机结合，也给人以耳目一新的感觉。

其二，教学设计精巧。从读切入，通过三种不同方式、不同层次的读，达到读懂药品说明书之目的。非连续性文本中的信息不是连贯呈现的，而是在文本中呈零星、发散式地分布，这就需要通过不同形式有针对性地读，才能使信息被提取、梳理、整合，阅读也才有效。写的安排，颇具匠心。若按通常思路，让学生直接仿写药品说明书类的习作，难度显然偏大，且也比较枯燥乏味。教者让学生学习药品说明书的表述方式，写"'我'的说明书"，内容贴近学生生活，形式活泼、生动，学生乐于动笔，也易于写出情趣盎然的习作。而这样的写作过程也有助于学生对药品说明书形式、语言风格等的把握。

其三，能力训练到位。教者结合此课的教学，对学生进行多种能力的训练。如，信息的收集、整理、加工的能力，非连续性文本的初读、速读、精读、解读能力，分析范文、借助范文创新写作的能力，主动探索、尝试解决问题的能力，自觉应用所学为生活服务的能力，等等。可以说这是以非连续性文本阅读和写作为经线，以能力训练为纬线，读写合理联动的一节课。

二、绘本阅读课

(一) 概念界定

绘本，又叫图画书。它是一种图文配合、强调用图画来讲故事的书。经典的绘本是一流的画作与一流的文字的结合，是由简练生动的语言和精致优美的绘画紧密搭配而构成的，它是用图画画出来的童话和故事。图画是精致的，文字又是异常精练的，图文一体、互识互释。

绘本里虽然没有什么深奥的道理，但娓娓道来的却是情感认知以及生命哲理。它没有一句教条，却能满足孩子的成长需要；没有一丝说理，却能启发孩子的深入思考；没有一点儿喧闹，却能激起孩子的会心一笑。在绘本里，孩子们能够找到自己生活的影子和情感的共鸣点。通过阅读绘本，儿童不断进行着情感体验，通过阅读情感得到了升华。

（二）绘本阅读教学的几个误区

在实践中，由于教师经验的缺乏和认识的偏差，绘本阅读往往没有发挥其优势，反而陷入了以下几个误区。

1. 识字朗读型阅读

图文并茂的绘本，图画精美，语言精练。在绘本阅读教学中，一些教者便利用绘本精简的语言，在绘本阅读中对学生进行专项识字训练和朗读训练。在识字、朗读要求的压力下，绘本失去了原有的趣味性和吸引力，导致学生对绘本望而却步。

2. 精读分析型阅读

将绘本当成一般的语文教材来教学，引导学生研读绘本，讲解字词句段、篇章结构，面面俱到，精雕细琢，这种精读分析型阅读便拉开了学生与绘本的距离。

3. 讲读提问型阅读

好的绘本不仅仅讲述了一个故事，还具有深刻的含义。一些教者在教学中，急功近利，为了让学生在绘本阅读中受到教育，提问方式贯穿绘本阅读始终。在一连串的"你知道了什么""你懂得了什么"的追问下，学生们的阅读兴趣锐减。

4. 无指导型阅读

在绘本阅读教学的实践中，一些教者本着"绘本是读给孩子听的书"的理念，在绘本阅读教学中，纯粹以朗读者的身份出现，读完故事就完事，不启发、不质疑、不点拨、不指导，使班级读书会意义缺失、效率低下。

（三）绘本阅读的基本教学策略

绘本作为一种图文结合的阅读材料，是最适合小学生阅读的。我们充分认识其优势后，要发挥其功效，引导学生在阅读中感受童趣、分享快乐，从而带领学生走上阅读之路。那如何进行有效的绘本阅读教学呢？

1. 深情导读，激发兴趣

日本著名的图画书阅读推广者松直居在《图画书的快乐》中阐述道："图画书是通过优美的语言和图画表现出来的，这些语言和图画只有成为朗读者自己的感受读给孩子听，才能被接受。当朗读者把图画书所表现的最好的语言用自己的声音、用自己的感受来讲述时，这种快乐、喜悦和美感才会淋漓尽致地发挥出来，图画书的体验才会永远地留在聆听者的一生当中。"美国教育心理学家布鲁纳这样阐述阅读指导：一开始，教师得先为儿童读故事，慢慢地，用比较戏剧化的方式，来呈现整个作品。在儿童还没有能力完全自我阅读之前，教师利用"最近发展区"，协助儿童了解故事，帮助他们逐渐成为真正的读者。[①] 在绘本阅读教学中，教师应该投入感情读故事，用动作、神态辅助语言来"演"故事，用生动、夸张的方式呈现故事，用预告精彩片段引导学生课外阅读，激发学生的阅读兴趣。

2. 引导猜想，激发想象

好的绘本不仅仅在讲述一个故事，同时也在帮助学生提升观察力，丰富他们的想象力，升华他们的精神境界。简明的文字与精美的图画能让学生的想象力与创造力自由驰骋。所以，在绘本阅读教学过程中，教师要重视学生读图能力与想象力的培养。可以选择最能激发想象、最动人的图画，引导学生仔细观察图画中的形象、色彩、细节等，感受画面所流露的情感、所表达的意蕴，遐想文字以外、图画以外的世界。

一些绘本是靠重复的情节与句型来连接画面的，是循环往复式的结构。导读这样的绘本时，教师就要充分利用这一结构特点，引导学生参与到推演故事情节的过程中来，引导学生猜想情节，让故事情节在学生充分的想象中相互衔接。

如，《逃家小兔》中用简单的句式"如果你变成________，我就变成________"将故事串讲下来，整个故事充满了想象色彩。在导读中，教师便可利用绘本中一次又一次的变化，让学生参与其中。提出类似问题："如果你是兔妈妈，你会怎么变，让小兔回家呢？"在学生饶有兴趣的猜测中推进故事的情节，引导学生体会妈妈对孩子那浓浓的爱，激发学生阅读的兴趣，从而使学生爱上阅读。

3. 指导看图，传授方法

绘本是用图画与文字共同叙述一个完整的故事，是图文合奏的。说得抽象一点，在绘本里，图画与文字在两个不同的层面上交织、互动。图画不再是文字的附庸，而是图书的生命，甚至可以见到一个字也没有的无字绘本。一本好的绘本，能让一个不识字的孩子仅看画面也能"读"出大意。此外，一般来说绘本都有精心设计的版式，封面、扉页、环衬、正文以及封底构成一个完整的整体，文字与图画相互依存……所以，在绘本阅读教学中，教师不要急于求成，而应让学生仔细地去看那些图画，引导学生在看图中读懂故事、发现细节、感悟内涵。

---

① 布鲁纳：《布鲁纳教育论著选》，人民教育出版社 2018 年版。

绘本经常会通过细节刻画隐藏线索，这使主题更加鲜明，情节更有趣味。小老鼠是许多绘者们的宠物，它经常作为故事发展的另一条线索存在于绘本中。如加拿大女画家菲比·吉尔曼的《爷爷一定有办法》，在整个故事中一直出现另一个快乐生活的家庭——老鼠一家。随着小男孩约瑟的毯子的变化，老鼠一家也在不断地利用这块布料。小老鼠一家的故事没有文字说明，却和地上的故事有着千丝万缕的联系。在导读中，教师可以充分利用这类图画，引导学生关注文字背后的故事，从而丰富故事内容，使主题更加明确，更具有童趣。

4. 品味语言，感受积累

绘本的语言具有形象性、重复性及简洁性等特点。绘本阅读过程中的语言学习有多种方式：听教师大声读、反复朗读、讨论、看图讲述、故事接龙等。其中“听教师大声读”是绘本阅读教学的重要方式，也是学生学习语言的重要方式。也可以让学生模仿绘本中的语言进行表达，让学生领悟绘本语言表达的形式与精髓。

比如，山姆·麦克布雷尼的经典绘本《猜猜我有多爱你》，讲述了一个充满了爱和童趣的故事，通过大兔子和小兔子的对话揭示了爱是需要表达的这样一个道理。大兔子的语言一直和小兔子一样，展示了大兔子的一片童心，也构成了文本语言的节奏美。在《猜猜我有多爱你》的导读中，教师可以先读小兔子对妈妈说的话：“我爱你有这么多！”看图后，师生共同读兔妈妈的话：“我爱你有这么多。”在此基础上，教师范读第二段小兔子的话：“我的手举得有多高就有多爱你！”让学生单独读兔妈妈的话：“我的手举得有多高就有多爱你！”通过听老师读，和老师共读以及自己读等多种朗读方式，学生感受语言魅力，积累了语言。读完这个故事后，教师便可引导学生表达自己对妈妈的爱。学生们模仿书中的语言形式表达自己对妈妈的爱，“我爱你从山的这边到海的那边”，“我爱你像海那么深”，“我爱你到宇宙，再从宇宙那里回到这里来”……

5. 联系生活，感悟内涵

图文并茂的绘本吸引着孩子，它包罗万象，对阅历不多、经验有限的小学生而言，绘本为他们提供了各种观察性、思考性与感受性的认知学习经验。阅读关于优秀品德锤炼的绘本，儿童与生俱来的模仿能力会促使他们向书中的优秀人物学习，在生活中以其为榜样并努力向其靠拢。通过阅读绘本，儿童不断进行着情感的体验，情感也得到了升华。

【案例分析】

《我是霸王龙》绘本阅读课

曹爱卫

【选文再现】

我是霸王龙

作者：宫西达也(日本)

以前,以前,很久以前,在一个悬崖顶上住着翼龙爸爸和翼龙妈妈。有一天,翼龙妈妈下了一个蛋。一天晚上,那个蛋骨碌骨碌地转了起来……

噼啪——可爱的翼龙宝宝出生了。爸爸和妈妈高兴得不得了。他们很用心地抚养着宝宝。

爸爸给宝宝喂了好多好多吃的东西:“多吃点吧,你要成为一只强壮的恐龙!”

妈妈抱着宝宝哄他睡觉:“你要成为一只善良的恐龙啊!”

爸爸教他怎么飞行:“你好好听着,拼命地张开翅膀,用力地踢打地面,乘着风就行啦!只要你飞得高,就算遇到粗暴的可怕的霸王龙,也用不着害怕。”

寒冷的下雨天里,妈妈用自己的翅膀护着宝宝:“不管谁遇到困难,你都要帮助他啊!”然后……

翼龙宝宝扑棱扑棱地一天天长大了,终于长得和爸爸一样大了。一天晚上,爸爸看着睡着的儿子说:“这孩子长这么大了,快要和我们分开了。”“他一个人能行吗?”“不要紧,这孩子已经长大了。”“可是,他还不太会飞呢。”“那就要靠他自己了。”听到爸爸这么说,妈妈忍不住扑簌簌流下了眼泪。然后,他俩一起飞上天空。这是一个安安静静的夜晚。

早晨,小翼龙醒过来:“哎呀,爸爸妈妈不见了!他们到哪儿去了呢?是不是去找吃的东西了……”可是,等呀等呀……爸爸妈妈还是没有回来。小翼龙大声地喊叫:“爸爸——妈妈——”他不断地叫啊叫啊……

小翼龙哭着哭着就睡着了。这个时候,从悬崖底下……

“嘿嘿嘿嘿嘿……”一头霸王龙瞪着眼睛爬了上来。

快够着小翼龙啦!这个时候……

轰隆!火山喷火了!大地咚咚咚地摇晃起来……霸王龙从悬崖顶上骨碌骨碌

骨碌……

咣当——霸王龙摔到了地上。小翼龙走过去的时候，霸王龙正痛得嗷嗷嗷地叫呢。“啊……”小翼龙想：“怎么办呢？”爸爸曾经说过：“霸王龙是个粗暴可怕的家伙呀！”

过了一会儿，霸王龙一动不动了。这个时候，小翼龙又想起妈妈曾经说过：“不管谁遇到困难，你都要帮助他啊。”

“好吧！”小翼龙把岩石一块一块地搬开。

他把岩石全部搬开了，但霸王龙还是一动不动。哎呀，他伤得好厉害啊！“要不要紧啊？”小翼龙轻轻地说。这个时候……“哎呀呀……身、身体动不了啦！眼、眼睛也睁不开啦！怎么了，怎么了？我什么都看不见啦！”霸王龙很伤心。

“原来，他连眼睛都受伤了。”小翼龙正想着，霸王龙突然用很可怕的声音问：“谁，谁在那儿？”小翼龙吓了一大跳，不由得说：“我，我是霸王龙。”“啊，和我一样的霸王龙？那你的声音怎么那么细？”“那，那，那还不是因为大声说话对你的伤口不好吗？”小翼龙使出浑身力气，扯着嗓子吼叫着。

小翼龙觉得受了伤的霸王龙好可怜，决定照顾他。下雨天，小翼龙用叶子盖住霸王龙，像妈妈曾经为他做的那样，温柔地，轻轻地。

小翼龙还喂霸王龙红果子。“好吃吗？”“嗯……好吃。”“其实，鱼更好吃，但我还不会飞到海边……不，不，我是说，还不会跳到海边呢。”霸王龙一声不响地听着。从这以后，小翼龙不断地把红果子衔回来喂霸王龙，就像爸爸曾经为他做的那样，喂好多好多。

过了好几天……一天晚上，当小翼龙抱着红果子回来时，看见霸王龙瞪着眼睛，嘴里叼着鱼呢。啊，他站起来啦！眼睛也看得见啦！小翼龙吓了一大跳，红果子噼里啪啦掉了下来。听到声音——

霸王龙回过头，叼着鱼嘣嘣嘣地走了过来。这个时候，小翼龙想起爸爸曾经说过……“你好好听着，拼命地张开翅膀，用力地踢打地面，乘着风就行啦！只要你飞得高，就算遇到粗暴的可怕的霸王龙，也用不着害怕。”小翼龙拼命地张开翅膀，啊——

“乘着风就行啦！”小翼龙觉得风正托起自己的翅膀。“爸爸说得对，我在飞呢，飞得很高，我会飞啦！”乘着南风，小翼龙扑棱扑棱地越飞越高。“嗷——”霸王龙吼叫着。

望着越来越远，越来越小的霸王龙，小翼龙想：霸王龙的伤好了，眼睛也能看得见了，太好啦！如果我真的是头霸王龙，也可能和他成为朋友吧？再见，霸王龙！

霸王龙不再追赶小翼龙了。他朝着星空小声地说："我早就知道你是翼龙……我特地捉来了你最喜欢吃的鱼，想和你一起吃……然后，看着你的脸说声'谢谢'。真的，谢谢你啊！"霸王龙一直一直望着小翼龙消失的地方……

【选文缘由】

1. 留住内心的温存与善良

当我们问自己"爱会给谁"时，从心底跳出的答案大多是我们的亲人、朋友、邻居、同学……是那些和我们有着血缘关系的人、关心帮助我们的人或者与我们的生活有着密切联系的人。当我们再问自己"爱会给陌生人吗"或"爱会给欲夺取自己生命的敌人吗"，我想，很多人就不会轻易给出答案了。

《我是霸王龙》中的小翼龙，给上面的问题做了解答。这只"傻乎乎"的小翼龙，真的把爱给了要吃掉自己的敌人——霸王龙。付出这样的爱是否值得？教师引导学生深入思考此类问题，是否比单纯地传授知识更智慧？一个教师，只有跳出知识传授的窠臼，而把爱和信念传递给学生，学生的人生之路才能走得踏实稳健、平和快乐。正如作者宫西达也先生所言："绘本会传递给你令你内心很感动的东西，绘本教给孩子温存与善良，在一个物质丰富的时代，温存与善良应该是内心的基础。"

2. 发展阅读图文的能力

绘本中，文字在讲述故事，图画也在讲述故事。孩子在用耳听、用眼看的过程中，脑海里能构建出属于自己的故事。绘本阅读，让孩子更容易走进故事、领悟故事内涵。

《我是霸王龙》不管是图片还是文字，都有很大的张力，作为教学材料，是极为适合的。各举一例。

小翼龙飞走了，霸王龙小声地说："我早就知道你是翼龙。"霸王龙从哪些地方早就知道的呢？联系故事前文，从图片和文字中找寻线索，形成对"早就知道"的文本意义的理解。"既然霸王龙早就知道照顾他的是翼龙，为什么不吃了他呢？"问题追问，引导学生从文本意义的理解转向对友情、对爱的理解。

《我是霸王龙》的最后一页，只有图画，没有文字，这是"此时无声胜有声"是一种艺术。读者读到此处，自然会涌起各种情思，为霸王龙的改变感到、对未来的憧憬、对现实的无奈……通过文字记录此时的阅读感受，既是对阅读效果的一种检测，也是一种故事创作。

3. 感受美好的阅读体验

孩子阅读绘本故事，会用整个身体和灵魂去感知故事。这样的感知，不是让智力先行，而是让活跃的五感——听觉、视觉、嗅觉、味觉和触觉发挥作用，让这些感觉直接和语言连在一起。如，《我是霸王龙》中爸爸妈妈"用心地"照顾小翼龙，如何"用心地"？故事中用了四个画页阐述，图文中都散发出父母对孩子浓浓的爱，就如生活中，孩子的父母对待孩子一样。孩子在阅读中，很容易沉浸到故事中去。这种沉浸故事中的阅读体验是幸福、美好的。

【教学实录】

板块一：图文观察，渗透阅读方法

（PPT 出示关于教师所在单位、教师姓名的图文信息）

师：小朋友好！咱们这是第一次见面，你们知道我是谁吗？

生齐：曹老师。

师：（惊奇）你们怎么知道啊？

生 1：张老师（该班语文任课老师）告诉我们的。

师：张老师告诉你们，你听了，就记住了，真好！你有一双会倾听的耳朵。

生 2：我是从白板上看出来的。白板上写着"故事老师曹爱卫"。

师：你很会观察，你有一双会观察的眼睛。（面向所有小朋友）她发现了白板上的秘密呢！那你们知道我是哪个学校的吗？

生 3：杭州市长寿桥小学。

师：你怎么知道的呀？

生 3：白板上写着呢，我认识这些字。

师：哇，你真能干，认识这么多字。我们就应该像这两个小朋友一样，会倾听、会发现，这样，我们就能享受到更多的学习乐趣了。我来自——（生接：杭州市长寿桥小学），我的名字叫——（生接：曹爱卫），我是来给小朋友——（生接：讲故事的）。

师：刚才小朋友就是通过图文知道了我的名字、我工作的单位。那我们来看看下面这张图片，你又能从图画和文字中获得哪些信息呢？

（出示霸王龙及其简介。）

生 4：这是一只霸王龙，它还有一个名字叫暴龙。

生 5：霸王龙长得很高，有 13 米高，而且它也很重，有 7000 千克呢！

师：知道 13 米到底有多高吗？（问一个小朋友）你的身高是多少？

生 6：1.27 米。

师：假设你有 1.3 米。小朋友想一想，要几个他叠起来，才是一只霸王龙的高度呢？

生 7：13 个！

（其他学生纷纷赞叹。）

师：那我再问问你，你的体重是多少千克？

生 6：35 千克。

师：要多少个他才抵得上一只霸王龙的体重呢？谁算出来了？

生 8：200 个！

（其他学生纷纷赞叹。）

师：成年的霸王龙真是一个庞然大物呀！你还读出了关于霸王龙的什么讯息？

生 8：它喜欢吃肉。

师：也就是说，它是食肉恐龙，对吧？（PPT 依次出示：霸王龙、暴龙、食肉恐龙、体型巨大）这就是霸王龙，它是一种食肉恐龙，体型巨大。我们今天要讲的这个故事，就和霸王龙有关。

板块二：走进故事，拓展阅读策略

师：今天讲的是什么故事呢？看仔细喽。（出示《我是霸王龙》封面）小朋友看一看封面，读一读书名，猜一猜，这本书的主角是谁？

生 9：我觉得这本书的主角是霸王龙，因为题目就是《我是霸王龙》。

师：你是从书名来推断的，有道理。有没有小朋友是从其他地方看出来的？

生 10：我是从书的图画上看出来的，图上就画着一头大大的霸王龙。

师：那图上还有其他龙呢，你们看，这儿有——翼龙，这儿有——剑龙。为什么你认为主角就是霸王龙呢？

生 10：一般故事的主角画在最显眼的地方，让大家一眼就能看见。

师：主角最显眼，有道理。除了这个理由，还有其他理由吗？让我们走进故事——

师（绘声绘色讲述，PPT 随讲述呈现，后面不再一一说明）：以前，以前，很久以前，在一个悬崖顶上住着翼龙爸爸和翼龙妈妈。有一天，翼龙妈妈下了一个蛋。一天晚上，那个蛋骨碌骨碌地转了起来……可能要发生什么事呢？

生 11：翼龙宝宝要出生了。

师：噼啪——可爱的翼龙宝宝出生了。爸爸和妈妈高兴得不得了。他们很用心地抚养着宝宝。爸爸和妈妈会怎样用心地抚养宝宝呢？听仔细哦。

师：爸爸给宝宝喂了好多好多吃的东西："多吃点吧，你要成为一只强壮的恐龙！”妈妈抱着宝宝哄他睡觉：“你要成为一只善良的恐龙啊！”爸爸教他怎么飞行：“你好好听着，拼命地张开翅膀，用力地踢打地面，乘着风就行啦！只要你飞得高，就算遇到粗暴的可怕的霸王龙，也用不着害怕。”寒冷的下雨天里，妈妈用自己的翅膀护着宝宝：“不管谁遇到困难，你都要帮助他啊！”然后……

师：爸爸妈妈是怎样用心地抚养宝宝的？爸爸希望他成为怎样的恐龙？怎么教他的？

生12：爸爸喂他吃很多东西，想让他长得强壮，还教他飞行。

师：嗯，男生将来要做爸爸的，你们来读一读爸爸表达愿望的这句话。

男生（粗声粗气）：多吃点吧，你要成为一只强壮的恐龙！

师：爸爸又怎么教他飞行的？来，我来做爸爸，你们做翼龙宝宝。

（师演爸爸，说爸爸教飞行的话语，生演翼龙宝宝，学习飞行，强调“拼命地张开翅膀”就是使尽了所有的力气，翅膀张得不能再开了，“用力地踢打地面”就是用尽力气，踢打地面，学生表演得快乐而投入，非常到位。）

师：妈妈又希望他成为怎样的恐龙？怎么教他的？

生13：妈妈教他要帮助别人。

生14：妈妈抱着宝宝哄他睡觉：“你要成为一只善良的恐龙啊！”

师：而且妈妈还说——

生14：不管谁遇到困难，你都要帮助他啊！

师：爸爸希望他强壮，教他生存的本领——飞行；妈妈希望他善良，教他任何时候都要帮助别人。在爸爸妈妈的用心抚养下，翼龙宝宝扑棱扑棱地一天天长大了。

师（继续绘声绘色讲述）：终于长得和爸爸一样大了。一天晚上，爸爸看着睡着的儿子说：“这孩子长这么大了，快要和我们分开了。”“他一个人能行吗？”“不要紧，这孩子已经长大了。”“可是，他还不太会飞呢。”“那就要靠他自己了。”听到爸爸这么说，妈妈忍不住扑簌簌流下了眼泪。然后，他俩一起飞上天空。这是一个安安静静的夜晚。

早晨，小翼龙醒过来：“哎呀，爸爸妈妈不见了！他们到哪儿去了呢？是不是去找吃的东西了……”可是，等呀等呀……爸爸妈妈还是没有回来。小翼龙大声地喊叫——

他会怎么喊啊？（生喊：爸爸——妈妈——）他不断地叫啊叫啊……小翼龙哭着哭着就睡着了。这个时候，从悬崖底下……

生15(惊恐)：一只霸王龙过来了。

师："嘿嘿嘿嘿嘿……"一头霸王龙瞪着眼睛爬了上来。快够着小翼龙啦！这个时候……你觉得会发生什么事情？

生16：小翼龙会马上飞走,把爸爸教的本领用出来了。

生17：我觉得他爸爸妈妈飞回来了,孩子遇到危险,爸爸妈妈是不会不管的。

生18：小翼龙醒过来,从山崖的另一边逃走了。

生19：有可能这时候剑龙出现了,把霸王龙打倒了。

师：你为什么会想到有剑龙出现？

生19：因为封面里就有剑龙。

师：你根据前面的信息来猜测,有理有据,我很欣赏。阅读时,能把前面看到的信息和现在的阅读联结起来,这是很重要的一种方法哦。那到底谁猜得对呢？我们继续听故事。

轰隆！火山喷火了！大地咚咚咚地摇晃起来……霸王龙从悬崖顶上骨碌骨碌骨碌……

(学生们听了,哈哈哈地笑起来。)

师：猜对了吗？(学生们乐呵呵地说"没有")我们读绘本啊,就这样听听、看看、猜猜,猜对了,高兴,猜不对,也没关系,继续听故事吧。

咣当——霸王龙摔到了地上。小翼龙走过去的时候,霸王龙正痛得嗷嗷嗷地叫呢。"啊……"小翼龙想："怎么办呢？"爸爸曾经说过："霸王龙是个粗暴可怕的家伙呀！"

过了一会儿,霸王龙一动不动了。这个时候,小翼龙又想起妈妈曾经说过："不管谁遇到困难,你都要帮助他啊。"

师：小翼龙是听爸爸的话,赶快飞走呢,还是听妈妈的话,留下来照顾霸王龙呢？

生20：赶快逃走,自己逃命要紧。

师：你认为保证自己生命安全是第一位的,对吗？(生20点头)谁和他的想法一样的？举手。(生举手)和他意见不一样的,请举手。(请一举手的男生)你来说说为什么你觉得小翼龙会留下来照顾霸王龙？

生21：受伤的霸王龙很可怜啊,需要帮助,为什么不帮他呢？

师：你觉得,不管什么情况下,都要做一个善良的人,是吗？

生21：是的。

师：你有一颗善良的心。哪些小朋友和他的想法是一样的？请举手。（生举手）这些是我们的想法，小翼龙会怎么做呢？继续听故事——

“好吧！”小翼龙把岩石一块一块地搬开。

他把岩石全部搬开了，但霸王龙还是一动不动。哎呀，他伤得好厉害啊！“要不要紧啊？”小翼龙轻轻地说。这个时候……“哎呀呀……身、身体动不了啦！眼、眼睛也睁不开啦！怎么了，怎么了？我什么都看不见啦！”霸王龙很伤心。

“原来，他连眼睛都受伤了。”小翼龙正想着，霸王龙突然用很可怕的声音问：“谁，谁在那儿？”小翼龙吓了一大跳，不由得说：“我，我是霸王龙。”

师：小翼龙为什么要说自己是霸王龙啊？

生22：因为霸王龙很可怕，他说自己是翼龙的话，霸王龙会吃了他。

师：是啊，他太害怕了，不由自主地说自己是霸王龙。

“啊，和我一样的霸王龙？那你的声音怎么那么细？”“那，那，那还不是因为大声说话对你的伤口不好吗？”小翼龙使出浑身力气，扯着嗓子吼叫着。

小翼龙觉得受了伤的霸王龙好可怜，决定照顾他。下雨天，小翼龙用叶子盖住霸王龙，像妈妈曾经为他做的那样，温柔地，轻轻地。

小翼龙还喂霸王龙红果子。“好吃吗？”“嗯……好吃。”“其实，鱼更好吃，但我还不会飞到海边……不，不，我是说，还不会跳到海边呢。”

师：好奇怪呦，小翼龙为什么突然改口了呢？他明明是会飞的呀！

生23：他如果说飞，霸王龙就知道他不是真正的霸王龙，是翼龙，只有翼龙才会飞！霸王龙知道他是翼龙的话，会吃了他。

师：对呀，霸王龙是不会飞的，只有翼龙才会飞。如果小翼龙说自己会飞，就是告诉霸王龙自己是翼龙呢！当然得改口了。

霸王龙一声不响地听着。从这以后，小翼龙不断地把红果子衔回来喂霸王龙，就像爸爸曾经为他做的那样，喂好多好多。

过了好几天……一天晚上，当小翼龙抱着红果子回来时，看见霸王龙瞪着眼睛，嘴里叼着鱼呢。啊，他站起来啦！眼睛也看得见啦！小翼龙吓了一大跳，红果子噼里啪啦掉了下来。听到声音——

霸王龙回过头，叼着鱼嘣嘣嘣地走了过来。这个时候，小翼龙想起爸爸曾经说过……

师：想起爸爸曾经说过的什么话？来，我们一起读。

生齐：你好好听着，拼命地张开翅膀，用力地踢打地面，乘着风就行啦！只要你飞得高，就算遇到粗暴的可怕的霸王龙，也用不着害怕。

师：啊——“乘着风就行啦！”小翼龙觉得风正托起自己的翅膀。“爸爸说得对，我在飞呢，飞得很高，我会飞啦！”乘着南风，小翼龙扑棱扑棱地越飞越高。

师：你们瞧，小翼龙从画面最下面，一直飞到了最上面。

“嗷——”霸王龙吼叫着。

如果霸王龙会说话，这个“嗷——”表示他在说些什么呢？

生24：可能翼龙飞的时候，翅膀撞到了霸王龙的伤口，他痛了，就叫了。

师：哦，你认为这声“嗷——”是霸王龙疼痛时的喊叫。谁有不同的看法？

生25：小翼龙，我是拿鱼给你吃的，不是想伤害你！

师：你这样说的依据是什么？说来听听。

生25：图上霸王龙叼来的是鱼，前面说了，小翼龙最喜欢吃鱼了。他肯定是拿来给小翼龙吃的。

师：那他为什么要叼鱼来给小翼龙吃呢？

生25：是小翼龙一直一直在照顾他，让他把伤养好了呀。他要谢谢小翼龙！

师：你很善于根据图画的细节猜测，说得很有道理。还有谁想说？

生26：小翼龙，别害怕，我是想和你交朋友的。你快回来呀！

师：是呀，有这么一个真心对待自己的朋友，霸王龙真的真的不想失去哦。

望着越来越远，越来越小的霸王龙，小翼龙想：霸王龙的伤好了，眼睛也能看得见了，太好啦！如果我真的是头霸王龙，也可能和他成为朋友吧？再见，霸王龙！

霸王龙不再追赶小翼龙了。他朝着星空小声地说：“我早就知道你是翼龙……我特地捉来了你最喜欢吃的鱼，想和你一起吃……然后，看着你的脸说声‘谢谢’。真的，谢谢你啊！”霸王龙一直一直望着小翼龙消失的地方……

师：读到这里，我有一个地方想不明白，霸王龙说他早就知道照顾他的是翼龙。他到底是从前面的哪些地方看出来的？

师：比如这一张图中，有蛛丝马迹吗？

生27：红果子。

师：为什么红果子就让霸王龙知道照顾他的是翼龙呢？

生27：真正的霸王龙喜欢吃肉，只有翼龙才喜欢吃红果子。

师：有道理，也就是说霸王龙从小翼龙喂给他的食物中可以看出来，照顾他的是翼龙(板书：食物)。接下来就请你回顾小翼龙照顾霸王龙的片段，像曹老师一样，把霸王龙知道照顾他的是小翼龙的地方写下来，能写几个写几个。

（教师出示小翼龙照顾霸王龙的图片，学生写。）

师：现在我们小组交流一下，看看谁找得多，说得有道理。

（学生小组交流后，请一组汇报。）

生 28：小翼龙在山上的时候，霸王龙想吃他。后来火山喷发的时候，小翼龙就在身边。

师：你是说，霸王龙受伤时，小翼龙离他最近。从位置上可以判断，能很快来到霸王龙身边的，是翼龙。对吗？（生 28 答“对”）你很会思考，从位置来判断。这点老师都没有想到呢（板书：位置——近）！还有其他地方可以看出来吗？

生 29：我是从声音里知道的。霸王龙的声音很粗，小翼龙的声音是很细的。

师：你很会听故事！（回顾霸王龙质疑小翼龙声音的部分）霸王龙声音粗，小翼龙声音细（板书：声音——粗细）。

生 30：小翼龙喂霸王龙吃红果子。如果是一只真正的霸王龙照顾他的话，应该喂他吃肉。

师：从他喂的食物里也可以推断出来（回顾小翼龙喂霸王龙吃红果子的部分）。真正的霸王龙吃的是肉，小翼龙吃的是红果子（板书：食物、肉、红果子）。

生 31：霸王龙感觉到了身边的是小翼龙。

师：“感觉到了”很有道理。比如哪里？我们翻回到这一页（小翼龙照顾霸王龙的那一页），你们看，小翼龙照顾的时候，是——（生接：温柔地，轻轻地）如果是霸王龙来照顾的话，可能就是——（生接：粗暴地，重重地），嗯，动作最好是说粗野（板书：动作——粗野、温柔）。

生 32：小翼龙一开始说自己还不会飞，后来他又说自己还不会跳到海边（回顾小翼龙语言改变的部分）。

师：是啊，小翼龙语言的改变，也让霸王龙知道他是翼龙了（板书：语言——跳、飞）。

生 33：霸王龙的脚步是嘣嘣嘣的，小翼龙的脚步是轻轻的（回顾描写霸王龙脚步声的部分）。

师：霸王龙的脚步是重重的，小翼龙的脚步是轻轻的（板书：脚步——重、轻）。

生 34：小翼龙是趴在叶子上的，他照顾霸王龙的时候，也是用叶子来盖霸王龙的。霸王龙没有这样的习惯。

师：哇，你可真厉害，从他们的生活习性上也可以发现（板书：生活习性——用叶子、不用叶子)。我们从这么多地方可以看出,霸王龙早就知道照顾他的是翼龙了。那我有一个问题不明白,既然霸王龙早就知道身边的是翼龙,为什么不抓住他,吃了他呢?

生35:因为小翼龙那么用心地照顾霸王龙,霸王龙被感动了,他就不想吃小翼龙了。

生36:霸王龙怎么可以吃了自己的救命恩人呢?这样,以后再也没有人会来帮助他了。

生37:霸王龙虽然很粗暴、很可怕,但是他也知道谁对他好。小翼龙对他那么好,他怎么会吃了小翼龙呢?

板块三:说写愿望,发表内心感受

师:是啊,小翼龙全心全意的照顾感动了霸王龙,他多想和小翼龙交朋友啊。可是小翼龙并不知道霸王龙改变了。他看见身体好起来的霸王龙,吓坏了,飞走了。看着越飞越远的小翼龙,霸王龙流下了眼泪。因为自己以前的凶暴和可怕,吓走了唯一的朋友。从此以后,霸王龙在哪里,在干什么?

(PPT出示最后一个页面。)

生38:他天天坐在小翼龙出生的悬崖上面,手里捧着鱼,等着小翼龙回来。

生39:天空中还有一颗流星,霸王龙在许愿!

师:小朋友,你们发现了吗?整本图画书,就这一页是没有文字的,请你仔细看图,想一想,霸王龙在哪里,他在干什么,他心里会想些什么。请拿出作业单,给这张图片配上文字,不会写的字可以用拼音。

(生写,3分钟后请三个小朋友上台展示,其余两人的展示略。)

生39:霸王龙坐在小翼龙的家里,他手里捧着一条鱼,呆呆地等着小翼龙回来。这时,天空中划过一颗流星,霸王龙赶快许愿:小翼龙,请你快回来吧!我想和你交朋友啊!我准备了你最喜欢的鱼,等着你回来吃呢!

师:是啊,霸王龙多想小翼龙回来,和自己一起生活啊!从那以后,这只霸王龙还会像以前那么凶暴和可怕吗?(出示封底和扉页)这是书的封底,把它和扉页的比较一下,你发现霸王龙有什么变化。你有什么问题,你又产生了什么新的想法?

生37:他变了,他的牙齿原来是很锋利的,现在没有了。

师:不是没有了,而是他把锋利的牙齿藏起来了,不再给人凶恶的感觉了。

生38:他原来背挺得直直的,很骄傲的样子。现在背也弯了。

生39：他原来的眼睛是瞪着的，很可怕，现在眼睛是眯着的，像睡觉一样，不可怕了。

生40：他原来不吃鱼，现在手里捧着鱼，在等他的朋友回来一起吃呢！

……

师：是啊，有了小翼龙的爱，霸王龙完全变了。爱让霸王龙不再凶暴、不再可怕。小朋友，你们觉得这个故事中，变化最大的是谁呀？（生：霸王龙！）是的，故事中，变化最大的那个人往往是故事的主角哦。以后我们读故事，你要是不知道哪个是主角的话，可以去看，他们哪个变化最大，他是怎么变化的，这样我们就能从故事中读到更多的东西。宫西达也还创作了一系列霸王龙的故事书呢，比如《你真好》《永远永远爱你》《你看起来好像很好吃》。下课后，我们可以自己去找来看看，想一想故事的主角是谁，也可以学着讲一讲故事，好吗？今天的课就上到这儿，下课！

【教学点评】

让阅读回归阅读本身

低年级阅读教学，就像曹老师常说的一样：犹如一个蹒跚学步的孩子，在眼前方寸间跌跌撞撞。识字写字，学词习句，都很重要，哪个不能丢。教师不停地讲，学生们进行着繁忙的"非阅读"练习。结果呢？虽有不少学生学会了认字，但却理解不了文字传递的意义。

阅读教学到底教什么？曹老师的《我是霸王龙》教学做了很好的诠释。简单地说，阅读教学就是"让阅读回归阅读本身"，让阅读变得简单、纯净。

1. 共读——享受"在一起"的温暖

日本的松居直先生认为绘本不是大人让孩子自己看的书，而是大人读给孩子听的书。曹老师认同这个观点并积极践行。在课堂上，她通过绘声绘色的语言讲述，把自己对故事的理解，通过声音、表情和动作展现出来。作为听者的学生，认真听老师讲述，跟随着老师的语言，自由自在地进入故事的世界。教师和学生，在听讲故事中，享受着"在一起"的温暖。

为了让学生更好地参与阅读，理解故事，曹老师在讲述的过程中，还设计了一些小活动，如爸爸教飞行的部分，曹老师就自己演爸爸，学生演翼龙宝宝，在演的过程中，通过动作理解"拼命地张开翅膀"就是使尽所有力气，翅膀张开得不能再开，"用力地踢打地面"就是使劲地踢打地面。学生在快乐的表演中，理解了语言，体会到了父母对孩子的爱。

这种“在一起”的阅读体验，是教师和学生之间建立联系的纽带。学生有了这样的体验，再去识字，和单纯地通过认识汉字进入阅读，效果完全不同。前者，学生能走进语言的世界，而后者，学生却只能在文字的表面漂浮。

2. 回读——让故事深刻于学生心田

曹老师的《我是霸王龙》教学，设计了两次回读。

一次是翼龙爸爸妈妈“很用心地”抚养小翼龙处，曹老师设计了一个“有指导无控制”的学习任务“认真听老师讲，等会儿你要来说说爸爸妈妈是怎样用心抚养小翼龙的”。讲完后，曹老师就文中内容进行了梳理回顾。这样的问题回答，不是一次考试，也不记分，老师感兴趣的是学生能记住文中哪些内容，提醒学生采用最好的方法进行阅读并记忆，也为后面理解小翼龙很用心地照顾霸王龙做了铺垫。

还有一次是故事结束时，霸王龙说“我早就知道你是翼龙……”，曹老师提问“霸王龙从哪些地方早就知道照顾他的是翼龙呢”。她采用书面回读的方式，让学生边读边圈出关键词。这个环节的回读，是一次基于理解的学生独立阅读。学生从文字中，寻找出小翼龙在照顾霸王龙的过程中的蛛丝马迹。这是对“照顾”部分的总结和深入理解。

这两次回读，在故事的关键处重锤敲击，犹如打入两个楔子，让故事深深刻在学生的心田。

3. 比读——触摸柔软的人物内心世界

曹老师的《我是霸王龙》教学中，学生不仅理解了文本的意义，而且衍生出属于自我的阅读意义。这种意义的阐释，是学生生活经验、情感体验与文本故事撞击的结果。

很多绘本，从封面就开始讲述故事，直至封底，还在讲述故事。《我是霸王龙》就是如此。曹老师捕捉到这些画面信息，并通过设计，很好地赋予它们阅读教学的功能。她先让学生看扉页中的霸王龙，故事结束后，再出示封底的霸王龙，把两张图片放在一起比读。学生在比读中，发现霸王龙前后的巨大变化：原先锋利的牙齿现在隐藏起来了，原来挺直的脊背现在弯了，原先瞪着的眼睛现在眯着了，原来不吃鱼，现在手里却捧着鱼了……这些变化，都在述说着，霸王龙在小翼龙爱的感召下，变得温柔而友善了。学生从比读中，很容易就读出爱能改变人，爱能让人变得真诚、善良、美好！

曹老师的《我是霸王龙》一课，很好地保持了阅读过程的新鲜感和完整性，注意调动学生的阅读期待，让学生充分分享个人的阅读体验，让阅读回归到阅读本身。而她，始终站在一个导师的位置，看似没有教给学生多少东西，但学生却收获很多。

三、群文阅读课

阅读课程体系，不仅包括单篇(课文)阅读，还包括群文阅读、整本书阅读。台湾的赖玉莲、浙江的蒋军晶等老师都对群文阅读进行了有益的尝试。

2007年，台湾的陈易志老师在南京上过一节群文阅读课，课中他让学生读了《石头汤》《雷公糕》《南瓜汤》《敌人派》《肉丸子汤》《兔子蛋糕》(绘本)，然后鼓励学生进行比较阅读(内容、叙写手法、文学要点的比较)，引导学生进行交错分析(石头汤里的和尚会如何解决敌人派里的困难)。

蒋军晶老师曾经尝试在50分钟的时间里，让学生读了7篇神话(《创世神话》群文阅读)，采用浏览、略读、跳读等阅读方式，让学生在阅读中多质疑、多分享，尝试真实、实用的阅读策略，将阅读过程处理为探索和发现的过程。

(一) 概念界定

群文阅读，是教师在一个单位时间内指导学生阅读相关联的多篇文章。这是拓展阅读教学的一种新形式，更关注学生的阅读数量和速度，更关注学生在多种多样文章阅读过程中的意义建构，对全面提高学生的语文素养具有十分重要的意义。

(二) 群文阅读教学的价值

1. 增加阅读量，让学生读得更多

不积小流无以成江河，多读书、多积累是我国传统语文教学的宝贵经验。《义务教育语文课程标准》(2011年版)在“课程目标”中规定，第一、二、三学段的学生课外阅读总量分别不少于5万、40万、100万字。世界各国也非常重视儿童的阅读量，美国纽约州规定小学生每年必须读25本书。量变是质变的必要准备，质变是量变的必然结果。当前我们的语文教学，教师仍然比较重视语文教材中课文阅读的教学。以小学语文12册教材、每册教材平均30篇课文、每篇课文平均500字计算，阅读总量只有18万字左右，这样的阅读量是远远不够的。群文阅读教学，学生在一节课中读五篇左右的文章，有效地增加了学生的阅读量，扩大了学生的阅读面，为学生阅读素养的提高提供了必要准备。

2. 提高阅读的速度，让学生读得更快

当今社会已经进入信息化时代，每天都会产生许多新知识。为了获取更多的信息，学生必须学会快速阅读。法国在20世纪70年代就将快速阅读列为独立学

科，并将其列入国家重点科研项目。《义务教育语文课程标准》(2011 年版)在“课程目标”中提出，第三学段学生默读一般课外读物每分钟不少于 300 字。快速阅读是一种技能，技能是需要训练的。当前我们的语文教学，一篇 500 字左右的精读课文要教两课时，略读课文要教一课时，教师可以慢慢教，学生可以慢慢读，这种单一的阅读教学方式严重影响了学生阅读能力的提高。群文阅读教学，学生在一节课中读五篇左右的文章，就能提高学生的阅读速度，提高学生快速阅读的能力，增强学生思维的敏捷性和灵活性。

3. 强化阅读的主体，让学生读得更乐

学习不是学生简单地接受教师的讲解，进行自我意义建构。《义务教育语文课程标准》(2011 年版)在“基本理念”中强调：“语文课程是实践性课程，应着重培养学生的语文实践能力，而培养这种能力的主要途径也应是语文实践。”当前我们的语文教学，一节课教一篇文章，学生很快读完，内容基本理解，教师只好不停地问、不停地讲，学生被动地答、被动地听，学生的主体意识缺失、阅读兴趣降低。群文阅读教学，学生在一节课中读五篇左右的文章，新的阅读内容不断激发学生的阅读期待，教师不得不少问、少讲，学生忙着进行看书、思考、陈述、倾听等语文实践，真正成为语文学习的主人。

4. 丰富阅读的方式，让学生读得更深

单篇文章阅读、多篇文章阅读、整本书阅读，是人们日常生活和工作中的三种阅读方式，三者不可替代。《义务教育语文课程标准》(2011 年版)在“教学建议”中指出，应加强对阅读方法的指导，让学生逐步学会精读、略读和浏览；各个学段都要重视朗读和默读。当前我们的语文教学，一节课教一篇课文，用大量时间来咬文嚼字、带感情朗读，关注精读、朗读方法的指导。但学生有时需要细嚼品味式的慢阅读，有时也需要整体把握式的快阅读。群文阅读教学，学生在一节课中读五篇左右的文章，不仅增加了学生的阅读量，更重要的是让学生在多篇不同作者、体裁、内容的文章阅读中进行比较归纳、分析综合、深入思考，关注略读、默读方法的运用，这样就为学生学习多样化的阅读方式、终身阅读奠定了基础。

(三) 群文阅读教学的基本课型

1. 基于单元整组教学的群文阅读课，让教材的功能充分发挥出来

现行的小学语文教材是以主题组成单元的，一个单元围绕一个主题往往选编四篇课文，为开展群文阅读带来了极大的便利。如人教版五年级语文上册第六组的主题是“父母之爱”，课文有《地震中的父与子》《慈母情深》《“精彩极了”和“糟糕透了”》《学会看病》。教师可以先指导学生精读最有特色的课文《“精彩极了”和“糟糕透了”》，让学生感受别样的父母之爱，体会父母之爱的深沉，习得抓住人物语言、神态、动作描写体会人物情感的阅读策略，再运用群文阅读的方式教学其他三篇课文；也可以先分课教学，再利用“回顾·拓展六”中“交流平台”的提示“在本组课文中，有不少描写人物外貌、动作和语言的语句……读一读课文中这样的语句，体会这些语句好在哪里”，上好单元总结课，把单篇课文教学时获得的散乱的知识系统化，完善学生的认知结构。

2. 基于略读课文拓展的群文阅读课，让略读课文教学简洁而丰富

人教版小学语文教材从三年级开始，每个单元选编了一篇略读课文，到五、六年级每个单元选编了两篇略读课文，而且《教师教学用书》再三强调略读课文“理解内容的要求要低于精读课文，一般是粗知大意”，“主要靠学生运用在精读课文中获得的知识与方法，自己把课文读懂”。为了更好地体现略读课文的编写意图，教师可以采用群文阅读教学方式教略读课文。如教学人教版五年级语文下册中的略读课文《刷子李》，教师可以让学生先读课文，再泛读《俗人奇事》一书中的《张大力》《苏七块》《泥人张》等多篇文章，在大量阅读中充分感受冯骥才笔下的人物形象，体会人物描写的方法，以一篇带多篇，提高学生的读写能力。

3. 基于综合性学习的群文阅读课，让阅读材料成为探究学习的资源

为了加强语文课程内部诸多方面的联系，加强与其他课程以及生活的联系，促进学生语文素养全面协调地发展，《义务教育语文课程标准》(2011 年版)在“学段目标与内容”中还提出了“综合性学习”的要求。人教版小学语文教材从五年级开始，每册教材安排了一个单元的“综合性学习”，并提供了多篇“阅读材料”。如六年级上册综合性学习“轻叩诗歌的大门”，选编了《诗经·采薇(节选)》《春夜喜雨》《西江月·夜行黄沙道中》《天净沙·秋》《太阳的话》《白桦》等阅读材料。这些阅读材料与课文不一样，教师不能一篇一篇地教。教师可以运用群文阅读教学方式，让学生在多首诗歌的比较阅读中发现不同诗歌描写内容、古诗与现代诗表达方式、不同诗人表达风格等方面的异同，充分感受诗歌魅力，为学生接下来开展确定主题、搜集诗歌、整理诗歌、编小诗集等实践活动打开思路。

4. 基于课外阅读教学的群文阅读课，让课外阅读的指导更有成效

随着儿童阅读的推广，学生课外书的内容非常丰富。读什么，怎样读，是摆在学生、家长、教师面前的两大问题。围绕某一主题选择一些相关文章，开展群文阅读是课外阅读的一种好方法。课外书中还有一些书是由多篇小文章组成的，如《俗世奇人》《中外神话故事》等，与人教版小学语文教材单元主题配套的《同步阅读》等，也可以进行群文阅读。教师还可以开展群文阅读的指导。如人教版六年级语文上册第七组“课外书屋”，提示学生课外阅读我国著名作家沈石溪的《狼王梦》《第七条猎狗》、加拿大作家西顿的《小战马》《红脖子》、美国作家杰克·伦敦的《荒野的呼唤》《海狼》等作品，教师就可以在学生自主选择书籍阅读的基础上组织学生交流讨论，使其深入感受人与动物、动物与动物之间丰富的情感。

（四）群文阅读教学的关键策略

1. 按主题选取文章，让群文紧密聚合起来

群，在《现代汉语词典》（第7版）中的意思之一是“聚在一起的人或物”。群文阅读教学，首先是要选好文章，围绕一个主题把多篇文章聚在一起。否则，群文阅读就会杂乱无章。基于教材单元整组、综合性学习等的群文阅读教学，教材中本身就有主题。基于课外阅读、略读课文等的群文阅读教学，需要教师从文章内容、人文内涵、表达方式等多角度确定主题，围绕主题精选文章。

（1）从文章内容角度定主题。以时间为主题，如“春天的儿童诗”“描写晚霞的美文”群文阅读；以人物为主题，如“老舍笔下的小动物”“我的老师”群文阅读；以事物为主题，如“千姿百态的荷花”“故事中的狐狸”群文阅读；以事件为主题，如“送别诗”群文阅读；等等。

（2）从人文内涵角度定主题。以生命教育为主题，如“尊重生命”“生命的价值”群文阅读；以成长教育为主题，如“名人成长小故事”“难忘的童年生活”群文阅读；以爱的教育为主题，如“人与动物”“师生之情”群文阅读；以学会思考为主题，如“从不同角度看同一事物”群文阅读；等等。

（3）从表达方式角度定主题。以写作体裁为主题，如“创世神话”“演讲稿”“儿童诗”“西湖民间故事”群文阅读；以写作方法为主题，如“反复结构的童话故事”“结尾出人意料的小小说”“有特色的人物外貌描写”群文阅读；等等。

2. 有结构地呈现文章，让群文有机组合起来

任何事物都是由多个要素按照一定的结构组合而成的有机整体，优化结构就能提高整体的功能。在群文阅读教学中，不能一篇一篇孤立地呈现文章，也不能把多篇文章无序地全部呈现，最好有一定的结构，这样才能取得群文阅读教学的良好效果。教师可以根据文章主题和特点，合理选择举一反三式、分组递进式、反复重读式等群文阅读教学结构，有效地呈现文章。

举一反三式的群文阅读教学结构，即先读一篇文章，再读一组文章。如高利佳老师教学的群文阅读“反复结构的童话故事”，先指导学生阅读《小壁虎借尾巴》，理解小壁虎分别向小鱼、老牛、燕子借尾巴的经过，师生共画文章的情节结构图；再指导学生阅读《渔夫和金鱼的故事》《七颗钻石》《犟龟》一组文章，让学生自己画一画每个童话故事的情节结构图，让学生在比较中发现童话故事中的“反复结构”。这种教学结构，以一篇带多篇，教师容易教，学生容易学，可操作性强，能很好地达成教学目标。

分组递进式的群文阅读教学结构，即先读一组文章，再读另一组文章。如汪燕宏老师教学的群文阅读“太阳·石头·风”，先指导学生读两首有关太阳的诗歌，让学生感受诗歌丰富的想象；再指导学生读两首有关石头的诗歌，在学生感受诗歌丰富的想象的基础上，发现诗歌语言的有趣性；最后引导学生阅读三首有关风的诗歌，让学生充分体会诗歌丰富的想象和语言的有趣性。这种教学结构，一组一组地呈现文章，让学生始终在多个文本共读中思考，有利于提高学生的综合分析能力。

反复重读式的群文阅读教学结构，即先读一组文章，再重读这组文章。如二年级的群文阅读课中，教师先引导学生读《骑驴》《我要的是葫芦》《酸的和甜的》，让学生看看文中的人物在听到别人建议后是怎么做的，用“____”把找到的句子划下来。然后请学生重读这三篇文章，寻找故事结果的产生原因，达成共识：遇到问题，我们要听取别人正确的意见，也要学会分析，自己尽量去试一试。这种教学结构，充分利用文章对学生进行听说读写的训练，让学生在反复阅读中提高语文能力。

3. 整体设计问题，让群文横向联合起来

问题是学生思维的起点，是教师教学的手段。群文阅读教学需要单篇文章阅读作基础，但重点是指导学生在多篇文章阅读中提取信息、整合信息。群文阅读教学时，教师要把多篇文章看成一个整体，设计一些问题，或引导比较，或尝试迁移，或激发冲突，将多篇文章横向联合起来，培养学生高层次的阅读能力。

引导比较。有比较才有鉴别，比较是群文阅读教学的重要方法。常见的比较有横向比较、纵向比较、内容比较、形式比较、相同点比较、不同点比较、粗略比较、精细比较等。如高利佳老师教学的群文阅读“反复结构的童话故事”，在学生读完《小壁虎借尾巴》《渔夫和金鱼的故事》《七颗钻石》《犟龟》等四篇童话故事后，引导学生思考这四篇童话故事在情节结构上有什么相同之处，学生很快就能在比较阅读中发现童话故事情节反复的特点，比单篇阅读教学效果更好。

尝试迁移。在一篇带多篇的群文阅读教学中，教师可以设计一些问题，引导学生把一篇文章的阅读所得迁移到其他文章的阅读中。如略读课文《刷子李》的群文阅读教学，教师先指导学生理清课文“黑衣上没有白点—黑衣上出现白点—黑衣上的小洞”的情节结构，习得“一波三折”的写作方法；再引导学生阅读《张大力》《苏七块》《泥人张》等多篇文章，并思考哪些文章也运用了“一波三折”的写作方法，让学生在迁移中巩固知识、形成能力。

激发冲突。在群文阅读教学中，多篇文章之间的思想观点、语言表达等存在着一定差异。教师可以抓住多篇文章之间的差异，设计激发学生认知冲突的问题，引起学生思维与文本的碰撞。如蒋军晶老师教学的群文阅读“孔子的故事”，在引导学生感受孔子的伟大之后，让学生深入思考“孔子有没有让你不太满意的地方”。教学群文阅读“创世神话”，在引导学生感受各国创世神话的民族性、本土性等特点之后，让学生深入思考“创世神话是先人的想象，不是科学，为什么今天我们还要读”，从而引导学生在群文阅读中学会辩证地思考问题，用发展的眼光看问题，从不同的角度看问题。

4. 有意识地渗透阅读策略，让群文功效整合起来

习得方法比获得知识更重要，授人以鱼，不如授人以渔。群文阅读教学，不仅要让学生从多篇文章阅读中获取丰富的信息，更重要的是让学生学会快速阅读、整合信息、质疑与讨论等群文阅读的策略。

在群文阅读中学会快速阅读的策略。在群文阅读教学中，学生一节课要阅读多篇文章，用得比较多的阅读方式是默读、略读和浏览，这也是人们在日常生活和工作中常用的阅读方式，教师要有意识地巩固这些快速阅读的策略。如略读课文《祖父的园子》的群文阅读教学，先提出要求“给大家三分钟时间快速默读课文，可以一句一句地读、一段一段地读、一目十行地读，读完课文后想一想这是一个怎么样的园子，把自己的感受用词语记录在课题的旁边”。再读课文时提出要求“我们知道了祖父的园子是一个应有尽有、五彩缤纷、生机勃勃的园子，请大家用三分钟时间浏览课文，可以跳读、扫读，把表现这些特点的句段画下来，读一读，争取读出自己的感受”。

在群文阅读中学会整合信息的策略。群文阅读教学，不必拘泥于单篇文章阅读时的字词理解，应侧重在大量阅读中提取信息、综合思考，教师要有意识地渗透整合信息的阅读策略，培养学生比较、综合、概括、归纳等阅读能力。如戴一苗老师进行非连续性文本《寻找食物》的群文阅读教学，就运用了绘制思维导图的阅读策略，引导学生从《湿圆虫怎样寻找食物》和《蚂蚁的路径》两篇文章中提取信息，比较蚂蚁和湿圆虫在寻找食物的方法上有哪些相同和不同的地方。

在群文阅读中学会质疑、讨论的策略。群文阅读教学中，不同体裁、不同表达形式、不同语言风格、不同作者的文章，给学生带来了丰富的信息和巨大的思考空间，学生也会有许多疑惑，难以全面理解文章内容，需要在交流讨论中解惑。在群文阅读教学中，教师要有意识地渗透质疑、讨论的阅读策略，鼓励学生从不同角度表述自己的观点，提出自己的问题，和同学进行讨论。如蒋军晶老师教学的群文阅读《创世神话》，在引导学生寻找各国创世神话故事的共同之处时，激发学生质疑为什么不同地方的原始人都认为原始世界像一个蛋，神话故事中都有一个本领超强的神，世界万物都是神变出来的……质疑后引导学生猜测、讨论，如"我认为鸡蛋里黑乎乎的，当时混沌的世界也是黑色的；世界上所有的星球都是圆的，蛋也是圆的；蛋是封闭的，我估计原始人认为宇宙是永远都走不出去的"……

《义务教育语文课程标准》(2011 年版)明确指出："义务教育阶段课外阅读总量应在 400 万字以上。"目前学生在阅读方面主要存在着阅读量少、阅读速度慢、阅读效率低、阅读时间浪费等问题。群文阅读打破了中小学阅读教学长期以来基本上只做单篇文章精读的局限，在一定的时间内，将 3～7 篇文章按照一定的逻辑放在一起，让学生从一篇文章到另一篇文章、从课内到课外深度、广度拓展阅读，去粗取精，去伪存真，由此及彼，由表及里，不仅丰富了学生的阅读内容，拓宽了学生的阅读视野，提高了学生的阅读效率，而且训练了学生的阅读思维，促使学生形成良好的阅读习惯，真正让学生学会阅读。

群文阅读教学，给教师和学生带来了新的发展空间，给小学语文教学带来了一片新天地，为小学语文教学开拓了一条新途径。

课后练习：

赏析蒋军晶老师执教的"《创世神话》群文阅读"实录(请自行上网搜索该实录)。

第五节 大语文：课外阅读指导

除了课内阅读的教学，教师对学生课外阅读的内容选择与引导也尤为重要。《义务教育语文课程标准》(2011 年版)明确指出："要重视培养学生广泛的阅读兴趣，扩大阅读面，增加阅读量，提高阅读品位。提倡少做题，多读书，好读书，读好书，读整本的书。"叶圣陶老先生也曾发出过这样的质疑："试问，养成读书的习惯，不教他们读整本的书，那习惯怎么养得成?"[1]由此可见，整本书阅读更能提高学生的阅读素质，人文素养、思维品质、语言能力等方面都会有长进。小学生能够经常在课外进行整本书阅读，就会自然养成良好的读书习惯，可以受益终身。我们相信，一个民族的希望在少年，而少年的希望则在读书。调查数据表明，今天中国人的年均读书量仅为 4 册左右，而犹太人年均读书 60 余册，曾经给印刷术与纸张发明做出巨大贡献的民族，现在却很少读书了，非常令人汗颜。要从根本上改观国人读书量少的窘境，要"从娃娃抓起"。大力有效地推进小学生的课外阅读是教师责无旁贷的责任，课外阅读无论对今天的儿童，还是未来的国人，都有百益而无一害。因此，探讨"大语文"理念下的课外阅读指导，就显得很有必要，也很有价值。

我们选择了四年级课外阅读书目中的《一百条裙子》进行分析，从四年级学生的心理特点切入，以学生们的学校生活为背景，从接纳与友情、自尊与梦想、善良与自责这三方面阐述《一百条裙子》带给学生人文情怀的熏陶。同时，通过说一说、编一编、演一演等多种形式活泼的语文学习方式，培养小学生的语感能力、想象能力、语言文字的运用能力等，让小学生充分地享受读书的快乐与满足，切实提升其语文能力和语文素养。

【课外阅读文本的解读和阐释】

阅读《一百条裙子》

《一百条裙子》选自小学语文四年级课外阅读书目，荣获了纽伯瑞儿童文学奖银奖。《一百条裙子》的作者是美国著名的儿童文学作家埃莉诺·埃斯特斯。埃莉诺笔下的人物都有着鲜明的个性，并且都热爱自由，能够勇敢地独立面对成长中的任何问题与困境。她所描述的人物贴近生活，通常都能在生活中找到原型。直到今天，她的作品仍被世界各国的小读者喜欢，不会因为时间的流逝而褪色。

《一百条裙子》叙述方式十分特别，主人公旺达·佩特罗斯基一直没和我们正面接触，而是通过对玛蒂埃细腻的心理描述，让旺达的形象逐渐丰满。我们一起跟着玛蒂埃，去看看那个善良、执着、大度的旺达吧。

《一百条裙子》主要讲述了一个有着奇怪名字的女孩旺达·佩特罗斯基的故事。也正是因为她的怪名字和旧裙子，所有的女生都喜欢捉弄她。直到有一天，旺达突然

① 叶圣陶：《叶圣陶教育文集》，人民教育出版社 1994 年版。

声称她家里有一百条各式各样的裙子，但随之而来的却是更多的嘲笑。根本没有人会相信她，而且大家都会拿这件事捉弄她，旺达都默默地忍受着。有一天，旺达终于受不了这些嘲笑了，她转学了，给大家留下了她那一百条“裙子”。捉弄过她的那些女生发现原来旺达是那么爱她们，旺达是一个非常可爱、非常聪明的女孩，于是她们决定写信向她道歉，并且去把她找回来。

四年级是儿童成长的关键期，四年级学生正处于从低年级向高年级过渡的时期。他们的抽象思维虽然得到了一定的发展，但是抽象思维在很大程度上还要依靠直观的、具体的形象。他们虽然已经开始自我评价，但这种自我评价还是依赖于别人对自己的评价。独生子女居多的小学生，大多存在人际交往方面的困扰，如唯我独尊、难以融入新集体、缺乏自信心等。

法国教育家卢梭说过：“大自然希望儿童在成人以前就像儿童的样子。如果我们打乱这个次序，就会造成一些果实早熟，他们长得既不丰满也不甜美，而且很快就会腐烂。”[①]所以，课外阅读应该从学生的生理特点、心理特点出发，顺应学生的成长规律，潜移默化地给学生以教育，这样才能取得良好的效果。

第一部分：人文情怀的熏陶

仅看这本书的书名——《一百条裙子》，很多人会认为这是一本只适合女孩子阅读的书，但细细读完，才发现这是一本专门写给孩子的书。不假装天真，也不故作深沉。书中没有曲折的故事情节，也没有华丽的辞藻，只有栩栩如生的人物形象和细致入微的心理活动描写，字里行间包含了成长百味。这本书的主题是女孩们成长过程中关于裙子引发的心事，这不仅是一条寄托着梦想、美丽和自尊的裙子，同时也折射出现实生活中四年级学生的心理状态。《一百条裙子》符合四年级学生的心理特点和生活境遇，可深化学生对接纳与友情、自尊与梦想、善良与自责这三方面的认识。

1. 接纳与友情

> 旺达则慢慢地向这群女孩子走过来。每向前走一步，在脚落下之前，她好像都要犹豫很久很久。她走过来，如同一只胆小羞怯的小动物，随时准备在遇到危险的时候逃开。
>
> 虽然如此，旺达的唇边却流露出一丝不易被人察觉的微笑——她一定也很快乐，因为在这样的天气里，每个人都会是快乐的。

① 卢梭：《爱弥儿》，商务印书馆1978年版。

一个长久被漠视的孩子，一个渴望友情的孩子，一个渴望被大家“看见”的旺达就这样展现在我们面前。人和人之间，千差万别，我们无法选择自己的出身。然而，无论贫穷与否、聪明与否，人和人永远都应是平等的。沉默不语的旺达，在这个阳光明媚的日子里，终于鼓起勇气，走向她希望融入的群体，去寻找一份真挚的友谊。尽管在这之前，她一直是一个不被人“看见”的孩子，但她不曾放弃对友情的渴望与追求。

> 旺达没有什么朋友。无论是上学还是回家，她都独来独往。她经常穿一件褪了色的、晾得走了形的蓝裙子，尽管很干净，但一看就知道从来没有好好儿熨烫过。她虽然没有朋友，却有很多女孩跟她说话。她们会站在奥利弗大街拐角处的枫树下等她，或者当她在学校操场上看别的女孩玩“跳房子”的时候将她团团围住。

旺达很普通，普通如你我，同样渴求接纳、渴求友情。但旺达又是独特的，她的独特在于她超越了人的自私狭隘，她始终怀着一百条裙子的美丽梦想，怀着对生活和友情的热情和期冀，拥有美丽的心灵。所以，我对旺达充满了敬畏，即使她最终因为受不了嘲笑而转学了。可是当我读到旺达在圣诞节来临之前写给同学们的信时，我的心里又重新燃起了希望：孩子们都是天真、单纯而美好的，孩子之间没有真正的善恶对错，争吵和嘲笑都是暂时的，接纳和友情才应该是孩子们生活的主旋律。

> 有时，当佩琪用那种假装礼貌的口吻问旺达那些问题的时候，玛蒂埃会觉得很尴尬，她只好假装正在研究自己的手掌，并反复揉搓着那些纹路，什么都不说。确切地说，她并不是对旺达感觉歉疚。要不是佩琪发明了这么一个关于裙子的游戏，她是根本注意不到旺达的。但是，如果佩琪和其他人决定下一次捉弄自己，那可怎么办？虽然自己不像旺达那么穷，但毕竟还是比较穷啊。当然，比起旺达撒谎说有一百条裙子来，她还是有自知之明的。但她还是不愿她们拿自己开玩笑，决不愿意！哦，天啊！她多希望佩琪别再拿旺达开玩笑了啊！

试问在场的每个人，如果你每天都被人嘲笑，你能像旺达那样，因为心中有美好的理想而无视这些嘲笑吗？想必你们也不能毫不迟疑地回答。书中的玛蒂埃也正是担心自己的出口相助会导致自己成为下一个旺达，成为大家嘲笑和孤立的对象。因为玛蒂埃也是个穷孩子，一开始，大家每天都围着旺达问她有多少条裙子、多少顶帽子时，她感到不安，担心有一天她们会这样嘲笑自己。因此，当同样穷苦的旺达遭受欺辱与嘲笑时，她选择了缄默，以此来寻求群体对她的接纳。现实学校生活中，相信每个班都有“旺达”“玛蒂埃”式的孩子，她们善良又脆弱，渴望友情的温暖，希望被群体接纳。或许她们为此遭受了痛苦的内心挣扎，或许她们现在拥有了一群不错的朋友，又或许仍旧一个人独来独往。不论如何，孩子们在成长路上总会上演一幕幕友情戏剧，而其中的酸甜滋味只有孩子们自己知道。

2. 自尊与梦想

“嗯，一百条，全部都是挂起来的。”旺达说道。然后她就闭上薄薄的嘴唇陷入了沉默。

“都是什么样的？我敢打赌，肯定都是丝绸的吧？”佩琪说。

“嗯，全都是丝绸的，各式各样的。”

“还有天鹅绒的吧？”

“对，还有天鹅绒的。有一百条，”旺达慢吞吞地说，“全部都挂在我的衣柜里。”

然后她们会放她走。在她还没有走远的时候，女孩子们便忍不住爆发出刺耳的笑声来，一直到笑出眼泪为止！

正是因为这一百条裙子，平时“看不见”旺达的人都“看见”她了。旺达说自己拥有一百条裙子，这不是一个谎言，而是一个不被人“看见”的女孩的自尊。不管是什么样的裙子，终归有一百条裙子出现在了大家眼前。旺达没有妈妈，只能自己洗衣服、自己熨烫，有时甚至只能穿着没干透的裙子去上学，但她却从未埋怨过爸爸或者这个贫困的家。这一百条裙子虽不是现实，却一直存在于她的画中、她的心中，承载着美丽的梦想和自尊。面对欺辱和嘲讽，旺达依然能一笔一画用心勾勒美好的期冀，用画笔为贫困、黑暗的生活增添上一抹绚丽明亮的色彩。试想，一个以这样的才情和心态画出自己梦想的人，她离梦想还会远吗？

一百条裙子的设计图布满教室墙面的景象必定是震撼的，对于那些曾经嘲笑过旺达的女孩们来说，在震撼之余，她们心中也许更多的是愧疚。一直以来，她们都把目光停留在旺达的寒酸上，却没有注意到旺达深藏的充满艺术梦想的心灵。她们曾幼稚地将她的美丽梦想当作笑柄，却没有想到这梦想如石缝中的小草一般，坚强而倔强地在生长。拥有一百条美丽的裙子，意味着拥有美丽的心灵、拥有想象力和创造力、拥有描绘明天的能力。

> “哦，不是。每双的样式都不同，而且有各种各样的颜色。它们全都摆在一起。”旺达说着，目光会飞快地掠过佩琪，投向远方——她好像是在看着很远的地方，就那么一直看着，却又什么都看不到。

旺达告诉佩琪她不但有一百条漂亮的裙子，还有六十双鞋的时候，目光掠过佩琪，投向远方。“远方”一词具有特殊寓意，承载着旺达的梦想，梦想让旺达更加坚定了自己的信念。虽然旺达现在还不能把一百条裙子都挂在自己的橱柜里，但是她把愿望“挂”在了纸上，“挂”进了每个人的心里。也许，梦想很遥远，但是以这样的方式和水准“画”出自己愿望的人，自己的愿望还可能不会实现吗？原来，一个不被人“看见”的人，竟可能是最优秀的，其灵感和热情都让人望尘莫及！

3. 善良与自责

我们选取了一些片段，从佩琪、玛蒂埃、旺达她们三人的言语行为入手，分析善良与自责。

> 其实佩琪并不是真那么残酷。她会保护小孩子不受坏男孩的欺负，会为了一只小动物遭受了虐待而哭上个把钟头。如果有人问她：“你不觉得那样对待旺达很残酷吗？”她肯定会觉得惊讶。残酷？那为什么她要说自己有一百条裙子呢？谁都知道那是个谎言嘛。她为什么要撒谎呢？她可不是个普通人，要不她怎么会有个那么奇怪的名字呢？反正她们也从来没弄哭过她呀。

佩琪对旺达的奚落其实真的没有什么恶意，甚至只是源于小女孩脾气。她嘲笑旺达的“一百条裙子”，只是为了拆穿她的谎言。可是她不知道，这不是一个谎言，而是一个不被人“看见”的女孩子心里的愿望。当佩琪看见旺达画的裙子的时候，立即由衷地赞叹，她一点儿不掩饰自己的欣赏和敬佩。她还和玛蒂埃一起到波金斯山去看望旺达，一起写信给旺达。这都是来自她看见了旺达的画以后的惊喜和自责。她表达了惊喜，没有表达自责，可是谁又看不出她已经自责了呢？佩琪含蓄而真诚地改变了以前对旺达的冷淡和误解，把友爱和祝福邮寄给那个没有地址的波兰女孩。可见，她的善良与大气也帮助她成长。

> 第一堂课是自习。玛蒂埃本想做些预习，但她的精神根本无法集中，嗓子眼儿像堵着一团东西似的不舒服。没错儿，她从来没有因为佩琪问旺达衣柜里有多少条裙子而幸灾乐祸，但她对此却一直保持缄默。她只是默默地

站在一边，可这性质已经和佩琪的所作所为一样恶劣了，甚至比那更糟，因为她是个懦夫！至少佩琪还没有意识到她们的做法意味着什么，但是她，玛蒂埃，虽然已经认定她们是在做错事，但却无动于衷。她也曾经假想过自己就是那个被捉弄的对象时的情景，她完全可以设身处地地体会到旺达的感受。但她只是站在一旁保持缄默，令旺达看起来如此不幸，从这一点来看，她与佩琪的所作所为没有什么不同。作为一个"帮凶"，她让一个人如此不快乐，以致那女孩只能远走他乡。

玛蒂埃的不安与自责自始至终都贯穿于这个故事中。这段话，细致地刻画了玛蒂埃当时的心理，她觉得自己真是不可饶恕，因为她已经"看见"了旺达，看见了旺达美好的心灵，也看见了她们对旺达的伤害。她无法原谅自己。是啊，如果我们面对一种伤害无动于衷，那就是一种更残忍的伤害。玛蒂埃同样有丰富的内心世界，我喜欢她，是因为她在不断地反省着自己。她认为自己比佩琪更恶劣，因为她是懦夫，是"帮凶"，她对自己的责怪让她坐立不安。没有哪一种责备比自我责备更为严厉！于是，玛蒂埃和佩琪一起去旺达住的地方找她，想弥补自己的过失。对于孩子来说，学会反省，知道错误并且勇于改正，就能弥补一切过往，任何人都应该给予宽容。虽然最后她们还是没有找回旺达，但敢于自责并补救的勇气已能帮助她们成长为更好的人了。

亲爱的梅森老师：

您和十三班的同学们都好吗？请告诉女孩子们，她们可以保留我的那些图画，因为我又有了一百条新裙子，全都挂在我家新房子中的衣柜里。我想把那张画着绿色带红色花边的裙子的画送给佩琪，那张画着蓝裙子的画就送给她的朋友玛蒂埃，给她们做圣诞礼物吧。我想念我们的学校，这里的新老师根本不能跟您比。祝您和全班同学圣诞快乐！

您真诚的

旺达·佩特罗斯基

当孩子们真正发现旺达的美并意识到自己的过错、想向她道歉时，旺达一家已经搬走了。原以为这份遗憾渲染的会是一个美丽而忧伤的结局，可是故事峰回路转，女孩们意外地收到了旺达的来信。信中旺达表达了对大家的思念，并将她画得最漂亮的两条裙子送给佩琪和玛蒂埃作为圣诞节礼物。直到此刻，这两个曾经伤害她最深的人才意识到原来旺达一直都爱着她们，只可惜她们已没有机会当面对旺达说一声"对不起"和"谢谢"。旺达的宽容和不求回报的爱感动了其他女孩，让她们的心灵得到了净化和洗礼。其实有时候，善良不仅是对他人友好、宽容，也是对自我心灵的解放。相信原谅了佩琪和玛蒂埃的旺达，自己也收获了一份美好和对生活的热情。

第二部分：语文能力的提升

我们认为可以从说一说、编一编、演一演这三方面来提升学生的语文能力。

具体来说，说一说就是阅读完故事后，请学生们用自己的话概述故事的梗概，使得他们的语言组织能力和表达能力得到提高。也可以鼓励学生们具体说一说故事中最令他们印象深刻的情节或最喜欢的人物，并说一说自己的理由，促进学生们的个性化阅读，尊重学生们的个性化理解和体验。

编一编就是捕捉故事中的空白点，发挥想象，进行合理填充，让学生在自由表达的氛围中，发挥想象力和创新思维。在《一百条裙子》中，引导学生通过想象体验人物的喜怒哀乐，经历他们所经历的生活，引起学生们与故事中人物的共情、共鸣。

演一演就是采用课本剧的形式，将故事搬上课堂。在学生们积极主动的参与中，《一百条裙子》的故事会被演绎得更加生动。在自导自演的过程中，学生们将自己的理解、感悟呈现于课本剧中，不仅给这个故事融入了新的生命力，更使学生们的表现力、团队意识得到了培养。

多读有趣的书对学生来说非常重要。当学生们阅读像《一百条裙子》这样似乎就是来自自己生活的感人故事时，肯定会被深深地吸引。当学生们阅读《了不起的狐狸爸爸》《詹姆斯与大仙桃》《棒棒糖小姐》这一本本有趣的书时，他们会非常开心，受益良多。读万卷书，行万里路。学生从读书所想象与体验的世界里走出来，带着阅读中汲取的力量，去真切地感受身边的人与事，是多么幸福的事！

我们认为，一个希望优秀的人，是应该喜欢阅读的，无论是课内阅读还是课外阅读，都会使你不平庸，开阔你的眼界，为你打开一个有无限可能的世界，使你拥有越来越精彩的人生。虽然，阅读不能保证你成为一个大文学家，但阅读是一盏永远不会熄灭的明灯，只要你亲近它，那么，不管你是在怎样的境遇里，它都会无声无息地照亮你的前路。书籍会用人类已经创造和即将创造的文明之火，在我们的心中燃起希望。

参考文献

[1] B.A.苏霍姆林斯基.给教师的建议[M].杜殿坤，编译.北京：教育科学出版社，2016.

[2] 布鲁纳.布鲁纳教育论著选[M].邵瑞珍，译.北京：人民教育出版社，2018.

[3] 曹爱卫.玩转绘本创意读写[M].杭州：浙江少年儿童出版社，2016.

[4] 崔允漷.有效教学[M].上海：华东师范大学出版社，2009.

[5] 戴蒙，勒纳.儿童心理学手册[M].林崇德，李其维，董奇，译.上海：华东师范大学出版社，2015.

[6] 丹尼尔斯，斯坦尼克.合作学习技能 35 课[M].冯鲁华，杨婷婷，译.北京：中国青年出版社，2016.

[7] 董蓓非.语文教育心理学[M].上海：上海教育出版社，2006.

[8] 窦桂梅.听窦桂梅老师讲新课[M].上海：华东师范大学出版社，2016.

[9] 窦桂梅.做有专业尊严的教师[M].桂林：漓江出版社，2015.

[10] 管建刚.管建刚和他的阅读教学革命[M].福州：福建教育出版社，2015.

[11] 蒋军晶.让学生学会阅读——群文阅读这样做[M].北京：中国人民大学出版社，2016.

[12] 拉尔夫·泰勒.课程与教学的基本原理[M].罗康，张阅，译.北京：中国轻工业出版社，2008.

[13] 刘国正.实和活：刘国正语文教育论集[M].北京：人民教育出版社，1995.

[14] 刘仁增.语用[M].福州：福建教育出版社，2015.

[15] 卢梭.爱弥儿[M].李平沤，译.北京：商务印书馆，1978.

[16] 马扎诺.教学的艺术与科学[M].盛群力，唐玉霞，曾如刚，译.福州：福建教育出版社，2014.
[17] 钱伯斯.打造儿童阅读环境[M].许慧贞，译.北京：北京联合出版公司，2016
[18] 盛新凤.生态文明烛照下的和美教学[M].北京：首都师范大学出版社，2013.
[19] 施茂枝.课例中的儿童本位理念[M].福州：福建教育出版社，2014.
[20] 施茂枝.略读课与精读课的区别说略[J].福建教育(小学版)，2010(7).
[21] 孙绍振.名作细读——微观分析个案研究[M].上海：上海教育出版社，2009.
[22] 孙双金.孙双金与情智教育[M].北京：北京师范大学出版社，2015.
[23] 汪潮.不同文体教学[M].上海：上海交通大学出版社，2017.
[24] 王玲湘.语文教育的“大”和“小”[M].上海：华东师范大学出版社，2015.
[25] 王荣生.阅读教学设计的要诀——王荣生给语文教师的建议[M].北京：中国轻工业出版社，2014.
[26] 王崧舟，林志芳.诗意语文课谱——王崧舟十年经典课堂实录与品悟[M].上海：华东师范大学出版社，2011.
[27] 王崧舟.王崧舟教学思想与经典课堂[M].太原：山西教育出版社，2005.
[28] 威廉·冯·洪堡特.洪堡特语言哲学文集[M].姚小平，译.北京：商务印书馆，2011
[29] 温儒敏.温儒敏论语文教育(三集)[M].北京：北京大学出版社，2016.
[30] 薛法根.现在开始上语文课[M].北京：教育科学出版社，2014.
[31] 闫学.小学语文文本解读[M].上海：华东师范大学出版社，2012.
[32] 颜元.颜元集(全二册)[M].王星贤，张芥尘，郭征，点校.上海：中华书局，1987.
[33] 叶圣陶.叶圣陶教育文集[M].北京：人民教育出版社，1994.
[34] 叶燮，薛雪，沈德潜.原诗 一瓢诗话 说诗晬语[M].霍松林，杜维沫，校注.北京：人民文学出版社，2006.
[35] 于漪.于漪知行录[M].太原：山西教育出版社，2016.
[36] 于永正.于永正：我怎样教语文[M].北京：教育科学出版社，2014.
[37] 于永正.于永正课堂教学实录(阅读教学卷)[M].北京：教育科学出版社，2014.
[38] 虞大明.虞大明与快乐教育[M].北京：北京师范大学出版社，2014.
[39] 约翰·杜威.我们如何思维[M].伍中友，译.北京：新华出版社，2015.

[40] 张志公.传统语文教育教材论[M].北京：中华书局，2013.
[41] 张祖庆，戴一苗.非连续性文本教学与测评[M].杭州：浙江少年儿童出版社，2017.
[42] 张祖庆.张祖庆讲语文[M].北京：语文出版社，2008.
[43] 中华人民共和国教育部.义务教育语文课程标准(2011 年版)[M].北京：北京师范大学出版社，2017.
[44] 周一贯.小学语文文体教学大观[M].上海：上海教育出版社，2017.
[45] 周益民.童年爱上一本书[M].北京：中国轻工业出版社，2016.
[46] 周志平，黎建红.同样的选择 异样的精彩——薛法根、戴建荣《揠苗助长》教学片段赏析[J].江西教育，2014(32).
[47] 佐藤学.教师的挑战：宁静的课堂革命[M].钟启泉，译.上海：华东师范大学出版社，2012.

后　记

一位新教师，走上工作岗位的第一年，最大的困难，就是实现从学生到教师的角色转换。角色转换的本质，就是权利和义务的变化。新教师完成角色转换意味着从此要承担教书育人的社会责任。对于新教师，这是一个艰难的历程。

在工作中，我们有很多机会可以接触入职三年内的教师，倾听他们的心声。我们发现，新教师强烈希望被同事、学生及其家长、社会认可，然而，由于缺乏经验，新教师往往处于职业发展最弱势的阶段：教学效果事倍功半，业务提升缓慢，难以驾驭现实的课堂教学，不知道如何获取资源来提升自身的业务水平。

这些新教师入职之初，最大的困扰一般来自课堂。经历了大学四年师范教育的新教师，常常对学校领导的"推门听课"发怵：现行的师范教育体系更注重知识文化素养等高大上的"底蕴"培养，而对如何进行教材解读、教学设计、班级管理等接地气的"技法"训练却较为忽视。虽然经历了见习、实习，可是当他们真正要开始教授一门课时，才发现积累的所谓"经验"还是捉襟见肘。

师范类院校毕业的教师尚且无法在入职之初游刃有余，更遑论非师范类专业出身的新教师了。由于教师资格证的申请和现行的教师招聘大多以教育文化知识类考试为"门槛"，再进行简单的备课、说课等教育教学能力"面试"，所以，这些教师的文化知识积淀一般较为丰富，而真正的教学经验却极度匮乏。面对一门课，面对其中一项具体的教学内容，他们更不知从何入手。

也许有人认为，随着教龄的增进，新教师会慢慢成长，终有一日可以迎来教学生涯的春天。可是，他们其实忽略了这些新教师在入职最初三年里受到的煎熬：

由于“不会教书”，他们很难得到同事、学生及其家长、社会的认可，于是他们也得不到真正的自我认同。久而久之，他们就会产生强烈的挫折感，甚至伴随严重的职业倦怠感。这种状态极不利于教师的成长。

现实的窘境就是如此。引导新教师走出现实的泥淖，迫在眉睫。因此，我们想应该有这么一系列教材，可以帮助新教师尽快适应现实的教学生涯，担当起教书育人的重任。

阅读教学是语文教学的基本环节。阅读教学占用课时最多，教师投入精力最多，阅读教学质量在很大程度上决定着语文教学的质量。因此，一位教师能够胜任阅读教学，可以说，作为一位语文教师，他就成功了一半。如何帮助新教师更快、更踏实地走出一条有效把控语文课堂之路？怀揣这样一份心愿，《文本解读与教案设计》就此诞生。

本书将比较前沿的文学解释学及其影响下的文本解读理论应用于具体的小学语文教材理解、分析和阐释中。文本解读是语文教师必备的一项基本能力，也是其专业成长的起点。解读文本能力的高低，决定着语文课堂质量的好坏。现代网络技术发达，不少教师日渐缺乏钻研文本的耐心与细心，一味依赖网络与教学参考书，缺乏自己独到的思考。本书第一章，我们就强调了文本解读的重要性，引导教师从普通读者、儿童读者、教师读者三重角度科学解读，期冀从文本解读能力开始，帮助他们走好展开阅读教学的第一步。

本书从不同学段学生的阅读认知差异、不同文本的解读侧重和多重视角下阅读教学的设计等多个层面，帮助教师们准确把握阅读教学的一般规律；基于语文课程标准制订适切的教学目标，设计科学的教学流程，选择合理的教学策略。语文教学的“本然”，其实就是言语应用，语文教学的根本任务必须定位在“语用”上，这是语文教学的根本出路。因此，本书专门用第四章，引导教师强化“语用”意识，打造“语用型”语文课堂，使语文教学回归本原。

本书还坚持理论与实践相结合，突出名师教学案例的示范引导性，并结合一定的正反案例对比分析，引导新教师实现教学业务之有效提升。京剧艺术大师梅兰芳说过：“不看别人的戏，就演不好自己的戏。”演戏如此，教学也是如此。尤其对于新入职的教师来说，“名师示范课”对教师教学行为的影响是显而易见的：它们为新教师提供了感性的借鉴材料，启迪新教师潜在的教育睿智，激发了他们探索、反思、变革的动力，引领他们重新整合教育的思想和理念，改善自己的教育教学行为，从而提高自身的专业品质和专业能力，促进其专业发展。

一言以蔽之，《文本解读与教案设计——小学语文阅读教学》期待给新教师以切实的引领、有效的帮扶，陪伴他们平稳地度过教学生涯最初的时光。

由于编者水平有限，书中肯定存在许多不足，还诚望本书读者提出宝贵的批评建议，以便后续再版时进行更为完善的修订与补正。

编　者

2018 年 6 月 10 日于湖州师范学院